A invenção de si e do mundo
Uma introdução do tempo e do coletivo no estudo da cognição

Coleção
Educação: Experiência e Sentido

Virgínia Kastrup

A invenção de si e do mundo
*Uma introdução do tempo e do
coletivo no estudo da cognição*

1ª edição pela Editora Papirus, 1999

autêntica

COPYRIGHT © 2007 BY VIRGÍNIA KASTRUP

CAPA
Patrícia De Michellis

EDITORAÇÃO ELETRÔNICA
Tales Leon de Marco

Todos os direitos reservados pela Autêntica Editora.
Nenhuma parte desta publicação poderá ser reproduzida,
seja por meios mecânicos, eletrônicos, seja via cópia
xerográfica sem a autorização prévia da editora.

BELO HORIZONTE
Rua Aimorés, 981, 8º andar . Funcionários
30140-071 . Belo Horizonte . MG
Tel: (55 31) 3222 68 19
TELEVENDAS: 0800 283 13 22
www.autenticaeditora.com.br
e-mail: autentica@autenticaeditora.com.br

SÃO PAULO
Tel.: 55 (11) 6784 5710
e-mail: autentica-sp1@autenticaeditora.com.br

Kastrup, Virgínia
K19a   A invenção de si e do mundo. Uma introdução do tempo e do coletivo no estudo da cognição / Virgínia Kastrup . — Belo Horizonte : Autêntica , 2007.

256 p. — (Educação: Experiência e Sentido)
ISBN   978-85-7526-287-0

1.Filosofia da Educação. I.Título. II.Série.

CDU 37.01

Para Isabel e Cecília

Agradecimentos

A Suely Rolnik, que orientou a tese, fonte para este livro, entendendo minha idéia quando ela ainda se delineava e me ajudando a lhe dar seu contorno final. Atribuo à Suely, que me orientou muitas vezes à maneira esquizo-analítica, encorajando-me a seguir linhas de fuga em relação à psicologia tradicional, uma importância essencial na produção e sustentação de um desejo de pensar diferentemente a psicologia, que é o que procuro fazer neste texto.

A meus companheiros do Grupo de Pesquisa "Cognição e Subjetividade": Eduardo Passos, Silvia Tedesco, Fernando Ribeiro, Lia Guarino e André do Eirado, com quem compartilhei as idéias que configuraram este trabalho. Agradeço especialmente a Eduardo Passos, que leu os originais e deu sugestões preciosas para o rigor do texto.

A Rogério da Costa, com quem discuti muitos dos conceitos e impasses que permearam sua elaboração.

À CAPES, pela bolsa de estudos que permitiu que a pesquisa original fosse realizada.

Em especial, a Calixto Varela, por ter acompanhado, sempre a meu lado, com paciência e confiança, todo o trabalho que resultou neste texto.

Este livro constitui uma reelaboração da Tese de Doutorado apresentada no Núcleo de Estudos e Pesquisas da Subjetividade da PUC-SP, em abril de 1997. Agradeço aos membros da Banca Examinadora - Suely Rolnik, Luiz B. L. Orlandi, Maria Lúcia Santaella, Antônio Gomes Penna e Eduardo Passos, que fizeram comentários relevantes para seu aprimoramento e recomendaram sua publicação.

Nota - Buscando um maior rigor histórico, foi feita a opção de conservar a data original das obras nas referências bibliográficas. Nas citações são utilizadas, sempre que há referência na bibliografia, as traduções em português. Nos casos em que não existe, as traduções foram feitas pela autora.

SUMÁRIO

Prefácio
Devir criativo da cognição... 11
Luiz B. L. Orlandi

Introdução
A inexistência de um estudo da invenção no campo da psicologia.. 15

A bifurcação da modernidade e a situação da psicologia cognitiva... 33
    Michel Foucault: a direção da ontologia do presente................ 34
    Bruno Latour: a invenção como prática de mediação................ 45
    O tempo como resíduo da psicologia cognitiva......................... 53

A psicologia em busca dos invariantes da cognição........... 65
    O gestaltismo: a cognição nos limites da forma e do equilíbrio... 77
    Jean Piaget: um construtivismo de caminho necessário.............. 97
    Bergson, crítico do cognitivismo.. 113

A cognição autopoiética... 129
    A invenção dos limites: a noção de clausura operacional............ 141
    A aprendizagem como invenção de problemas........................ 169
    Invenção e subjetividade.. 180

As formas híbridas da cognição... 189
    O lugar da técnica na história dos estudos da cognição............... 195
    Os efeitos de reciprocidade entre a cognição e o instrumento........ 209
    As políticas da cognição e o problema da aprendizagem............ 222

Conclusão
A ampliação do conceito de cognição pela introdução do tempo e do coletivo.. 229

Referências.. 241

Prefácio

Devir criativo da cognição

É muito agradável o sentimento que agora me cativa diante desta singela certeza: a de que estarei vivendo feliz minha tentativa de escrever neste prefácio coisas favoráveis a este livro. Digo tentativa porque pressinto que minhas frases elogiosas serão insuficientes para delinear a efetiva importância que as pessoas descobrirão nesta obra, sejam elas especialistas ou não.

Primeiramente, trata-se de um livro bem escrito. Não digo isso apenas para salientar a qualidade prazerosa de sua leitura. Ele é bem escrito porque sua clareza é especial. Com efeito, em vez de fingir simplicidade, em vez de expor-se como fácil luz comunicativa, dessas que acabam ofuscando por exibirem tão-somente a si próprias, a clareza deste livro envolve-se com a complexidade do assunto que o imanta, que nos dispõe e nos leva a pensá-lo com rigor que ele merece. A fluência do estilo de Virgínia Kastrup, com simpatia, carinho e competência, e sem perder um ar de paciente sorriso, vai cuidando de um tema difícil e escorregadio, o tema da cognição, essa misteriosa potência é capaz de nos lançar para além da mera aquisição de conhecimento.

Ademais, este livro dá um novo tratamento à problemática da cognição. O que nele há de novo é uma dimensão transversal, isto é, algo mais do que acréscimos quantitativos. O que ele nos leva a apreender é uma nova qualidade. Por que digo isso? Porque este livro implica uma dupla relação com o esforço de inovar, pois ele mesmo inova ao voltar-se para o devir criativo da cognição, ao voltar-se, portanto, para a dramática questão do que está ocorrendo ao pensamento que vive sua própria inovação.

O duplo registro desse esforço de inovação pode, primeiramente, ser notado na redistribuição bibliográfica relativa ao problema em pauta. Ao dar mobilidade efetiva ao seu campo bibliográfico principal, o livro enreda uma pluralidade de alianças conceituais, articulando-as distintamente a partir de exigências teóricas e práticas que a autora constrói em contato com o pensamento de um dos mais importantes filósofos franceses, Henri-Louis Bergson (1859-1941). Não se trata de uma análise estrita da obra desse pensador, mas da recaptura de um clássico disponível, isto é, como diria Merleau-Ponty, de um pensamento exteriormente datado, mas que pode ser sempre levado a manifestar sua complexa competência no presente vivo. O livro oferece-nos essa reconquista ao reativar alguns aspectos do pensamento bergsoniano na crítica a determinadas psicologias. Por que certas psicologias mereceram ser aqui criticadas? Porque elas parecem reiterar estratégias que constroem uma idéia de cognição que a isola de potências de problematização.

Mas esse belo livro não se paralisa como pura e simples oposição ao que já foi tentado por outras vias de acesso ao tema da cognição. Sua intensa nervura, seu explicitado, positivo e bem conduzido objetivo é o da busca de um conceito de cognição que a interrogue radicalmente. O que isso quer dizer? Quer dizer que este livro procura explicitar a cognição em sua paradoxal condição de receptiva atividade. Digo receptiva atividade, porque o que aqui si procura pensar é uma atividade agudamente atenta a sua própria abertura, a sua própria suscetibilidade, a seu próprio poder de ser afetada pelas saraivadas do campo problemático em que ela compõe suas veredas, suas andanças, suas passagens e seus intervalos. Em outras palavras, o conceito de cognição é aqui intensificado e expandido por um tratamento especial de dois componentes que passam a reativar sua compreensão como potência interrogativa.

Quais são esses dois componentes? O primeiro deles consiste em privilegiar, como o dinamismo principal da cognição, a criação, a invenção, a constituição de problemas. Graças a esse componente, é qualitativamente transformado o estudo da cognição, pois esta já não se esgota como esforço de solução de problemas dados, esse tipo de esforço humilhante que ainda subsiste como sádica imposição de testes escolares. Por essa razão, esse componente pode ser visto como essencial alteração dos atos cognitivos, como potência da cognição em devir, esse movimento pelo qual ela difere de si mesma a cada configuração do campo problemático a que está exposta e que ela própria agita, expande e surpreende, torce e retorce, dobra, redobra e desdobra. É fácil adivinhar o alcance de tal revisão conceitual: o que aí se reconhece é uma espécie de direito aos problemas, sejam teóricos ou práticos. Politizar, por exemplo, vem a ser muito mais que mera colagem de palavras de ordem verborragias ideológicas. Politizar vem a ser gritar criativamente seu problema, criar um caso gritante com ele, conquistar o respeito a ele, forçar sua clara colocação em pautas que não o previam originariamente ou que eram destinadas a escondê-lo ou a ignorá-lo.

O segundo componente dessa revisão conceitual do tema em pauta indica a importância de evitar que o movimento inventivo da cognição se fragilize no mero culto ou cultivo dos problemas. Quando isso acontece é sinal de que eles podem já ter sido mal criados. Um conceito radical de cognição criativa leva em conta não só a invenção de problemas, mas também a constituição de linhas de solução, de formações discursivas e não-discursivas que lhes sejam favoráveis, de dispositivos complexos capazes de inseri-los em um campo multirrelacional que, ao atualizá-los, viabilize um melhor encaminhamento possível para a sua solução. Isso deve ocorrer porque a própria solução depende da maneira, das condições, dos meios e dos termos investidos na constituição do problema a que ela corresponde.

Cabe salientar, finalmente, que este livro de Virgínia Kastrup, mobilizando a noção bergsoniana de tempo, leva-nos a situar esse radical conceito de cognição no movimento da própria vida, na agitada multiplicidade de diferenciações em meio às quais procuramos interferir nisto ou naquilo, no limite das quais procuramos aguçar linhas libertárias no mesmo instante em que somos capturados por questões que se nos impõem.

Termino, agradecendo a Virgínia Kastrup a oportunidade de ter lido seu trabalho. Além de mostrar serem possíveis bons entrosamentos entre filosofias e ciências humanas, seu trabalho me permitiu compor com ele, e graças a ele, um raro encontro feliz.

Luiz B. L. Orlandi[1]

---

[1] Autor, entre outros estudos, de A voz do intervalo. São Paulo: Ática, 1980. Professor do departamento de filosofia – IFCH-UNICAMP. Professor colaborador do Núcleo de Estudo da Subjetividade – PUC-SP. Diretor adjunto do Centro de Estudo de Filosofia Moderna e Contemporânea – IFCH-UNICAMP (Cemodecon).

Introdução

A inexistência de um estudo da invenção no campo da psicologia

Este livro baseia-se em duas afirmações: a) um exame da história da psicologia conduz à constatação da inexistência de uma psicologia da invenção no domínio de estudos da cognição, e b) há necessidade de explorar as condições de sua formulação. A primeira afirmação, embora envolva a história da psicologia, não é de ordem histórica – ao menos se a história for definida como o conhecimento do passado da psicologia, do conjunto dos discursos enunciados em sucessão cronológica pelas teorias e pelos sistemas psicológicos –, pois ela aponta um problema que é colocado à psicologia e à sua história a partir do exterior, quando se caminha fora dela. Somente saindo da história da psicologia, do âmbito do discurso psicológico existente, é possível concluir pela existência de tal lacuna, é possível escutar tal silêncio. Apenas de outro lugar – e indicamos desde já que se trata da atualidade –, onde a invenção aparece como problema, é possível constatar a ausência de seu tratamento pela psicologia. Daí concluir que tal afirmação é antes de ordem filosófica que de ordem histórica, entendendo a filosofia como a atividade de pensar a atualidade, de problematizar aquilo que se encontra instituído historicamente (FOUCAULT, 1983).

A segunda afirmação, que diz respeito à necessidade de exploração das condições de formulação de uma psicologia da invenção, aponta a importância da bifurcação dos estudos cognitivos, da divergência em relação à abordagem tradicional. Indicando a exigência da exploração de condições, esse enunciado também refere-se à história, posto que as condições são sempre históricas (FOUCAULT, 1969), mas é bem mais caracterizado como uma afirmação filosófica, pois implica uma tomada de posição que leva em consideração as condições existentes, mas aponta em outra direção. Nesse sentido, as duas afirmações possuem caráter ao mesmo tempo crítico e afirmativo, dizem respeito à relação dos estudos em cognição com a história da psicologia e com outras maneiras de pensar a cognição, que incluam o problema da invenção.

O problema da invenção é colocado por nossa atualidade discursiva. Verifica-se que esta é hoje uma questão de destaque, sendo tratada pela física de Ilya Prigogine, que, investigando certas dimensões da realidade ignoradas pela ciência moderna, como os sistemas longe do equilíbrio ou as estruturas dissipativas, encontra "uma natureza criadora de estruturas ativas e proliferantes" (PRIGOGINE; STENGERS, 1984). A invenção é também um tema central para a história das ciências desenvolvida por Isabelle Stengers, que, através do exame da relação entre ciência e política, propõe-se a pensar tanto a invenção da ciência moderna (STENGERS, 1993) quanto a invenção dos conceitos científicos (STENGERS; SCHLANGER 1991). De forma semelhante, a filosofia de Gilles Deleuze, identificando ser e devir, constitui um pensamento sobre o devir das formas, sobre sua invenção (DELEUZE; GUATTARI, 1980; BUYDENS, 1990). Ainda nesta direção, há que se destacar o que hoje se constitui com a denominação de "estudos da subjetividade". Buscando referências nas obras de G. Deleuze e F. Guattari, H. Bergson, F. Nietzsche, M. Heidegger e em outras filosofias do tempo, esses autores concebem uma clínica comprometida com a invenção de novas possibilidades de vida, de novas formas de existência, em conformidade com outros modos de entender a constituição da subjetividade, distintos da tradição psicológica e psicanalítica.

A invenção recebe diferentes formulações nesses trabalhos, mas o que importa é seu comparecimento enquanto problema em domínios tão distintos de pensamento. A partir desse campo da atualidade, somos forçados a pensar, a interrogar a psicologia da cognição, a problematizá-la, enfim, a criticá-la. Evidencia-se na formulação dos dois enunciados que orientam esse trabalho – a inexistência de uma psicologia da invenção nos estudos da cognição e a necessidade de explorar as condições de sua formulação – um tom de crítica que é, ao mesmo tempo, vontade de outra coisa, de quebrar a linha de continuidade histórica que perpassa as diversas abordagens da cognição. Crítica que não implica um julgamento (DELEUZE, 1993) acerca da legitimidade dos estudos da cognição até então desenvolvidos, mas que é marcada pela positividade. As teorias da cognição serão problematizadas em virtude de terem operado uma totalização da cognição, efeito de um acento exclusivo na lógica que regula suas formas e estruturas. Nessa medida, o próprio tema do trabalho – a invenção – lhe dá um tom crítico, pois a invenção, como veremos, consiste num movimento de problematização das formas cognitivas constituídas. Contudo, não se trata de uma crítica negativa, mas positiva, apontando para a reinvenção dos estudos da cognição.

Afirmar que não existe uma psicologia da invenção exige que se estabeleça uma distinção entre o que entendemos por "invenção" e o que a psicologia chamou de "criatividade". Em realidade, os estudos sobre a criatividade surgem na literatura psicológica a partir da década de 1950, vindo a ocupar um espaço considerável nos anos 60 e 70, sobretudo nos Estados Unidos. Ela é entendida como uma capacidade ou função de criação, distribuída, até certo ponto, por todos os seres humanos.

Não é um talento raro e excepcional, é uma capacidade comum a todos os indivíduos. Nesse sentido, constitui um avanço em relação à formulação do tema da criação por intermédio da idéia de "gênio", tal como havia feito Galton em seu estudo sobre o caráter hereditário do gênio, ou ainda G. Wallas, que identifica as etapas do processo criativo baseado em biografias de inventores famosos em diferentes ramos de atividades (STENGERS; SCHLANGER, 1991).[1] Divergindo dessas investigações, que datam ainda da primeira metade do século, J. P. Guilford (1959) inaugura a série dos estudos sobre a criatividade, que passam a ser desenvolvidos na vertente técnica ou psicométrica da psicologia. Eles são realizados independentemente da vertente científica, dos grandes sistemas psicológicos, o que explica que o desenvolvimento de testes e outros instrumentos de medida da criatividade não tenham gerado um avanço teórico-conceitual equivalente. São as exigências da sociedade americana que movem tais trabalhos. Para a corrida espacial, para a indústria e a propaganda, cumpre selecionar indivíduos criativos. Daí também o desenvolvimento de inúmeras técnicas para a estimulação e mesmo para o treinamento da criatividade, a serem empregadas em espaços diversos, como instituições governamentais, escritórios, escolas etc. Toda uma tecnologia voltada para a educação e para a administração de empresas é criada com vistas à maximização dos desempenhos originais.

O que pode parecer, a primeira vista, um contra-senso – treinar a criatividade –, justifica-se e esclarece-se quando atentamos para a maneira como o problema da criatividade é, em

---

[1] Nesta direção, H. Gardner (1993) desenvolveu recentemente um estudo sobre a criatividade por meio da análise de casos de inventores famosos, do campo científico e artístico. Gardner escolhe seus casos de acordo com o reconhecimento que a invenção tenha alcançado no domínio cultural a que pertence. Sem desprezar as idéias de talento individual ou comportamento prodigioso, o social comparece a posteriori, no momento em que as produções inventivas são submetidas a julgamento. Trata-se de um mapeamento do problema da invenção bem distinto do deste livro.

geral, formulado. Desde os primeiros trabalhos, coloca-se em questão se ela seria uma função independente ou se deveria ser subsumida na inteligência. Há uma clara opção pela segunda alternativa, que já é, de resto, a de Guilford, que alarga o conceito de inteligência, definindo-a como uma capacidade múltipla de lidar com problemas, onde a criatividade ou a divergência comparece como um de seus fatores. A divergência pode, por sua vez, ser decomposta em outros fatores como fluência, flexibilidade, variabilidade etc. Estes permitem medição em separado, mas isto não basta para caracterizá-los como independentes da inteligência. O importante é que, apesar de não apresentarem um conceito consistente de criatividade, tais estudos caracterizam-se por uma certa maneira de colocar o problema da criação. Por situar-se na vertente técnica ou psicométrica da psicologia, a investigação da criatividade é indissociável de uma perspectiva instrumental. A criatividade é uma habilidade, um desempenho. Ela é entendida como estando a serviço da solução de problemas, e portanto da inteligência, atuando aí apenas como um fator de divergência em relação às soluções habituais.

Ora, tal formulação apresenta-se como um caso típico do que Bergson denomina um problema mal colocado, o que lhe confere o estatuto de um falso problema. Para Bergson um problema está mal colocado quando sua formulação indica que se está trabalhando com um misto mal analisado. No caso, é a noção de criatividade mistura duas tendências que, segundo Bergson, diferem em natureza. Por um lado, ela é definida como função de criação; por outro, como solução de problemas. A criação encontra-se, então, a serviço de problemas já dados, que são, em última análise, os da sociedade, principalmente da sociedade americana. Seguindo a análise que Deleuze faz deste tema no primeiro capítulo de *Le Bergsonisme* (1966), pode-se afirmar que se trata de um caso em que a margem de liberdade de criação é restrita, pois, em seu sentido mais importante, a criação é, para Bergson, criação de problemas. Os estudos da criatividade não chegam a identificar no seio da cognição uma potência de criar problemas e de divergir em relação aos interesses da sociedade. Por isso, acabam por subsumir a função de criação, em sua natureza imprevisível, a uma finalidade bem determinada, a solução de problemas.

Pensando a história da psicologia com base nessa perspectiva, pode-se concluir que o problema da criatividade é um problema mal colocado, pois a cognição é aí um misto mal analisado. A função de criação não é situada como própria de uma tendência que difere em natureza da tendência intelectual, não é uma linha divergente em relação à inteligência. A criatividade é situada no interior da inteligência, estando, em última análise, a seu serviço, compartilhando com ela dos mesmos objetivos. Por não haver distinguido a criação da inteligência, a psicologia da criatividade não fez do problema da criação um verdadeiro problema. Por isso, a existência de seu estudo não torna falsa nossa afirmação da inexistência de uma psicologia da invenção. Os estudos da criatividade não chegam a impor à psicologia uma questão que conduza à problematização de sua maneira de abordar a cognição. Isso é o que acontecerá, conforme procurarei demonstrar ao longo do presente trabalho, quando a invenção comparecer como um verdadeiro problema para a psicologia.

Mas o principal objetivo deste livro não será analisar com maiores detalhes os estudos sobre a criatividade, a vertente técnica e psicométrica da psicologia. Será examinar a região da psicologia em que o problema da criação não aparece como um problema mal colocado, mas antes, como um problema inexistente (BERGSON 1934; DELEUZE, 1966a). Trata-se do domínio dos grandes sistemas psicológicos. Será preciso demonstrar que são os pressupostos filosóficos e epistemológicos, que atravessam a vertente científica da história da psicologia cognitiva, que respondem pela não colocação do problema da invenção.

Procurando trazer à luz tais pressupostos, o trabalho não se configura como um trabalho *de* psicologia, mas *sobre* a psicologia. Também não seria bem caracterizado como de história da psicologia, pois visa a uma exploração do avesso do plano histórico, das condições sobre as quais ela estende seus estratos. Não se trata ainda de abordar a constituição dessas condições ao longo da história da filosofia, o que implicaria remontar à tradição metafísica, de Aristóteles a Kant. O interesse é, antes, estudar os efeitos que tais condições geraram nos estudos da cognição que se desenvolveram no interior da psicologia e, também, da ciência cognitiva de modelo computacional, destacando-se aí a ausência do problema da invenção.

No domínio dos grandes sistemas psicológicos, são os pressupostos filosóficos e epistemológicos que respondem pela não colocação do problema da invenção. Comprometidos com o projeto epistemológico da modernidade, que atravessa, de resto, toda a ciência moderna, os grandes sistemas entendem o campo da cognição como espaço de representação. A formulação científica do problema é feita em termos de forma, estrutura ou sistema cognitivo, que ocupa o espaço intermediário das relações entre o sujeito cognoscente e o objeto que se dá a conhecer, região que é considerada como operando segundo leis gerais, à maneira das ciências físico-naturais. Partindo do pressuposto de que a cognição é invariante, a invenção torna-se um problema inexistente, pois o funcionamento cognitivo não está sujeito a transformações nem a surpresas. A invenção, se estudada, é explicada pelos mesmos princípios invariantes que regulam toda e qualquer atividade cognitiva, podendo ser prevista, ao menos de direito. Ora, a idéia de uma lei da invenção apresenta-se como um contra senso, pois encerra a invenção nos quadros da repetição, da necessidade e da previsibilidade (STENGERS, 1990). As teorias e os sistemas que analisarei constituem soluções mais ou menos semelhantes para uma mesma maneira de formular o problema da cognição. E é nesse âmbito, na maneira como colocam o problema, que elas serão criticadas, e não propriamente no âmbito das soluções a que chegam. Caberá demonstrar que somente uma mudança na formulação do problema da cognição, o que depende de uma problematização de seus pressupostos filosóficos e epistemológicos, abre a possibilidade para um estudo da invenção.

A maneira como a psicologia formulou o problema da cognição ao longo de sua história é determinada por seu projeto epistemológico, o qual se encontra enraizado na modernidade. Por isso, é necessário que se faça uma análise da constituição da modernidade, bem como da situação da psicologia nesse contexto. Este é o tema do primeiro capítulo, no qual serão tomados como referência dois artigos que têm o título de "Qu'est-ce que les Lumières?", em que Michel Foucault problematiza o Iluminismo através da análise de um texto de Kant sobre este mesmo tema (FOUCAULT, 1983, 1984). Ao longo desses artigos, Foucault tece uma concepção complexa e original da modernidade, onde Kant aparece como ponto de bifurcação de duas direções seguidas pela filosofia: a analítica da verdade e a ontologia do presente. A partir daí, fica indicado que a psicologia cognitiva, bem como toda a ciência moderna, configurou seu projeto epistemológico e efetuou seu desenvolvimento apoiada exclusivamente em uma das duas vertentes da modernidade: a analítica da verdade. A psicologia não realiza qualquer investigação da cognição baseada na ontologia do presente, o que determinou, a meu ver, a ausência do problema da invenção nesse domínio. Na vertente da analítica da verdade, situam-se as filosofias críticas pós-kantianas que trabalham sobre o tema do conhecimento, considerando a existência de limites que não podem ser ultrapassados. Na direção da ontologia do presente, encontram-se as filosofias que tomam o tempo como algo que constitui a substância mesma do real que, nesse caso, é sempre passível de transformação, de redefinição e de ultrapassamento de seus limites.

Aderindo ao projeto epistemológico da ciência moderna, a psicologia traduziu a complexidade da modernidade como um conflito de forças antagônicas. Procurou solucionar esse suposto conflito pela exploração de uma única vertente filosófica – a analítica da verdade –, na qual busca fundamentos para a efetuação de seu projeto. Nesse movimento, ela opera uma exclusão da dimensão temporal de seu objeto. O tempo surge, então, como o mais notável resto da constituição da psicologia cognitiva. É esse resto que deverá ser reativado para que a invenção seja tomada como tema de investigação no interior de seus quadros. Como referência para essa reativação, utilizaremos a filosofia de Henri Bergson que, possuindo um trabalho situado na modernidade, na vertente da ontologia do presente, desenvolveu uma crítica à psicologia científica, bem como forneceu elementos para um pensamento da invenção.

Jamais fomos modernos, livro de Bruno Latour (1991), também servirá de referência no primeiro capítulo. Nele, a modernidade é apresentada como seu projeto oficial, que regula tanto a ciência quanto a filosofia que se torna aí hegemônica, mas também como sua história oficiosa, na qual Latour identifica a proliferação de híbridos em redes empíricas e heterogêneas. Híbridos que são produtos da ciência moderna e, ao mesmo tempo, o seu resto, por resistir a seu projeto de purificação, misturando de maneira irremediável natureza e artifício, ciência e política. Destaco em seu trabalho, como no de Foucault, a idéia de uma modernidade paradoxal, bifurcante, portadora de uma diferença interna, pois considero que somente trabalhando com a idéia de uma modernidade complexa torna-se possível explorar as condições históricas de um estudo da invenção. A reinvenção dos estudos da cognição na atualidade poderá, então, ser concebida como resultado da reativação de um resto da modernidade, o que evita a idéia de uma invenção *ex-nihilo,* a partir do nada.

O segundo capítulo abordará dois estratos da história da psicologia cognitiva: gestaltismo e epistemologia genética. O objetivo será operar uma analítica dos estratos históricos, uma exploração de suas regularidades específicas, do conjunto de regras que se mantém mais ou menos constante, pois são essas regras que definem os estratos. Conforme procurarei demonstrar, tais teorias constituem diferentes versões de uma mesma regra para pensar a cognição, a qual encontra suporte nos pressupostos filosóficos da representação e determina a colocação científica do problema como busca de seus invariantes formais, excluindo dela o tempo em sua função criadora.

O gestaltismo, ao definir o pensamento produtivo como solução de problemas e ao apoiar sua investigação da cognição no pressuposto da invariância da forma e de suas leis, acaba por enquadrar a invenção na ordem da repetição, da necessidade e da previsibilidade. Para a análise dos limites do estudo promovido pelo gestaltismo sobre o problema da invenção, será utilizada a contribuição de Gilbert Simondon sobre o processo de individuação. O trabalho de Jean Piaget, que configura um construtivismo de caminho necessário, transforma a questão da invenção num problema de desenvolvimento cognitivo. Segundo os comentários de Prigogine, que utilizarei como referência para a crítica do trabalho de Piaget, o modelo do equilíbrio aparece como o principal obstáculo para uma genuína formulação do problema da invenção cognitiva, que deve comportar necessariamente o reconhecimento de sua imprevisibilidade.

O terceiro capítulo é voltado para a história da atualidade. Incluir o presente na história é fazer uma história que comporte o intempestivo. E assim a tarefa histórica muito se aproxima da tarefa filosófica, pois trata-se de captar o movimento que ocorre nos estratos, cavando um intervalo entre eles, em seus interstícios. Não buscamos apreender a totalidade da atualidade, pois esta, por sua própria natureza de campo movente e ilimitado, de contornos imprecisos, furta-se a tal objetivo. Buscar-se-á somente identificar certas séries de trabalhos que, na atualidade, concorrem para a investigação da invenção cognitiva. Mais especificamente, será explorada a interseção entre a série tempo e a série cognição. Na *série tempo* encontram-se conectados, por seu interesse em dar conta da dimensão temporal ou inventiva de seu campo de investigação, a física de I. Prigogine, a filosofia de H. Bergson, a história das ciências de I. Stengers, os estudos da subjetividade e as novas formas de clínica inspiradas no trabalho filosófico de Nietzsche, Heidegger, Deleuze e Guattari. Na *série cognição*, reúnem-se, por sua convergência temática, trabalhos levados a cabo por disciplinas diversas, como psicologia, inteligência artificial, filosofia e neurociências. Tais estudos configuram o domínio das "ciências da cognição". Procurarei, no terceiro capítulo, explorar o ponto de interseção entre a *série-cognição* e a *série-tempo*, de forma a abordar a problemática da invenção cognitiva. Tendo como objetivo explorar as condições do estudo da cognição como invenção, examinarei os limites e as possibilidades do estudo desenvolvido contemporaneamente por H. Maturana e F. Varela. Esses autores foram destacados por terem procedido a uma problematização da concepção da cognição construída segundo o modelo representacional da teoria da informação, que exclui o tempo em sua dimensão inventiva, criadora. Aparece nesses trabalhos um momento inicial, que corresponde à problematização dos estudos da cognição tal como a história os apresenta, mas há também a decisão de lhes atribuir uma nova direção. Encontram-se, pois, situados no ponto de cruzamento entre a série cognição e a série tempo, onde a série tempo imprime movimento à série cognição, problematizando-a e concorrendo para sua reinvenção. Sua marca é, com base num questionamento da natureza imutável de seu objeto de investigação, experimentar novas formas de pensá-lo.

A reinvenção dos estudos da cognição na atualidade, onde a invenção tem lugar, não será entendida como corte com a modernidade, mas como produtora de novidade pela reativação e por uma nova composição feita com resíduos da própria modernidade. Retornando ao ponto de bifurcação da modernidade, explorando a vertente da ontologia do tempo que havia sido esquecida pela psicologia, procurarei demonstrar que o trabalho em biologia do conhecimento, de Maturana e Varela, retoma algumas das teses propostas por H. Bergson em *A evolução criadora* (1907), sobretudo aquela em que o vivo é definido pela categoria de "problema" – pela função de colocar e solucionar problemas –, e não pela categoria de necessidade. A aproximação entre Maturana e Varela e Bergson será interpretada como indício da retomada, na atualidade, de idéias da ontologia do presente, desenvolvidas na modernidade e deixadas de lado, como um resto, pela psicologia cognitiva. Quando falamos que a atenção à atualidade forçou-nos a pensar, conduziu-nos a perguntar sobre uma psicologia da invenção, referimo-nos a um campo de coexistência de diversas práticas discursivas, entre as quais foi possível identificar uma continuidade temática: o problema da invenção. Conforme dissemos, foi esse elemento de novidade que nos fez questionar a história dos estudos da cognição. Mas é preciso sublinhar que a atualidade inclui não só elementos discursivos, mas também extradiscursivos. A questão da técnica, na qual se destacam hoje novas tecnologias como a informática, não pode ser ignorada. Resta saber não se as máquinas de informação são sistemas inventivos, mas se elas são capazes de provocar, na interface com o usuário, outras formas de conhecer e pensar (LÉVY, 1990). Cabe examinar, e este é o tema do quarto capítulo, o alcance das transformações produzidas por esse agenciamento para o questionamento dos estudos tradicionais da cognição. A reinvenção da cognição na atualidade, encarnação visível da ontologia do presente, poderá aparecer, então, como um argumento essencial para um estudo da invenção.

Fazer história da atualidade não é fazer história do que se passou, mas história do que está se passando, de um movimento. Não entendo esse desvio em relação às abordagens tradicionais da cognição sob o signo do progresso, mas do deslocamento do foco de interesse, de um devir, de uma experimentação difícil de avaliar em suas conseqüências para a história, justamente em virtude de sua atualidade. Não pretendo, portanto, julgá-los, mas somente narrá-los, examiná-los naquilo que trazem de novidade, analisar seus limites e suas possibilidades.

Buscando lançar luz sobre o que deve ser entendido por invenção, retomo a etimologia da palavra latina *invenire*, que significa encontrar relíquias ou restos arqueológicos (STENGERS, 1983). Tal etimologia indica o caminho a ser seguido: a invenção não opera sob o signo da iluminação súbita, da instantaneidade. Esta é somente sua fenomenologia, a forma como ela se dá à visibilidade. A invenção implica uma duração, um trabalho com restos, uma preparação que ocorre no avesso do plano das formas visíveis. Ela é uma prática de tateio, de experimentação, e é nessa experimentação que se dá o choque, mais ou menos inesperado, com a matéria. Nos bastidores das formas visíveis ocorrem conexões com e entre os fragmentos, sem que este trabalho vise recompor uma unidade original, à maneira de um *puzzle*. O resultado é necessariamente imprevisível. A invenção implica o tempo. Ela não se faz contra a memória, mas com a memória, como indica a raiz comum a "invenção" e "inventário". Ela não é corte, mas composição e recomposição incessante. A memória não é aqui uma função psicológica, mas o campo ontológico do qual toda invenção pode advir. Não é a reserva particular de um sujeito, nem se confunde com o mundo dos objetos. Ela é a condição mesma do sujeito e do objeto.

Essa maneira arqueológica, que é também bergsoniana, de colocar o problema da invenção terá como conseqüência sua diferenciação em relação à categoria psicológica, subjetiva, da criatividade, bem como em relação à categoria epistemológica, objetiva, de descoberta. Na verdade, ela implicará a problematização das categorias de subjetivo e de objetivo, ou, antes, de sujeito e objeto, caras ao estudo tradicional da cognição. A análise que Prigogine e Stengers fazem da pesquisa arqueológica é esclarecedora:

> A categoria de *invenção*, se a palavra conserva o seu antigo significado de descoberta de tesouros arqueológicos ou de relíquias, pode permitir evitar decidir *a priori* entre o subjetivo e o realista. "Inventa-se" um tesouro porque se decidiu cavar num determinado local, com base em lendas, em tradições, numa convicção "subjetiva". Mas se, cavando, se encontra, o que se encontra existe "objetivamente", seja qual for o contexto cultural que determinou o seu aparecimento e que continua eventualmente a fazer parte de sua interpretação. O que foi feito, e neste caso efetivamente inventado, dificilmente pode ser desfeito. Seja qual for a razão por que se cavou, a ciência arqueológica pode, eventualmente no fim, ver-se irreversivelmente abalada. (1993, p. 185)

Transpondo esse raciocínio para a questão que focalizamos – a invenção cognitiva –, verifica-se que, entendida da maneira como indica sua etimologia, a invenção não pode ser definida como um processo psicológico particular, que responderia pela criação de respostas novas. Nem pode ser considerada obra de um sujeito psicológico, que seria o centro gerador da invenção. A invenção surge de um fundo arqueológico ou temporal, que impede a distinção *a priori* entre sujeito e objeto. Sujeito e objeto, pressupostos de toda teoria representacional da cognição, encontram-se abalados em seu caráter apriorístico, embora subsistam como efeitos da inventividade que opera em seu avesso. A cognição aparece, então, como um processo dotado de uma inventividade intrínseca, processo de diferenciação em relação a si mesma, o que responde pela criação de múltiplos e inéditos regimes de funcionamento. Ela é, assim, seu principal invento.

Enfim, as duas vertentes que identificamos na história da psicologia – a vertente técnica e a vertente científica – apresentam soluções mais ou menos semelhantes para a questão da criação, e isto se dá em virtude da maneira como formulam o processo da cognição. Como dissemos, é nesse âmbito, na maneira como colocam o problema, que elas devem ser criticadas. Em termos bergsonianos, ambas colocam o problema de acordo com a regra da inteligência, que é a de recusar o tempo, a diferença interna que constitui o estofo da cognição. No caso da psicologia da criatividade, ela se atém ao plano da cognição visível, prática, ao plano do comportamento de criação. Com o objetivo de selecionar e treinar indivíduos criativos, ela se preocupa com o desenvolvimento de técnicas eficazes. No caso dos grandes sistemas, são buscadas, para além das formas visíveis, as condições do funcionamento cognitivo, condições estas tidas, de acordo com o projeto epistemológico da modernidade, como invariantes e universais. O que se revela então é que, seja pelos interesses da sociedade, seja pelos interesses da ciência, a psicologia aborda a cognição através da inteligência. Tanto a técnica quanto a ciência são, em seu aspecto operacional, produtos da inteligência e exigem o fechamento, a estabilização artificial do objeto sobre o qual trabalham. O objeto, no caso, é a cognição, que é abstraída de seu devir. Encontramos, então, o motivo que levou as duas vertentes da história da psicologia a entender a criatividade e o pensamento produtivo no contexto da solução de problemas.

Quando o tempo é tomado, conforme a versão da ontologia do presente que apresenta Bergson, como a substância mesma de que a cognição é feita, o que se revela essencial é que aí a criação não é solução de problemas, mas posição, invenção de problemas. E isto em dois sentidos. Em primeiro lugar, há o aspecto em que a cognição põe constantemente problemas a si mesma, no sentido em que faz parte de sua natureza temporal diferir-se de si, problematizar os limites dentro dos quais ela opera. Problematização operada por uma "tendência crítica" (BERGSON, 1934), que é, em última análise, crítica da inteligência, dos esquemas da recognição. Em segundo lugar, esta maneira de pensar conduz, inevitavelmente, a uma problematização da própria psicologia da cognição. Problematização que caracteriza o momento em que a ciência se defronta com o novo, com o inesperado, que a força a pensar e, enfim, a divergir de si mesma. Nossa atualidade discursiva problematiza a história da psicologia cognitiva. A existência de linhas de pesquisa distintas, nas quais se identifica uma convergência temática, impõe, a meu ver, uma crítica capaz de conduzir a uma outra maneira de colocar o problema da cognição, agora com base na invenção. A cognição define-se, a partir de então, como invenção, em vez de a criação ser tomada como um caso particular da atividade cognitiva.

A escolha que faço pelo termo invenção para dar conta da criação que é própria da cognição exige uma justificativa, pois trata-se de uma noção que pode parecer, em princípio, obscura. Na Introdução de *O pensamento e o movente,* Bergson distingue dois tipos de clareza: a que é própria das idéias da inteligência e a que é obtida com base nas idéias da intuição. As idéias da inteligência são imediatamente claras e têm como papel compreender e organizar outras idéias que já possuímos, ao passo que as idéias da intuição são, em virtude de sua novidade, em princípio, obscuras, mas têm a potência de dissipar obscuridades. Bergson afirma:

> Através dela(s) problemas que julgávamos insolúveis vão se resolver, ou antes se dissolver, seja para desaparecer definitivamente, seja para se colocarem de outra maneira. E ela se beneficiará do que tiver feito por estes problemas. Cada um deles, intelectual, comunicar-lhe-á um pouco de sua intelectualidade. Assim intelectualizada, ela poderá ser apontada novamente para os problemas que a servirão, depois de se terem servido dela: dissipará, ainda mais, a obscuridade que os envolvia, e tornar-se-á ela própria mais clara. É preciso, pois, distinguir entre as idéias que guardam para si a sua luz, fazendo-a penetrar imediatamente até as partes mais profundas, e aquelas cuja

luminosidade é exterior, iluminando toda uma região de pensamento. Estas podem começar por ser interiormente obscuras; mas a luz que projetam ao redor volta-lhes por reflexão, penetra-as cada vez mais profundamente; e elas possuem então o duplo poder de aclarar em torno delas e de aclarar a si mesmas. (1934, p. 116)

A idéia de invenção inclui-se, sem dúvida, dentre as do segundo tipo. Ao longo deste livro, nosso empenho será fazer com que o problema da criação cognitiva, analisado com base na idéia de invenção, ganhe clareza pela luz por ela projetada e que, ao final, a própria noção de invenção beneficie-se, por reflexão, dessa clareza. Ao colocar o problema da criação cognitiva em termos de tempo, ao encará-lo na perspectiva da ontologia do presente, ao defini-lo como invenção, estamos certos de estar colocando um verdadeiro problema, cuja solução poderá conduzir a uma ampliação do conceito de cognição.

A bifurcação da modernidade e a situação da psicologia cognitiva

A psicologia cognitiva, com seus pressupostos filosóficos e epistemológicos, deve ser situada no contexto da constituição da modernidade. No extenso domínio de comentadores da modernidade, destacam-se dois autores – Michel Foucault e Bruno Latour – que apresentam uma concepção de modernidade que possui como traço comum a complexidade. A noção de complexidade, que utilizo no sentido que ela possui na física contemporânea, impede a redução da modernidade a qualquer traço simples característico, seja ele o surgimento da ciência, o desenvolvimento da técnica, o declínio da religião ou a laicização do conhecimento e das práticas sociais. No sentido de Ilya Prigogine, complexo é o sistema portador de uma diferença interna, sistema inventivo, criador de regimes de funcionamento variados e imprevisíveis. Este tipo de sistema tem um comportamento irredutível a um pequeno número de leis simples, como pretendia a ciência moderna. Ele remete à idéia de uma natureza bifurcante, que inclui sistemas que possuem uma instabilidade intrínseca, sistemas onde o tempo é criador. A criação ocorre em zonas de bifurcação, regiões onde "o comportamento do sistema torna-se instável e pode evoluir para vários regimes de funcionamento estáveis. Em tais zonas, um 'melhor conhecimento' não nos permite deduzir o que acontecerá..."

(PRIGOGINE; STENGERS, 1988, p. 78). É nesse sentido que, perspectivada por Foucault e Latour, a modernidade é complexa. Ela resiste à simplificação e à identidade. Apresenta-se, antes, como uma região de instabilidade, de onde ocorre a bifurcação, a criação de linhas divergentes, possuidoras de regras de funcionamento distintas. Para Foucault, são duas linhas seguidas pela história da filosofia: a linha que faz da filosofia uma teoria do conhecimento e a linha que torna a filosofia um pensamento sobre o tempo. Latour, por sua vez, identifica na modernidade a separação entre as práticas de purificação crítica, desenvolvidas pela filosofia e pela ciência, e as práticas de mediação, de produção de híbridos, que ocorrem em redes reais, coletivas e discursivas, e que não são tematizadas pelo pensamento moderno.

Conforme veremos, as duas análises têm muitos pontos em comum e configuram pontos de partida essenciais para entender a separação operada pela psicologia entre cognição e invenção, a qual teve como conseqüência a abordagem exclusiva da primeira em detrimento da segunda.

Michel Foucault: a direção da ontologia do presente

As duas direções do kantismo

A originalidade da análise desenvolvida por Foucault sobre a modernidade aparece em dois artigos, ou antes, em um artigo – "Qu'est-ce que les Lumières?", com duas versões. A primeira foi apresentada no Collège de France em 1983. A segunda é a versão apresentada por ocasião da ida de Foucault aos Estados Unidos em 1984. Em ambas, Foucault comenta um texto de Kant de 1784 denominado *Was ist Aufklärung? (O que é o Iluminismo?)*. Neste texto menor, Kant teria tocado num problema diferente daqueles tratados em suas três grandes obras críticas, que haviam sido o conhecimento, a ética e a estética.

Trata-se do problema do envolvimento do filósofo com o seu próprio tempo, com seu presente, com sua atualidade, naquilo que ela pode introduzir de novidade. A filosofia é afetada e levada a pensar por questões colocadas por seu próprio tempo, participando como elemento capaz de concorrer para sua transformação. Além de ser entendimento do presente, é um modo de ação, aí produzindo efeitos de mudança. Foucault conclui que o Iluminismo não é simplesmente, para nós, um episódio na história das idéias – é uma questão filosófica e, sobretudo uma atitude, que consiste em tomar como tarefa o debruçar-se sobre o presente.

A análise do texto sobre a *Aufklärung* acaba por revelar um kantismo muito diferente daquele conhecido pela leitura de suas grandes obras, o qual já havia sido tratado pelo próprio Foucault em *As palavras e as coisas* (1966). Vale destacar que, em 1966 e em 1983-1984, Foucault trabalha com diferentes textos de Kant, o que acaba por levá-lo a revelar duas dimensões da modernidade. O que se apresenta como absolutamente original e interessante na análise de Foucault sobre a modernidade é que esses dois momentos do pensamento de Kant não são definidos como conflito entre forças contrárias. Diferentemente, situa sua obra como ponto de abertura para duas linhas divergentes, que serão seguidas e desenvolvidas pelo pensamento crítico pós-kantiano: a analítica da verdade e a ontologia do presente. A primeira concentra-se na questão das condições nas quais um conhecimento verdadeiro é possível e a segunda consiste numa ontologia do tempo. Foucault fala de divisão da filosofia moderna com o sentido positivo de criação de diferença. Com base nesta concepção, apresenta uma história da filosofia bifurcante e inventiva, livre dos perigos do determinismo histórico. Kant não é somente o ponto inaugural da teoria do conhecimento e das condições da representação; embora o seja também, ele é antes de tudo ponto de bifurcação.

A analítica da verdade e a situação da psicologia cognitiva

Na vertente da filosofia que Foucault denomina analítica da verdade, alinham-se Auguste Comte e o movimento da Filosofia Analítica anglo-saxônica, em sua vertente formalista (TEDESCO, 1993). O traço que os liga ao Kant da *Crítica da razão Pura* é a preocupação em discutir e estabelecer as condições do conhecimento verdadeiro, por eles entendido como sinônimo de conhecimento científico. Comte trabalha com base na idéia de que só a ciência produz conhecimentos verdadeiros. Essa é, de resto, uma idéia kantiana, mas Comte extrai dela uma conseqüência: o fim da metafísica. Ele reduz, assim, a idéia kantiana muito mais complexa de uma eterna tensão entre o entendimento e a razão a um jogo de vencedores e vencidos. Comte anuncia a morte da filosofia pelo conhecimento científico – a filosofia cederá lugar à ciência. Nesse caminho, busca determinar as condições do conhecimento verdadeiro, que aí se confunde com o emprego dos procedimentos e do método da ciência. A referência metodológica é o indutivismo de Francis Bacon e sua máxima fundamental: "somente são reais os conhecimentos que repousam sobre fatos observados" (COMTE, 1930/1942, p. 5). Além de pautado sobre a observação, o conhecimento deve se articular numa teoria que combine os fenômenos observados e que busque o conhecimento de suas relações. A forma das relações é tirada das leis científicas, pois é a física newtoniana que o positivismo toma como conhecimento paradigmático. Comte explicita que "o caráter fundamental da filosofia positiva é tomar todos os fenômenos como sujeitos a *leis* naturais invariáveis, cuja descoberta precisa e cuja redução ao menor número possível constituem o objetivo de todos os nossos esforços" (*ibidem*, p. 7). As teses de Comte repercutirão de forma direta na constituição da psicologia cognitiva.

A psicologia cognitiva que se desenvolve no interior dos grandes sistemas psicológicos insere-se na tradição da analítica da verdade, mas opera em relação a ela um deslocamento na forma de colocação do problema. Não se trata propriamente da busca das condições de verdade, mas das condições da cognição. Não da cognição científica, mas da cognição em geral, independentemente do fato de ela ser verdadeira ou falsa, aquém da distinção entre cognição científica e não-científica. Para G. Canguilhem (1956), o surgimento da psicologia advém justamente dos erros inerentes ao processo de conhecer, que foram constatados quando do advento da física no século XVII. De acordo com seu argumento, foram os estudos da física científica que revelaram que o mundo não é conforme se vê, e com isso fizeram do conhecimento um problema, exigindo uma teoria, a princípio da percepção, desenvolvida pela psicologia. Segundo Canguilhem (1956, p. 369-370), a "psicologia se constitui então como um empreendimento de desculpa do espírito. Seu projeto é aquele de uma ciência que, perante a física, explica por que o espírito é, por natureza, constrangido a enganar, no primeiro instante, a razão relativamente à realidade". A existência de erros compõe então o estofo, a terra onde a psicologia vai demarcar o seu território. Ocorre que a psicologia busca constituir-se como um conhecimento científico da cognição, o que significa que ela buscará, nos fenômenos cognitivos, um núcleo invariante, na forma de leis científicas. Os erros que ganham importância e incitam sua investigação são os erros sistemáticos, recorrentes, comuns a todos os sujeitos. Daí o trabalho da psicologia cognitiva iniciar-se movido pela busca de uma lógica ou psico-lógica do erro. Os erros que se revelam sistemáticos, como a percepção do movimento do sol no momento em que ele se põe, pelo fato de estarem ancorados em leis perceptivas, ficam mais bem caracterizados como erros incorrigíveis ou ilusões. Ilusões irredutíveis, intrínsecas à cognição. Daí Canguilhem referir-se à psicologia como um "empreendimento de desculpa do espírito". Em última análise, quem promove a desculpa são as leis científicas, que são leis que explicam a cognição em geral, e não só seus erros.

Em resumo, a psicologia cognitiva encontra-se situada na tradição da analítica da verdade em dois sentidos. Em primeiro lugar, porque ela se constitui com base no discurso da ciência e dos erros cognitivos residuais que são revelados por esse discurso. Nesse caso, a demarcação de seu campo problemático se dá através de um critério científico – a distinção entre verdade e erro. Em segundo lugar, porque, seguindo uma das vertentes dessa tradição, o positivismo, ela busca as condições invariantes da cognição sob a forma de leis científicas, ou seja, o que a cognição possui da ordem da necessidade e da repetição. Tanto no critério de demarcação de seu campo problemático quanto na forma de colocação do problema e na estratégia de investigação identifica-se a marca da analítica da verdade. A conseqüência disso é a exclusão da temática da invenção de seu campo de estudo. Esse ponto será mais detalhadamente tratado no segundo capítulo. Conforme procurarei demonstrar, para a formulação do problema da invenção, o problema do conhecimento não poderá ser colocado em termos de condições invariantes, de limites intransponíveis, posto que universais e necessários, mas, em conformidade com a ontologia do presente, deverá ser colocado em termos de sua situação num fluxo temporal e inventivo, o qual assegura o constante ultrapassamento dos limites no interior dos quais ele opera.

A ontologia do presente: a filosofia de Henri Bergson

Segundo Foucault, a segunda vertente filosófica aberta por Kant é a ontologia do presente, onde se inscrevem Hegel, Marx, Nietzsche, M. Weber e a Escola de Frankfurt. Incluo aí também as filosofias de Heidegger, Sartre e de H. Bergson, que Foucault não cita. A filosofia de Bergson tem uma situação nesse quadro que não é de todo evidente, o que exigirá, mais à frente, uma justificação. Neste momento, importa sublinhar que se encontra aí toda filosofia que toma como problema fundamental o tempo, seja na forma da investigação histórica (Hegel, Marx, M.

Weber, a Escola de Frankfurt), seja na forma do intempestivo e do devir (Nietzsche, Bergson). De saída, a ontologia do presente aparece como uma recusa da redução da problemática filosófica à temática do conhecimento, ou mesmo do primado da questão do conhecer sobre a questão do ser. Nem por isso constitui um retorno à metafísica clássica. Mais acertadamente, ela surge quando a problemática da história – que deve ter sua importância atribuída às transformações trazidas pela Revolução Francesa, pelo Império de Napoleão e pelos abalos políticos, sociais e econômicos vividos na Europa naquele período – fecunda e impregna a problemática filosófica (CHÂTELET, 1992). Para Foucault (1966), a partir do século XIX, a história define o lugar de nascimento e o modo de ser do que é empírico.

A ontologia do presente reúne uma variedade de filosofias entre as quais não é possível traçar uma linha homogênea. Agrupa Hegel, que desenvolve um historicismo racionalista, e também anti-hegelianos ferrenhos, como Nietzsche, para quem o historicismo é uma doença da filosofia, que a desvitaliza e a conduz à morte (NIETZSCHE, 1874). O que distingue a maneira como o problema do tempo comparece em Hegel e em Nietzsche é que, para o primeiro, ele aparece como tempo passado, história de curso necessário, ao passo que, para o segundo, ele é tempo por vir, futuro inantecipável. Foucault parece não se importar com os matizes dos diferentes conceitos de história, ou mesmo com a diferença entre história e tempo, história e devir.[1]

O que parece relevante, quando traça essas duas grandes linhas do pensamento filosófico, é a diferença entre uma filosofia que pensa baseada nos achados da ciência e uma filosofia que

---

[1] A explicação para esse aspecto do pensamento foucaultiano, que seria, à primeira vista, imperdoável para filósofos como Bergson, é que a história, tal como Foucault a concebe e pratica ele próprio, comporta o intempestivo, sendo irredutível a um inventário do passado. Conforme aponta Deleuze (1988), Foucault é um historiador do presente.

pensa baseada na história. A ciência está para a analítica da verdade assim como a história está para a ontologia do presente. Ciência e história são, cada qual a sua maneira, experiências inquietantes, domínios exteriores à filosofia, mas que não puderam ser ignorados por ela. Ao contrário, forçaram-na a pensar e imprimiram direção à reflexão filosófica.

A analítica da verdade estuda as representações e suas condições, encontradas no domínio do sujeito, do método ou da linguagem. Para sustentar a representação, essas condições devem ser invariantes, universais e necessárias, à maneira da ciência. Conforme veremos, a psicologia cognitiva, procedendo a uma investigação de tipo científico, fixará sua meta na busca de leis gerais dos processos cognitivos. Buscará desenvolver, no âmbito dos procedimentos científicos, o que a filosofia faz com o nome de teoria do conhecimento. Denominará cognição o que a filosofia chama de representação. Encontrará nos conceitos de forma, estrutura e sistema cognitivo, o que a filosofia identificou no campo transcendental (sujeito, método e linguagem).

Por sua vez, a ontologia do presente constitui-se como crítica de todas as categorias invariantes, tanto da metafísica tradicional quando da teoria do conhecimento e da ciência, e aplica o tempo a tais categorias. Mais radicalmente, pode-se afirmar que esse efeito de problematização estende-se à maneira como a metafísica, o conhecimento e a ciência vão ser entendidos. O presente aparece como ponto privilegiado, pois é nele que o processo de transformação acontece. É a partir dele, do que ele apresenta de instabilidade em relação àquilo que, por encontrar-se estabelecido, sugere a idéia de invariância, que tais limites podem ser ultrapassados.

A inclusão da filosofia de Henri Bergson na vertente da ontologia do presente não é, em princípio, evidente. O caráter problemático de seu pensamento deve-se ao fato de, por um lado, Bergson ser, inequivocamente um filósofo do tempo (como devir, e não como história), que afirmou reiteradamente a recusa do primado da teoria do conhecimento em filosofia. Por outro lado, a questão que move o pensamento bergsoniano não são os fatos da história, mas, sim, os achados da ciência. São os dados da biologia, da neurofisiologia, da física, e da psicologia de seu tempo que incitam suas reflexões. No entanto, cumpre notar que Bergson estudou a bibliografia científica de sua época para empreender sua crítica, questionar sua invariância e propor seu ultrapassamento.

A direção indicada para o ultrapassamento dos limites da ciência é a invenção de problemas. Essa questão aparece na obra de Bergson sempre que é discutida a relação entre a ciência e a metafísica. Em *Introdução à metafísica* (1903), a forma como é apresentado o trabalho científico diverge daquela dos próprios cientistas. Bergson identifica nele a presença da "intuição", que mais tarde será denominada por ele "função metafísica do pensamento" (BERGSON, 1934). Intuição essencial, pois é através dela que a invenção científica ocorre, mas que, por se dar num instante muito curto, por seu caráter fugidio, tende a ser esquecida e mesmo recusada pela própria ciência como integrante de seu trabalho e de seus objetivos. É importante destacar que, no texto de 1903, Bergson situa a filosofia ou metafísica da ciência do lado da própria ciência, em virtude de ela ser, de fato, levada a cabo pelos próprios cientistas.

Se, no texto de 1903, ele incluía a metafísica na ciência, onde via, na intuição dos cientistas, um momento filosófico de seu trabalho, o texto de 1934 – *O pensamento e o movente* – Introdução – cuida de demarcar de maneira bem mais nítida metafísica e ciência. A metafísica é definida como conhecimento da duração pela intuição e a ciência como conhecimento da matéria inerte pela inteligência pura. Bergson afirma que intuição e inteligência constituem duas direções divergentes do pensamento. Identificando a ciência com o trabalho da inteligência, sua posição parece coincidir com a dos cientistas. Mas, em seguida, ficará claro que isso não o levará a traçar para a ciência um destino, limites que ela não poderia ultrapassar. Logo adiante, Bergson revela uma aposta na inventividade da ciência, pois, se a inteligência constitui-se irremediavelmente como conhecimento da matéria inerte, cujo funcionamento é marcado pela repetição e pela necessidade, se ela é, nesse sentido, limitada por natureza, a ciência não precisa sofrer essa mesma restrição. Ela pode e deve se comunicar com a filosofia. Bergson fala de "ajuda mútua e controle recíproco", e sua idéia é que "o contato se torne fecundação". A comunicação entre ciência e filosofia fica assegurada pela referência de ambas à experiência, que é um conceito forjado por Bergson para dar conta da apreensão da duração. Esta experiência não se restringe aos quadros da inteligência. A experiência científica capta somente a matéria, no que ela possui de constante e repetitivo. Já a experiência integral, que Bergson denomina intuição, é capaz de apreender o tempo, a duração real. Para Bergson, a ciência deve abrir-se à experiência, para além dos quadros de referência da experimentação científica, que foram traçados pela inteligência. Só assim ela poderá ultrapassar seus atuais limites.

Procurando explicitar o que seria o ultrapassamento dos limites da ciência, indica que o principal limite a transpor é seu cientificismo ou intelectualismo. Este se revela no encaminhamento do trabalho científico a partir de problemas já colocados, como se estes, formulados pela linguagem e traduzidos em conceitos da inteligência, correspondessem ao real. A ciência, neste caso, limitar-se-ia à solução desses problemas, considerados pela inteligência – que ignora o tempo e a criação – como dados desde sempre. Bergson evoca, então, a questão da problematização, da criação de problemas. Afirma tratar-se

> em filosofia, e mesmo alhures, de *encontrar* o problema e conseqüentemente de *colocá-lo*, mais do que de resolvê-lo,

> pois um problema especulativo está resolvido no momento em que estiver bem enunciado. Quero dizer que a solução está então perto, se bem que ela possa permanecer velada e, por assim dizer, coberta: restaria apenas descobri-la. Entretanto, enunciar o problema não é somente descobrir, é inventar. A descoberta relaciona-se ao que já existe, atual ou virtualmente; certamente ela viria cedo ou tarde. A invenção doa o ser ao que não era, ela poderia não vir jamais. (BERGSON, 1934, p. 127)

É, então, por meio da invenção de novos problemas que Bergson indica o caminho para a transposição dos limites da ciência moderna. Transposição que só pode ocorrer com "ajuda mútua e controle recíproco" entre ciência e filosofia, reunidas no campo da experiência, na atenção à duração.

Para Bergson, a ciência moderna, concebendo o conhecimento como relativo à inteligência, teria chegado a um limite, limite que deve ser entendido como a exclusão do tempo inventivo de seu domínio de investigação. Mas ele antecipa a ciência contemporânea, que faz do problema do tempo – e trata-se agora do tempo em sentido bergsoniano – o principal operador da "metamorfose da ciência" que tem lugar na atualidade (PRIGOGINE; STENGERS, 1984). Caberá examinar – e é isto que faremos no terceiro capítulo – os indícios de uma metamorfose no campo das ciências cognitivas e sua contribuição para o estudo da invenção.

Ontologia e conhecimento

Conclui-se que o principal obstáculo para a ciência moderna é a apreensão da duração. Esta duração não é, para Bergson, um mero atributo dos objetos, mas o modo de ser do real. Tem estatuto ontológico. Não se opõe ao ser, mas coincide com ele. Segundo Jean Hyppolite,

> Bergson concilia, em sua intuição primeira, as filosofias do devir e aquelas do ser. O devir não se reduz a uma

poeira de instantes sucessivos, mas evanescentes, como nas filosofias heraclitianas, e o ser não é rejeitado para fora do tempo, como nas filosofias eleatas. Pela memória, a duração é tanto substancial quanto é mudança. (HYPPOLITE, 1949, p. 469)

O devir não é devir de algo permanente. Isto significa que há um primado da transformação sobre o transformado, do movimento sobre o móvel, da mudança sobre os estados. A questão do conhecimento, científico ou não, encontra lugar no interior desta concepção do ser, desta ontologia do tempo. Existe uma imbricação entre o problema da invenção e o problema do tempo. Bergson explicita que "quanto mais aprofundamos a natureza do tempo, melhor compreenderemos que duração quer dizer invenção, criação de formas, elaboração contínua do inteiramente novo" (BERGSON, 1907, p. 49). Conforme sublinhamos, o tempo em Bergson não é um conceito científico, não é um operador da inteligência. É o conceito através do qual se ergue toda uma metafísica que, diferente da metafísica tradicional, toma a invenção como princípio do ser. O ser não é dado, mas inventivo. É possível entrever, a partir de Bergson, que dar à invenção o estatuto de um problema a ser investigado no domínio dos estudos da cognição depende de uma tomada de posição na ontologia do tempo.

A importância de incluir Bergson nesta vertente filosófica justifica-se pelo fato de que as dificuldades da psicologia cognitiva perante o problema da invenção já haviam sido, em parte, apontadas por ele, tanto nas críticas diretas à psicologia de seu tempo, quanto, indiretamente, através da crítica à ciência. Nele encontramos a constante objeção à redução do conhecimento à representação e a evocação permanente de "um outro conhecimento" (1934, p. 145), que Bergson chama de intuição. Sublinho que ele afirmou tratar-se de uma outra forma de conhecimento. Numa atitude que é também a que adoto neste livro, recusou-se a reservar o termo conhecimento para a função de reconhecimento, a fazer da teoria do conhecimento uma teoria do conhecido. Recusa o pressuposto filosófico – que é o da analítica da verdade – de que conhecer é representar. Sem alarde, Bergson subverte radicalmente o conceito de conhecimento, cuja situação no tempo responderá pela transposição constante de seus limites.

Compreende-se, então, a recusa de Bergson em aceitar o primado da teoria do conhecimento, pois somente trabalhando sobre a questão metafísica e operando uma modificação profunda nesse plano foi possível subverter o conceito de conhecimento. Foi preciso introduzir a duração no âmbito do ser, identificar ser e duração, para afirmar a possibilidade do conhecimento inventivo, pois existe uma solidariedade entre a posição do problema metafísico e aquela do conhecimento, e isso em dois sentidos. No primeiro, a inventividade do ser exige sua apreensão por métodos de pensamento, eles próprios inventivos. Caso contrário, teríamos que reconhecer a impotência do conhecimento em dar conta da realidade. No segundo sentido, encontra-se implicado nesta ontologia criacionista que a própria cognição é inventiva. Do contrário, a própria ontologia ficaria comprometida, pois existiria uma dimensão da realidade que lhe escaparia.

Bruno Latour: a invenção como prática de mediação

As práticas de purificação: a modernidade como projeto

Bruno Latour, como Foucault, fala de uma modernidade complexa, no sentido que o termo é empregado pela física contemporânea para falar de sistemas nos quais é possível identificar uma zona de bifurcação que cria regimes de funcionamento distintos. Tomando como referência o domínio das práticas, utiliza o termo modernidade para designar dois conjuntos: as práticas de purificação e as práticas de mediação (LATOUR, 1991).

As práticas de purificação são estabelecidas pelo que é conhecido como "projeto da modernidade", por ele denominado "projeto de purificação crítica". Para Latour, este projeto não se confunde com a modernidade complexa, mas corresponde somente a uma de suas figuras, a figura oficial. Quando desenvolvido no campo da filosofia, o projeto consiste no exercício da crítica. O trabalho da crítica é estabelecer uma separação entre supostas formas puras – o sujeito cognoscente e o objeto que se dá a conhecer, o homem e as coisas, incluindo-se ainda o fato de que Deus encontra-se aí suprimido, o que marca uma diferença radical em relação às concepções anteriores do conhecimento. Mas Latour chama a atenção para o fato de que o projeto da modernidade opera uma outra separação, ainda mais importante. Esta coloca, de um mesmo lado, sujeitos e objetos, homens e coisas, agora reunidos sob o signo da representação, pois podem ser purificados e circunscritos em sua identidade. No outro lado, situa os seres que se furtam à representação, que resistem à redução a formas puras, e que Latour chama de híbridos. A originalidade da análise de Latour reside na consideração dessa dupla separação, mais especificamente, na identificação do segundo nível de separação, já que a idéia da separação sujeito-objeto faz parte do projeto oficial da modernidade.

Este projeto é coextensivo também à ciência moderna, onde a separação que se impõe com maior rigor é aquela entre o mundo natural e o mundo social. É feita uma demarcação entre o campo da natureza, marcado pela transcendência e pela eternidade, onde as ciências físico-naturais encontram leis invariantes, e o domínio da sociedade, onde o trabalho de legislação, imerso num fundo político, cria leis sujeitas a transformações mais ou menos arbitrárias. Mais uma vez, e como resultado do segundo nível da separação, restam excluídos do discurso da modernidade os seres refratários a tal separação, que misturam irremediavelmente natureza e sociedade, ciência e política.

Com o intuito de ressaltar o caráter convencional dessa dupla separação, Latour refere-se a ela como pautada na "Constituição moderna". No contexto de sua argumentação, essa colocação é de fundamental importância, pois, embora recuse que o que ficou conhecido como projeto da modernidade possa ser identificado com a própria modernidade, em nenhum momento Latour coloca em questão sua eficácia. Quando afirma que "os artigos da lei fundamental que diz respeito à separação foram tão bem redigidos que nós a tomamos como uma dupla distinção ontológica" (*ibidem*, p. 19), ele está falando de sua eficácia. Todo o vocabulário de demarcação instaurado pelo projeto da modernidade tem como resultado a tomada das categorias de sujeito, objeto, natureza e sociedade como correspondentes de regiões ontológicas distintas. Latour procede, então, à subversão de maneira tradicional de pensar. Considera que o emprego de categorias epistemológicas organizadas em pares de oposições, em dicotomias, em vez de encontrar seu fundamento em regiões ontológicas distintas e eternas, tem por efeito a criação desta própria ontologia. Como veremos adiante, tal modo de pensar implicará, por parte de Latour, numa tomada de posição sintonizada com a segunda vertente da modernidade, tal como definida por Foucault. Tratar-se-á, enfim, de uma tomada de posição na ontologia do presente, onde, conforme apontamos, o problema do tempo — e com isso, o da invenção — pode ter lugar. A invenção da demarcação aparece, então, no texto de Latour, como o primeiro nível de tratamento deste tema.

As práticas de mediação e a criação de híbridos: a modernidade como paradoxo

A questão da invenção prossegue sendo tematizada quando da definição do segundo conjunto de práticas da modernidade, formado pelas práticas de mediação. Para Latour, são práticas criadoras de híbridos que, conforme adiantamos, são seres em que se misturam natureza e sociedade, ciência e política, sujeito e objeto. Seres como, por exemplo, o buraco na camada de ozônio, os embriões criados em laboratórios e o computador, que resistem aos esforços da crítica e que, por isso, não encontram lugar no projeto da modernidade. Isto significa que não são abordados pela ciência nem pela filosofia naquilo que os singulariza como híbridos. Quando tematizados, busca-se reduzi-los a formas puras – natureza e cultura, sujeito e objeto, ciência e política –, o que traduz apenas a recusa em reconhecê-los em sua natureza mista.

Neste momento Latour toca num ponto importante: a constituição moderna não só inventou seu próprio *a priori*, não só inventou a si mesma, como produziu também aquilo que escapa a seu projeto; pois, apesar do veto da modernidade à representação dos híbridos enquanto tais, há evidência de que as práticas de hibridação estiveram desde sempre operando. Mais do que isso, para Latour, o projeto da modernidade só se desenvolveu através da produção de híbridos. É o que ele denomina "paradoxo da modernidade". Eles constituem o resíduo da produção crítica, desenvolvidos na exata proporção do trabalho de purificação. São seres paradoxais, mistos rebeldes à purificação. Seu caráter paradoxal provém de que, sendo irrecusavelmente signos da modernidade, conduzem hoje, quando se assiste a sua multiplicação acelerada, à problematização de seu projeto oficial. "Quando surgiam apenas algumas bombas de vácuo, ainda era possível classificá-las em dois arquivos, o das leis naturais e o das representações políticas; mas quando nos vemos invadidos por embriões congelados, sistemas especialistas, máquinas digitais, robôs munidos de sensores, milho híbrido, bancos de dados, psicotrópicos liberados de forma controlada, baleias equipadas com rádio-sondas, sintetizadores de genes, analisadores de audiência etc. [...]" (*ibidem*, p. 53) torna-se difícil ignorá-los, bem como subsumi-los no projeto de purificação crítica.

Em síntese, a análise de Latour revela dois sentidos para o termo modernidade. O primeiro é a modernidade como

Constituição, como projeto. Trata-se, para a ciência, do projeto de fornecer uma representação verdadeira daquilo que recorta como objeto de investigação, de regiões da natureza. Este é desenvolvido por um certo modo de operar com a lógica da demarcação, que consiste em delimitar o que há de universal e necessário sob o fundo confuso das particularidades e das contingências. Para a filosofia, é o problema do conhecimento, suas condições e garantias, que ocupa o foco. Mas é importante destacar que, em ambas as versões – científica e filosófica –, ele é, acima de tudo, projeto de totalização, pois exclui o que se encontra fora dele, recalcando o que se furta à representação.

Mas Latour define um outro sentido para a modernidade – a modernidade como paradoxo – e aí reside a originalidade de sua contribuição. Como paradoxo, a modernidade produz, simultaneamente, os híbridos e os saberes que os recusam. O que há de novo nesta perspectiva é a apresentação de uma modernidade que, sendo ela própria produtora de paradoxo, deve ser vista como algo que contém em si uma diferença interna, ou seja, o germe de problematização de seu projeto oficial. Tal forma de apresentá-la rompe com todas as concepções que buscam reduzi-la a uma identidade ou a qualquer tipo de totalização.

É neste ponto que sua perspectiva aproxima-se da de Foucault. Quando faz a colocação que dá título ao livro – "jamais fomos modernos" –, pretende sublinhar que jamais o fomos no sentido definido pela crítica, pelo projeto da modernidade. Ressalta que "jamais fomos modernos no sentido da Constituição. A modernidade jamais começou. Jamais houve um mundo moderno. O uso do pretérito é importante aqui, uma vez que se trata de um sentido retrospectivo, de uma releitura de nossa história" (*ibidem*, p. 51). Latour assevera que jamais a modernidade coube dentro de seu discurso oficial. Ao contrário, ela não cessou de contradizer sua pretensa totalização pela criação de seres que ultrapassam seus limites por todos os lados. É isto que, a meu ver, deve ser retido de seu trabalho.

A reversão dos pressupostos da modernidade

Problematizar o projeto da modernidade não é suspeitar de sua eficácia, mas questionar seus pressupostos. É colocar em questão a dupla separação, a lei fundamental, o pressuposto da Constituição moderna. Trata-se, então, de problematizar o kantismo – a referência é, evidentemente, a *Crítica da razão pura*. É colocar em questão que o conhecimento objetivo resulte do encontro de um sujeito com algo que existe fora dele, que se tratem de duas formas separadas. Além do mais, que um desses pólos separados, o pólo do sujeito, corresponda ao espaço das condições *a priori* do conhecimento objetivo, condições que seriam independentes da experiência de conhecer. Pois, para Kant, o conhecimento resulta de sua aplicação aos fenômenos, sem que, entretanto, tais condições sofram qualquer efeito desta operação. Dito de outro modo, trata-se de problematizar que o conhecimento tenha limites intransponíveis. Kant apresenta a formulação mais nítida do projeto da modernidade, em que o conhecimento situa-se entre dois pólos não só distintos, mas separados, sem que seja considerada a possibilidade de produção de efeitos recíprocos. O espaço intermediário dos fenômenos encontra-se resguardado de qualquer potência inventiva. O conhecimento responde pelo relacionamento dessas duas regiões ontológicas, sem que ele próprio produza nada, apenas represente.

Latour reverte esse quadro de referências da modernidade por meio de uma mudança na estratégia do pensamento. Em vez de começar pelas extremidades – pelas formas –, propõe que comecemos pelo "meio". O meio não é entendido como espaço intermediário entre dois pólos separados, mas como região ontológica que é, ao mesmo tempo, primordial e inventiva. Segundo seu ponto de vista, é na própria modernidade – e aqui ela surge em sua vertente paradoxal, criadora de híbridos – que encontramos as pistas para esta reversão. Afirma: "Se acrescentarmos à versão oficial e estável da Constituição sua versão oficiosa e quente – ou instável –, é o meio, pelo contrário, que fica cheio, e os extremos se esvaziam" (*ibidem*, p. 87). Latour propõe a inversão da lógica da demarcação: é o meio que constitui o suporte explicativo das extremidades. As regiões extremas aparecem como resultantes da estabilização de processos de mediação. Ele ressalta que os pólos sujeito e objeto "não são mais o ponto de apoio da realidade, mas, sim, resultados provisórios e parciais" (*ibidem*, p. 77).

Para isso, distingue mediadores e intermediários. Faz parte do projeto de purificação crítica identificar intermediários, que respondem pela diminuição da distância entre regiões ontológicas que se encontram separadas. Eles não possuem qualquer efetividade, limitam-se a uma função de transportar, veicular o que se encontra nos extremos, garantindo que entrem em relação. A cognição é, nesse contexto, um intermediário exemplar, pois considera-se que através dela um sujeito entra em relação com um objeto, mas ambos possuem existência prévia ao processo de conhecer. O resultado é um conhecimento que é representação do objeto. Os mediadores, ao contrário, participam de forma efetiva do trabalho inventivo que tem lugar no "meio". São, em verdade, os operadores desse trabalho. Funcionam como conectores dos elementos aí distribuídos, reunindo-os em composições inusitadas. Diferentemente dos intermediários, que apenas colocam em relação sujeito e objeto, assegurando a representação, os mediadores são "dotados da capacidade de traduzir aquilo que transportam, de redefini-lo, desdobrá-lo, e também traí-lo" (*ibidem*, p. 80). Será preciso, e é isso que nos interessa buscar no texto de Latour, examinar as implicações da tomada da cognição como uma prática de mediação, e não como um espaço intermediário como fez a psicologia cognitiva em conformidade com o projeto da modernidade.

Insisto no fato de que a mediação é uma prática que Latour identifica na modernidade. Assim sendo, sua proposta de tomar o meio como suporte explicativo das extremidades, invertendo desta feita a lógica do projeto da modernidade, encontra-se ancorada na própria modernidade, num dos conjuntos de suas práticas. Uma vez que os híbridos são entendidos como produtos das práticas de mediação, caberá também explorar as implicações da consideração da cognição como híbrido. Existem, portanto, duas questões a examinar: a primeira diz respeito à consideração da cognição como prática, como processo de conhecer, marcado pela inventividade e pela produção, e aqui trata-se da produção tanto do sujeito quanto do objeto do conhecimento. A segunda questão concerne ao seu entendimento como híbrido, como forma resultante dos processos de mediação. Forma contingente e temporária, cuja delimitação não pode ser estabelecida *a priori*, em sentido kantiano, ou seja, independente da experiência, e que se encontra desde sempre e para sempre imersa no tempo inventivo.

Para explicitar em que consistem as práticas de mediação, Latour lança mão do conceito de rede. Os híbridos emergem da rede, bem como a ciência que os recusa. Ambos são produtos da rede, que é uma espécie de sistema acentrado e que põe em conexão elementos da natureza e da sociedade, intelectuais e políticos, materiais e institucionais. Articulando Foucault e Latour, é justo caracterizar a rede como uma figura empírica da ontologia do presente. A análise de Latour dá continuidade à de Foucault, que se concentra na inventividade bifurcante da filosofia e na do sujeito. Latour aborda a ciência e a considera, bem como os híbridos, signos da efetividade da rede. Considerar a rede como figura empírica da ontologia do presente significa situá-la no interior da problemática do tempo. Segundo Michel Callon (1989, p. 24), "colocar o acento sobre as redes é antes de tudo sugerir uma certa temporalidade do trabalho científico". A temporalidade que caracteriza o funcionamento das redes é estranha ao tempo que faz parte do discurso oficial da modernidade.

O tempo como resíduo da psicologia cognitiva

Trabalhando com a orientação formalista que é própria da ciência moderna, a psicologia cognitiva que se desenvolve no interior dos grandes sistemas concentra-se na busca das condições da cognição, entendidas como invariantes, protegidas dos efeitos da prática cognitiva. Tal orientação corresponde a um trabalho sobre os limites da cognição. Limites considerados inultrapassáveis, definidos desde sempre. Tudo aquilo que escapa a tais limites, ou seja, tudo que foge ao campo dos invariantes, tudo que concerne a transformações que apontariam para a formação de outras regras de funcionamento cognitivo surge como um resto, um resíduo desconsiderado, esquecido, recalcado pela psicologia cognitiva. Não focalizo a questão das diferenças entre indivíduos que, embora não tendo lugar de destaque no interior dos grandes sistemas psicológicos que se ocupam da cognição, jamais tiveram sua existência negada. Separar a região do universal e necessário daquela do particular e contingente faz parte do projeto moderno de purificação. O que sublinho é a absoluta recusa do caráter inventivo da cognição, que é deixado de lado como um resto, como o principal resíduo da produção crítica. É a negação de que suas condições de exercício estejam sujeitas à transformação, que possam surgir novas regras de funcionamento que criem outras formas de conhecer. Em outras palavras, que os limites da cognição possam ser transpostos, como pensa e pratica a ontologia do presente.

Quando Figueiredo (1995) procura pensar o que denomina "gestação do espaço psi" no contexto do projeto epistemológico da modernidade, fala desse espaço como algo que emerge de uma espécie de resto deste projeto. Essa colocação é, aparentemente, uma tese contrária àquela que apresento neste momento. Por isso retomo sua argumentação. Segundo Figueiredo, há no projeto da modernidade uma presença dominante das questões relativas ao conhecimento, em especial daquelas relativas ao fundamento e ao método. A preocupação central com o método advém de um reconhecimento do homem como fonte de erros e ilusões, aos quais o conhecimento encontra-se sujeito. O emprego do método teria como objetivo operar uma ascese da experiência, a cisão entre uma subjetividade pura em sua invariância e universalidade, e tudo aquilo que pudesse vir a comprometer a confiabilidade do sujeito epistêmico – "tudo que o tornasse variável, singular, desejante, padecente, afetável, em outras palavras, que o *encarnasse* e o *mundanizasse*" (1994, p. 17). Em seguida, Figueiredo constata o reiterado fracasso desta cisão, mas reconhece o surgimento do espaço da psicologia como sinal de sua eficácia. O espaço psicológico teria surgido exatamente daquilo que havia sido expurgado pelo método, do excluído, de seu avesso. Ele afirma que a psicologia não poderia surgir

> enquanto a supremacia do sujeito epistêmico e a viabilidade da cisão metodicamente efetuada na esfera da subjetividade não fossem radicalmente postas em questão: o sujeito epistêmico é visceralmente avesso ao olhar psicológico. O que se pode afirmar, contudo, é que tenha ocorrido como uma gestação marginal do espaço psi na esteira da tradição epistemológica. (*Ibidem*, p. 18-19)

A argumentação de Figueiredo acompanha, até certo ponto, a tese que Canguilhem apresenta em 1956, e que discutimos acima, no momento em que a utilizamos como argumento para a localização da psicologia cognitiva na tradição da analítica da verdade. A psicologia surge, de acordo com ambos, do tecido de erros residuais, subjetivos, evidenciados pelo surgimento da física científica. Parece-me, no entanto, que a tese de Figueiredo incide, no artigo em questão, sobre o espaço da prática psicológica, sobretudo a clínica, pois reconhece que o que havia sido excluído "retornava na forma de sintomas e mal-estar", "território de eleição de todas as psicologias" (*ibidem*, p. 19). A meu ver, o campo da psicologia cognitiva exige uma análise à parte, pois não é possível incluí-lo entre os que dão conta do "conjunto daqueles aspectos da 'experiência' que de uma forma ou outra foram sendo, ao longo da história, excluídos do campo das representações identitárias" (*ibidem*, p. 27), pois os estudos sobre a cognição têm como especificidade corresponderem, no domínio da psicologia, ao campo em que as preocupações de ordem epistemológica são mais presentes, o que conduz à busca reiterada de um núcleo invariante, que encontra modelo nas leis das ciências físico-naturais.

Logo, se é justo entender que a psicologia cognitiva emerge de um certo resíduo do projeto epistemológico da modernidade, é preciso identificar de que resíduo estamos falando ou, antes, de que maneira esse resíduo comparece tematizado no interior deste domínio. No caso, são as ilusões ou os erros sistemáticos intrínsecos à cognição, explicados por leis universais. Isso significa que o resíduo do sujeito epistêmico sofre neste domínio uma espécie de recuperação, em função da psicologia cognitiva desenvolver-se em conformidade com tal projeto. Explica-se, então, o fato de a participação de tal resíduo na composição da psicologia cognitiva não conduzir à problematização de tal projeto. A cognição continua sendo, nesse contexto, uma representação. Definir a cognição como representação não significa assegurar seu valor de verdade, mas ancorá-la em princípios universais e invariantes, que lhe assegurem um regime de funcionamento marcado pela repetição e pela necessidade. A cognição encontra-se, de acordo com essa perspectiva, limitada a um conjunto de desempenhos possíveis e, ao menos de direito, previsíveis. Todo desempenho real, independente de ser ilusório ou não, é a manifestação concreta de um desempenho possível.

Quando a modernidade é entendida, com base nas leituras de Foucault e Latour, como portadora de uma complexidade que a torna irredutível a seu projeto oficial, abre-se um novo campo de análise que, a meu ver, concorre para o esclarecimento de que, no domínio da psicologia cognitiva, o que é verdadeiramente excluído é o tempo. E, conforme procurei demonstrar, o problema do tempo não pode ser subsumido naquele das condições dos erros residuais, sistemáticos e recorrentes, que a psicologia identificou como sendo o das leis da cognição. O solo de eleição da psicologia cognitiva não corresponde a esse domínio temporal, mas continua sendo o da representação, ainda que não se exclua o problema dos erros e ilusões aos quais ela se encontra sujeita. É nessa medida que, perspectivado pela ótica da representação, da qual a psicologia cognitiva compartilha, o tempo comparece como o verdadeiro problema excluído, seu resto irrecusável. Pois o tempo, para Bergson (1907) se "nada faz, nada é".

O compromisso com o projeto epistemológico não evita a presença de um certo hibridismo da psicologia cognitiva, cujos sinais podem ser detectados na abordagem de certas transformações temporais que têm lugar na cognição. No gestaltismo, o tempo é entrevisto através da temática da aprendizagem e, na epistemologia genética, comparece no tema do desenvolvimento cognitivo. A análise mais detalhada desse ponto será objeto do segundo capítulo. Basta antecipar, no momento, que alguns dos achados da psicologia cognitiva não chegam a receber, por sua parte, qualquer estatuto teórico, o que se explica por sua forma de colocação do problema da cognição, forma essa inequivocamente em conformidade com a ciência moderna. Conforme procurarei fazer ver, os achados residuais não tematizados, que não encontram lugar no interior da teoria, são justamente aqueles nos quais se revela a dimensão temporal e inventiva da cognição.

As saídas indicadas por Foucault e Latour

O trabalho de Michel Foucault indica o caminho da ontologia do presente como saída para a investigação da invenção no domínio dos estudos da cognição. Concluímos, pela análise de seus textos, que só mudando o ponto de partida, só trabalhando com os referenciais filosóficos da ontologia do presente, só tomando o tempo como domínio ontológico primordial, são abertas possibilidades para um estudo da invenção. Só concebendo a cognição como sendo feita dessa espécie de substância que é o tempo, substância que é a transformação mesma e não algo que se transforma, só definindo a cognição como sendo, de saída, tempo, a invenção pode comparecer como tema no interior de seus quadros. O resto da psicologia cognitiva, o resíduo "tempo", pode ser reativado para que a crítica da psicologia cognitiva possa ser efetiva. Entendendo que a psicologia cognitiva buscou, ao longo de sua história, seus pressupostos filosóficos na analítica da verdade, a retomada da filosofia de Bergson, desenvolvida na vertente da ontologia do presente, surge então como algo capaz de promover a reativação do resíduo tempo.

O trabalho de Bruno Latour indica, por sua vez, outras duas saídas: a consideração da cognição como prática de mediação e como híbrido. Em primeiro lugar, a cognição passa a ser entendida como uma prática e não como uma representação. Como prática, seu trabalho é o de pôr em relação elementos heterogêneos. Estes não são formas puras, sujeito e objeto, mas vetores materiais e sociais, etológicos e tecnológicos, sensoriais e semióticos, fluxos ou linhas que não se fecham em formas perfeitas e totalizadas. As relações cognitivas não são previsíveis, pois os elementos não formam um sistema fechado. São abertas e temporais. São inventivas. A recognição é apenas um efeito de estabilização, um momento do processo cognitivo, que guarda uma instabilidade intrínseca. Há que se reconhecer que tais efeitos são muito numerosos e de grande vantagem do ponto de vista da adaptação. Certamente, foi isso que fascinou a psicologia cognitiva, que circunscreveu seu campo a partir de um interesse pelo senso comum. O preço foi o esquecimento da dimensão inventiva da cognição. Por outro lado, trabalhando com a idéia de uma invenção como prática de mediação, encontra-se lugar tanto para os efeitos de estabilização quanto para os de instabilização, que também fazem parte inequívoca do funcionamento cognitivo. Alarga-se, desta feita, o conceito de cognição.

A segunda saída é a consideração da cognição como híbrido. O híbrido é produto das práticas de mediação. Entendendo as práticas de mediação como práticas de invenção, o híbrido surge como a invenção na forma substantiva, como o invento. Invento sem inventor prévio, resultante de uma rede processual e heteróclita. Invento que acaba sendo, ao final, num movimento que causa vertigem ao pensamento, o próprio inventor. Não o inventor como uma forma fechada, mas uma formação, um momento de estabilização do devir, pois, entendida como híbrido, a cognição corresponde não apenas a um processo, mas também às formas assumidas durante esse processo. Formas que problematizam todas as categorias que supostamente remetem a domínios separados como os do sujeito e do objeto, da natureza, da sociedade e do artifício, que têm como característica a mistura destes componentes. Formas politemporais, sempre passíveis de transposição de seus limites. Essa maneira de pensar permite, além da investigação da processualidade cognitiva, de seu funcionamento inventivo, o estudo das formas que ela assume durante este processo. Pensar a cognição como híbrido implica considerar que os híbridos não são um tipo particular entre os seres, não possuem uma ontologia específica, mas que o ser é sempre, em sua radicalidade, um híbrido. Isso me parece uma conclusão a ser tirada, inevitavelmente, do livro de Latour.

A cognição inventiva e a cognição inventada

Seguindo a direção de Foucault e pensando com base em Bergson, configura-se uma maneira de colocar o problema da cognição bastante diferente daquela praticada ao longo da história da psicologia cognitiva. De acordo com a ontologia bergsoniana, que Deleuze (1966a) denomina "ontologia complexa", a cognição é, como realidade atualizada, como sistema cognitivo, um misto de tempo e matéria. Tempo e matéria não são coisas, mas direções ou tendências que divergem por natureza. O tempo é a tendência que responde pela criação, pela diferença. A matéria é, por sua vez, tendência à repetição. De direito, essas duas tendências ou dimensões da realidade (BERGSON, 1934) existem em estado puro, mas de fato, ou seja, no plano das coisas, só existem mistos, onde ambas coexistem em proporções variáveis. No caso da cognição, como ela se encontra encarnada num sistema vivo, é o tempo que prepondera, que define sua natureza (BERGSON, 1907).

O estudo da cognição exige a passagem do plano dos fatos ao plano do direito. Para Bergson, consiste na passagem da cognição como realidade atualizada, como sistema cognitivo – plano dos fatos –, ao de suas condições de possibilidade, das tendências que diferem por natureza – plano do direito. Isso significa dividir o misto nas tendências que o constituem, ou seja, aceder a essas diferenças de natureza.

Chamo a atenção para o fato de que a cognição não é então definida por categorias de sujeito e objeto, mas, o que é muito diferente, por uma tendência a se repetir e por uma tendência a criar, que coexistem em seu interior. Por outro lado, Bergson adverte que estas duas tendências não possuem um estatuto equivalente. A tendência de criação é tendência à diferenciação, à divergência, pois, em sua radicalidade, o tempo é aquilo que difere dele mesmo. Nesse caso, ele porta em si todas as diferenças de natureza e, portanto a potência de criar a outra linha, a tendência à repetição (DELEUZE, 1956a). Considerar que habita no misto uma diferença de natureza é entendê-lo como portador de uma diferença interna; é considerá-lo, enfim, como constituído por uma substância que é duração, contendo em seu seio o princípio de bifurcação, de divergência. Entendendo a cognição com base nessa perspectiva, ela é, em seu fundo, criação e também indeterminação, imprevisibilidade.

Ocorre que a psicologia, seguindo uma tendência natural da inteligência, circunscreveu os limites da atividade cognitiva de acordo com interesses, seja da prática social (caso da psicologia da criatividade), seja da prática científica (caso dos grandes sistemas). Não se trata de um erro, pois a categoria de erro refere-se às soluções, e indica sua falsidade. Seria mais acertado apontar que ela foi vítima, em sua colocação do problema, de uma ilusão que é própria da inteligência. Para Deleuze, "a ilusão é fundada no mais profundo da inteligência, ela não é propriamente dissipada nem dissipável, mas pode ser recalcada" (DELEUZE, 1966a, p. 10). Isto é feito "suscitando *na* inteligência, ainda, uma outra tendência crítica" (*ibidem*). Essa "tendência crítica" é o que Bergson denomina intuição, que, em sua capacidade de apreender o tempo, põe problemas aos esquemas da inteligência, forçando-a a voltar-se contra si mesma, o que significa inverter a marcha habitual da cognição. É no reconhecimento da distinção entre essas duas tendências, a tendência crítica (intuição) e a tendência recognitiva (inteligência), que Bergson encontra a chave da teoria do conhecimento. Indica, então, que

> a teoria do conhecimento deve tomar em consideração essas duas faculdades, inteligência e intuição [...]; na falta de estabelecer entre a intuição e a inteligência uma distinção bastante nítida, ela envereda por inextricáveis dificuldades, criando fantasmas de idéias aos quais se agarrarão fantasmas de problemas [...]. (BERGSON, 1907, p. 179)

Bergson esclarece que é pela mobilização do método da intuição, e não da inteligência, que a cognição pode ser definida como sendo, em seu fundo, tempo, invenção. E só a partir daí a tendência intelectual, recognitiva, define seu papel que é, enfim, o de recusar o tempo. Segundo o esquema bergsoniano, o problema da cognição deve ser, de saída, colocado em termos de tempo, de sua inventividade intrínseca. Colocá-lo em termos de tempo significa colocá-lo em termos de invenção. Conforme assinala Bergson, "quanto mais aprofundarmos a natureza do tempo, melhor compreenderemos que duração quer dizer invenção, criação de formas, elaboração contínua do inteiramente novo" (*ibidem*, p. 11). Nessa afirmação, encontramos a indicação de dois níveis no tratamento do problema. Num primeiro nível, a cognição é, no sentido de suas condições de possibilidade, criação, transformação, processualidade. Em sua base, ela possui uma inventividade intrínseca ou, em outros termos a cognição é inventiva. Por outro lado, Bergson afirma que a invenção é "criação de formas", formas novas e imprevisíveis. Destaca-se, então, um segundo nível do tratamento do problema da invenção – o das formas inventadas. A idéia de invenção, que porta tanto o sentido do ato ou processo de criar como o sentido de seu produto, presta-se particularmente bem a nosso objetivo. Pois ela revela o caráter indissociável entre uma cognição inventiva e uma cognição inventada.

Destacam-se como inventadas as formas de operação da própria cognição, que perdem então seu caráter universal e invariante para serem, em virtude de suas condições de existência, temporais e temporárias. Emergindo como produtos de uma condição temporal, as formas cognitivas não possuem limites fixos e invariantes, mas restam envoltas numa espécie de nebulosa, numa borda de tempo que, sendo a marca de sua origem, assegura sua redefinição e reinvenção permanente. Nesse contexto, a cognição surge como seu principal invento.

A necessidade de destacar um plano das formas advém de que a cognição, para operar como tal, exige um fechamento espacial do sistema cognitivo, que estabelece também sua demarcação em relação a algo exterior a si, a algo que se dá a conhecer. O equívoco da psicologia tradicional foi pensar que tal demarcação era dada *a priori*, entre um sujeito e um objeto. No sentido de Bergson, conforme indicamos acima, o que define a cognição, como de resto toda realidade atualizada, inclusive os objetos, são tendências: tempo e matéria. O que devemos reter desse esquema é que as transformações das formas cognitivas resultam de uma experimentação com a matéria. Experimentação que não produz efeitos instantâneos, mas envolve o tempo, sendo gerada na duração. A invenção das formas cognitivas é resultado de uma tensão constante entre a tendência à criação e a tendência à repetição. As transformações não são raras ou casuais, mas exigem um esforço para o ultrapassamento da tendência repetitiva. O fato de a inventividade ser condição do invento não exclui a dificuldade de sua efetivação. Embora as formas sejam produtos da força criadora, há que se considerar que tal invenção não se faz sozinha, mas através da tensão permanente com a matéria. O tempo apenas responde pelo movimento da invenção, mas não pela configuração assumida pelas formas inventadas.

Por outro lado, a experimentação acima referida deve ser pensada em termos de prática. O contato com a matéria se dá por meio de ações, não sendo intermediada por qualquer representação. Contato, portanto, inventivo, e não representativo. A matéria não se confunde com a forma dos objetos, mas é algo amorfo, ao mesmo tempo pré-objetivo e pré-subjetivo. A experimentação, por sua vez, não é subjetiva, mas a condição de constituição tanto do sujeito cognitivo quanto do mundo conhecido. Dessa perspectiva, sujeito e objeto são formações experimentais, inventadas.

Entendida como invenção, a cognição deve ser definida por sua abertura para o novo, para o inesperado, para o inantecipável. Em termos bergsonianos, reiteramos que ela deve ser tratada como capacidade de colocar problemas, e não só de solucionar problemas já dados. A função de problematização corresponde ao momento em que os limites dentro dos quais ela opera, ou seja, seus quadros de referências habituais mostram-se ineficazes. Pensando desta forma, somos conduzidos a uma problematização da própria psicologia cognitiva, pois, tratando-se de um conhecimento sobre o conhecimento, ela não pode se furtar a essa natureza. Deve, portanto, abrir-se para a colocação de novos problemas, como é o caso da própria invenção.

Se, por um lado, a invenção exige o esforço de superação da tendência recognitiva, por outro, a evitação, e mesmo a recusa do movimento inventivo que é próprio da cognição, exige também um esforço suplementar da inteligência, no sentido de recrudescer o fechamento natural do sistema cognitivo. O trabalho da psicologia ao longo da história dos grandes sistemas parece ter sido no sentido deste recrudescimento. O uso exclusivo da inteligência no tratamento da temática cognitiva, que acabou por fazer de seu objeto uma grande inteligência a serviço da solução de problemas, fez com que também ela, psicologia, abrisse mão de sua potência de colocar problemas e ficasse limitada a fornecer soluções a problemas postos pela sociedade e pela ciência. A atenção à atualidade pode significar, para a psicologia, a colocação para si de novos problemas, como é o caso da invenção, intratáveis em seus quadros habituais. Esta atenção pode suscitar nela a "tendência crítica", o que poderia levá-la a transformar sua relação com a ciência numa relação mais inventiva, advindo daí novas formas de conhecimento.

Mas será preciso antes remontar à história dos estudos da cognição, desenvolvidos em conformidade com o projeto da modernidade.

A psicologia em busca dos invariantes da cognição

Neste capítulo, serão analisadas duas vertentes da psicologia cognitiva: o gestaltismo e a epistemologia genética. O objetivo será demonstrar como o projeto epistemológico da modernidade imprime sua marca na forma de colocação do problema da cognição em tais teorias, ou seja, como busca leis gerais e de princípios invariantes. É ainda sublinhar que tal maneira de colocar o problema responde pela ausência de formulação teórica para alguns de seus achados que, se questionados, poderiam ter-se aberto para o estudo da invenção. Mas como os problemas levantados são definidos de acordo com tal projeto, a invenção é não somente o impensado, mas o impensável pelas teorias cognitivas.

Cabe advertir que a invenção a que nos referimos não corresponde a um processo cognitivo particular, como a percepção, a inteligência ou a memória, mas a uma inventividade intrínseca à cognição e a todas as suas funções específicas. A invenção é, então, a potência que a cognição tem de diferir de si mesma, de transpor seus próprios limites. Conforme já foi adiantado, trata-se de imprimir tempo à cognição, na dupla forma da cognição inventiva e da cognição inventada. Nesse caso, não vamos promover a crítica de tais estudos com base na identificação de um processo cognitivo adicional, que não teria sido tematizado até então. Nossa crítica, muito mais abrangente, incide sobre os pressupostos filosóficos e epistemológicos que determinam, nos referidos estudos, uma mesma maneira de colocação do problema. Em outros termos, incide sobre o plano das condições da cognição, pois o pressuposto científico de que tais condições são invariantes não só impossibilita, de saída, a investigação da invenção, mas revela também um compromisso com uma ontologia do dado, com uma ontologia que exclui o tempo.

Tomemos a psicologia cognitiva que se desenvolve, até a década de 1950, no interior dos grandes sistemas – um exemplo é o gestaltismo. A área dos grandes sistemas representou um domínio privilegiado da psicologia, constituindo a área em que ela se fez mais de acordo com o modelo da ciência moderna. É nítida aí a preocupação com o desenvolvimento de um instrumental metodológico bem elaborado e com a constituição de uma teoria pautada na busca de leis e princípios invariantes. Nesse campo do saber psicológico, os objetivos não se esgotam na busca de eficácia e no emprego de uma técnica. Há um desejo de ser um sistema teórico. O caráter de sistema, em princípio tomado como categoria epistemológica, aparece no objetivo de subsumir os diversos temas estudados – percepção, memória, pensamento, aprendizagem – em um pequeno conjunto de princípios ou leis gerais, que assegurem uma descrição completa da realidade cognitiva. Tal objetivo surge como um ideal da ciência moderna e pressupõe um recorte do objeto que permita a identificação de todas as variáveis necessárias para sua investigação. A psicologia empenha-se em trabalhar no interior desse recorte, ou seja, de limites que têm em vista a ação científica eficaz. O objeto científico é, assim, estrategicamente estabilizado, é abstraído de todas as conexões que poderiam responder por transformações em seu interior. No entanto, esta estratégia epistemológica só se justifica se a realidade estudada – nesse caso, a cognição – for considerada, ela própria, como um sistema fechado, onde o tempo não opera transformações significativas. Caso contrário, a natureza do objeto desautorizaria uma investigação dessa ordem. A categoria epistemológica de sistema é, então, solidária de uma concepção ontológica, que diz respeito à própria natureza da cognição. Dizer que ela não participa da ontologia do tempo inventivo é afirmar que a sua verdade está nos seus estados, na operação de leis no interior de limites invariantes. No quadro dos grandes sistemas, a cognição é entendida como idêntica a si mesma, fechada aos efeitos imprevisíveis do tempo. Ela é marcada pela repetição, por um funcionamento que se mantêm sempre o mesmo, resguardado de efeitos de transformação. Ora, quando se trata de investigar a invenção, o problema é flagrante. Reduzir a invenção a um conjunto de leis cognitivas invariantes é reduzi-la ao já conhecido. É pressupor o que se pretende explicar. É eliminar a imprevisibilidade de seu resultado. Sem surpresas potenciais, a invenção, se tematizada, é destituída de seu principal atributo, que é a produção de novidade.

O problema não está, em princípio, situado no plano dos fatos, pois não há psicólogo que deixe de reconhecer que a cognição, seja ela percepção, pensamento ou memória, quando experimentada por um sujeito empírico qualquer, é sempre variável, inevitavelmente particular e contingente. Mas conhecer a cognição – e aqui conhecer é conhecer cientificamente – é passar do plano dos fatos ao plano de seu funcionamento de direito, do plano da experiência ao plano das condições da experiência. De meu ponto de vista, o que se apresenta essencial destacar é que a colocação do problema nos termos do projeto epistemológico da modernidade, no qual se destaca a busca de condições invariantes, reduz, de saída, o campo das experiências cognitivas que serão objeto de sua investigação. Nesse caso, já há um recorte que reduz o plano dos fatos, onde são privilegiadas certas experiências, que são aquelas que permeiam nossa banalidade cotidiana, quando funcionamos conforme o senso comum ou, dito de outro modo, aquelas nas quais o funcionamento cognitivo revela-se estável. São elas, em última análise, as experiências de recognição.

As experiências de recognição são aquelas que permitem o reconhecimento, prático ou consciente, de um objeto: "isto é um livro", "posso atravessar a rua", "há aqui uma árvore". Caracterizam-se por sua utilidade na vida prática e por assegurar nossa adaptação ao mundo. Deleuze define a recognição como o "exercício concordante de todas as faculdades sobre um objeto suposto como sendo o mesmo: é o mesmo objeto que pode ser visto, tocado, lembrado, imaginado, concebido" (1968, p. 221). Afirma ainda que

> um objeto é reconhecido quando uma faculdade o visa como idêntico ao de uma outra ou, antes, quando todas as faculdades em conjunto referem seu dado e referem a si mesmas a uma forma de identidade do objeto. Simultaneamente, a recognição exige, pois, o princípio subjetivo da colaboração das faculdades para 'todo mundo', isto é, um senso comum como *concordia facultatum;* e, para o filósofo, a forma de identidade do objeto exige um fundamento na unidade de um sujeito pensante do qual todas as outras faculdades devem ser modos. (I*bidem*, p. 221-222)

Se o *cogito* cartesiano e o eu puro kantiano são, conforme Deleuze, "o senso comum tornado filosófico", a história dos estudos da cognição não é senão a história do senso comum tornado científico. Como veremos, são as noções de forma e estrutura que têm o papel de assegurar a unidade da cognição, garantindo a recognição.

Com tais observações, procuro ressaltar que ficam de fora da teorização cognitivista as experiências nas quais nossa relação com o mundo apresenta-se problemática, quando os esquemas da recognição revelam-se inadequados ou impotentes para assimilar o que se nos apresenta. Refiro-me a experiências que nos trazem uma espécie de perturbação, que nos fazem mergulhar numa perplexidade e impedem o acionamento imediato dos esquemas motores. Experiências que indicariam a impotência dos esquemas da recognição e revelariam, paradoxalmente, um intuito cognitivo. Tomo como exemplo a experiência, bastante comum, embora não banal, de alguém que retorna, anos mais tarde, à casa onde morou durante a infância. Não raro, tem lugar então uma experiência cognitiva que não é de mero reconhecimento. O reconhecimento mistura-se a um estranhamento acerca das dimensões da casa. O imenso quintal lhe parece agora um pequeno pátio, a antiga escada não passa de alguns degraus, o portão, embora o mesmo, revela-se outro. A perplexidade experimentada suscita, e mesmo impõe, a invenção de uma outra cognição da casa. Eis um exemplo de uma experiência em que a cognição funciona como problematização dos esquemas da recognição. Ela revela uma cognição instável, longe do equilíbrio, no sentido de Prigogine (PRIGOGINE; STENGERS, 1984). A instabilidade que a caracteriza não deve ser confundida com a dúvida – "é ou não a casa em que morei?" – nem com a ignorância – "não conheço este lugar". O que a distingue é o fato de referir-se a algo que tem o paradoxal estatuto de familiar e, ao mesmo tempo, estranho. Por isso, é um tipo de experiência de problematização: intriga, faz pensar, força a invenção. O que é importante é que ela não corresponde ao negativo da cognição. Não possui a placidez do não saber, da ignorância, mas é uma experiência de inquietação, de instabilização cognitiva.

Experiências deste tipo não fazem parte daquelas teorizadas pela psicologia cognitiva. Evoco um outro exemplo. Quando alguém sente, enquanto está trabalhando, cheiro de chuva, sua experiência cognitiva nem sempre se resume a uma experiência de recognição – "está chovendo" –, mas pode gerar no sujeito uma espécie de atração, capaz de mobilizá-lo, capturá-lo produzindo um intuito cognitivo agudo, que o leva a aproximar-se mais e mais do cheiro da chuva, acompanhá-lo até o ponto de gerar nele uma espécie de estado subjetivo chuvoso, que o tira de seu expediente normal. Nesse caso, a cognição não é percepção de um objeto, representação, reconhecimento, mas é tocar o estímulo, seguir com ele e transformar-se nesse contato.[1]

Poderia citar muitas outras experiências cognitivas, igualmente comuns, mas que, como as duas já referidas, retiram-nos de nossa banalidade cotidiana, provocam fendas ou rachaduras nos blocos recognitivos e produzem subjetividade. Mas creio que o que foi dito é suficiente para indicar a direção em que pretendo encaminhar a análise da psicologia cognitiva, apontando a inexistência do tratamento do problema da invenção. Meu interesse é tornar evidente a inexistência de um lugar teórico para experiências que apontem para uma outra tendência[2] que não a tendência recognitiva, pois considerar a existência de uma outra tendência significaria reconhecer a divergência no seio das condições da cognição, que responderia por um funcionamento discordante, complexo da cognição.

Destaco esse último ponto, pois é certo que os experimentos gestaltistas de aprendizagem e as provas piagetianas evidenciam situações nas quais a problematização se encontra presente, e que se definem justamente pelo trato com situações nas quais os esquemas recognitivos fracassam, mas os esquemas de explicação que serão propostos não dão lugar teórico a esse ponto. Por isso, insisto que a questão primordial é a

---

[1] O intuito cognitivo, a que me referi acima, restringe-se às experiências capazes de provocar uma aproximação do estímulo. Não se pode dizer, entretanto, que as experiências geradoras de uma atitude repulsiva não produzam modificações na subjetividade. Elas provocam afastamento justamente na medida em que em que a subjetividade é tocada pelo estímulo.

[2] Essa outra tendência revela-se de forma diferente nas duas experiências referidas. Na experiência do retorno à casa da infância, ela surge como problematização consciente dos esquemas da recognição; na experiência com o cheiro da chuva, a sensação atua como uma espécie de atrator caótico, que arromba os blocos sensório-motores atualmente em operação e impõe uma outra direção à cognição.

forma da colocação do problema, pois o problema sendo colocado de determinada maneira, a solução portará seu selo. A colocação científica do problema orienta, de saída, a investigação psicológica. O pressuposto científico de que a cognição tem condições invariantes direciona o tratamento das experiências estudadas como experiências de recognição. Nesse caso, a investigação conduz a princípios transcendentais invariantes, a uma lógica da cognição. Encontra-se, assim, como solução, o que se havia buscado no início, e que já aparecia na própria formulação do problema. Em outras palavras, a colocação científica do problema desvia o olhar do processo de problematização para o processo de solução, que restitui a condição de estabilidade da cognição. Dessa maneira, a questão da problematização fica reduzida a um problema de recognição. A invenção cede lugar a uma aprendizagem de regras e à construção de esquemas intelectuais.

O que se pretende apontar é que a psicologia cognitiva trabalhou, ao longo de sua história, com o que Deleuze (1968) denominou "imagem dogmática do pensamento", que tem na recognição um de seus pressupostos e também o seu modelo. O que é próprio dessa imagem é rebater o transcendental com o empírico, ou antes, com uma das figuras do empírico, que é a recognição. O plano transcendental, que, no caso da ciência corresponde ao plano das condições dos fenômenos, aparece então conformado pelo plano empírico. Poderíamos dizer, em relação à psicologia cognitiva, que o privilégio, e mesmo a consideração exclusiva das experiências de recognição, deveu-se a sua tentativa de harmonizar dois interesses: o interesse pela experiência e o interesse em ser ciência, nos moldes da ciência positiva. Isso gerou certa confusão acerca do que seria o conhecimento vulgar. O projeto de ser um conhecimento científico sobre o conhecimento vulgar aparece na primeira definição de psicologia, dada por W. Wundt no final do século XIX: conhecimento científico da experiência imediata. A preocupação em distinguir a "experiência imediata" ou do observador comum da "experiência mediata" ou do cientista talvez tenha desviado a atenção dos psicólogos do fato de que estava sendo operado um recobrimento, para mim indevido, entre experiência do observador comum e senso comum, pois o observador comum, conforme procurei fazer ver com os dois exemplos acima, é palco de experiências que não são aquelas do senso comum, em que as faculdades têm um exercício concordante, contribuindo, cada qual a sua maneira, para o reconhecimento de um objeto por um sujeito. O observador comum possui tanto experiências de senso comum ou reconhecimento quanto experiências de invenção. As duas experiências às quais me referi deixam entrever no observador comum – que não se trata de um cientista nem de um inventor genial – um funcionamento discordante das faculdades ou dos processos psicológicos, o qual força a invenção. Encontram-se ligadas a esquemas de recognição específicos, que, no entanto, não as subsumem. Justamente por isso elas são importantes. Em ambas, que utilizo para apontar a necessidade de um estudo da invenção, o que está em questão não é a novidade do objeto, pois não é a presença de um objeto desconhecido que melhor indica que a recognição não esgota a cognição inteira, mas as experiências de problematização, nas quais a familiaridade ancorada nos esquemas recognitivos revela-se impotente para deter o estranhamento provocado pelo objeto.

Cumpre observar que o termo "objeto" é, em verdade, impróprio neste caso. A introdução de uma divergência ou complexidade no sistema cognitivo significa destituí-lo de uma suposta unidade ou simplicidade (equivalente ao sujeito do conhecimento), a qual, conforme observou Deleuze (1968), tinha como correlato a identidade do objeto. O que provoca a perplexidade e força a pensar não é o objeto portador de identidade, mas algo – Deleuze chama de signo – que atinge apenas uma das faculdades, sem que as outras possam apreendê-lo e, assim, concorrer para o reconhecimento. Nos exemplos em questão, trata-se de algo que só pode ser sentido, sem que, por exemplo, a memória possa vir em seu socorro. Trata-se de um objeto diferencial, que não é outra coisa em relação ao objeto do conhecimento, mas é o que há de não objetivado, de não reconhecível no objeto. Há um diferencial no objeto, correlato do exercício divergente dos processos cognitivos. Tal exercício é divergente em dois sentidos: como os processos são dissociados entre si, que não entram em concordância, e como funcionamento divergente em relação ao funcionamento recognitivo, que depende da concórdia das faculdades. Identificam-se então duas tendências ou, na linguagem de Deleuze, dois níveis de funcionamento cognitivo: um nível repetitivo ou recognitivo e um nível inventivo.[3]

Abordando a história das ciências, Stengers (1993) sublinha que a ciência moderna opera não só uma distinção, mas uma separação entre sujeito e objeto do conhecimento científico. Tal separação é, segundo Stengers, produto de práticas específicas da ciência moderna. Isso significa que sujeito e objeto, como categorias epistemológicas, não são dados de direito, prévios ao exercício da ciência, mas constituídos nesse exercício e por esse mesmo exercício. Os limites no interior dos quais vai se dar a investigação, ou seja, os limites do objeto, tanto quanto os limites da racionalidade científica, são invenções da própria ciência. Afirma:

> A possibilidade de definir um objeto independente da história de sua formação e de suas relações com seu ou seus ambientes emaranhados, a possibilidade de reproduzir um fenômeno em laboratório, de prever, de extrair relações gerais a partir de casos particulares não reenvia então a uma questão de direito, mas, de fato, da qual se

---

[3] Deleuze (1968) refere-se a eles como "nível empírico" e "nível transcendental".

trata, se a ocasião se apresentar, de compreender a significação e os limites. O caráter abstrato de certos conhecimentos científicos não é o resultado de um pensamento abstrato, mas é ligado à descoberta de uma possibilidade de abstração própria a tal ou tal aspecto do real que as ciências exploram. (STENGERS; SCHLANGER, 1991, p. 59-60)

A construção do objeto da ciência já havia sido sublinhada por Bachelard e por toda a epistemologia francesa, mas a novidade de Stengers é mostrar que estas não são somente práticas intelectuais, mas também políticas e coletivas.[4] Para a epistemologia é a racionalidade que dá fundamento às práticas, ao passo que para Stengers são as práticas que fundam a racionalidade científica. A construção do objeto da ciência não é obra de um autor ou da racionalidade humana. A racionalidade científica e o objeto da ciência são construídos ou inventados simultaneamente. A atividade científica não se esgota na relação de um sujeito racional diante de um objeto construído por essa mesma racionalidade, mas possui uma dupla face: uma se volta para os fenômenos e a outra para o coletivo.

O que há de particularmente interessante no pensamento de Stengers é que a demarcação, e mesmo a separação entre sujeito e objeto, é apresentada como uma saída para evitar o risco do pensamento científico ser confundido com o pensamento ficcional. As práticas teórico-experimentais surgem como invenções particulares, cujo papel seria exatamente fazer uma triagem entre as descobertas ou mesmo as chamadas construções científicas e "o que não passa de invenção". O tom polêmico da

---

[4] Segundo Stengers (1983), Thomas Kuhn indica que a ciência, uma vez situada nas instituições de produção de conhecimento, é um fenômeno social e histórico específico. Para Stengers, Kuhn teria oscilado entre a hipótese de que o fechamento da ciência é produto de estruturas sociais responsáveis pela iniciação, de certa forma "violenta", de novos pesquisadores nos paradigmas vigentes, e a hipótese mais próxima de Popper, de que a ciência se serviria necessariamente de estruturas fechadas – as comunidades científicas – para produzir os resultados desejados, baseados em hipóteses e evidências.

história das ciências realizada por Stengers advém justamente de ela apontar o caráter ao mesmo tempo inventivo e político das práticas científicas. O isolamento do objeto na situação experimental teria por função submeter à prova, pela comunidade científica, as hipóteses forjadas pelo cientista. Tal estratégia garante a atividade científica como uma atividade de risco, sempre exposta ao tribunal do mundo. O laboratório aparece, aos olhos dos cientistas, como o tribunal por excelência. Mas, para pensar a atividade científica, Stengers substitui a imagem do tribunal – local de aplicação das leis – pela imagem forjada por Latour (1991) do parlamento das coisas – local de criação das leis, do qual participam não apenas elementos humanos e racionais, mas também materiais, técnicos, políticos, econômicos e comerciais. Stengers enfatiza que erigir o objeto em testemunha fidedigna das hipóteses dos cientistas é a invenção maior da ciência moderna. Embora o isolamento do objeto da ciência seja deliberado, controlado e explicitamente funcional, a ponto de viabilizar a investigação, o reconhecimento de uma independência das variáveis consideradas em relação às demais, consideradas estranhas, acaba por levar a uma crença de que tais limites espelham a natureza última do objeto, que a ciência visa representar. Por sua vez, a consideração exclusiva de tais variáveis é solidária de uma desqualificação dos fatores excluídos por esse recorte, exteriores a seus limites. Stengers não questiona a racionalidade da ciência moderna, mas, fundando essa mesma racionalidade num campo de práticas onde ciência e política são indissociáveis, pode questionar o projeto de totalização da ciência moderna. Tal projeto significa reduzir o real a seu modo de inteligibilidade, encarnação de uma atitude teórico-política que visa, num mesmo movimento, resguardar o caráter de neutralidade do discurso científico e de desqualificação dos demais.

No caso das teorias cognitivas, o objeto é a própria cognição. A estratégia científica procura, então, controlar a embaraçosa coincidência entre o sujeito cognoscente e o objeto do conhecimento. Mas, quando se entende que os limites do objeto-cognição são forjados concomitantemente aos limites da racionalidade científica moderna, abre-se um novo quadro de análise que permite compreender o quanto tais limites encontram-se intrincados. A estratégia de encerrar o estudo científico da cognição nos limites da recognição é inseparável do objetivo de representar o objeto que se tem sob o foco da investigação, pois só a cognição estabilizada pode ser representada cientificamente. O desejo de investigar seu movimento divergente, suas zonas de bifurcação, seu devir, exigiria outra forma de pensar, distinta daquela da ciência moderna.

Quando afirmamos que a cognição não se esgota nos limites que lhes foram atribuídos, limites que, conforme dissemos, existem de fato, mas não de direito, quando afirmamos que há na cognição um funcionamento para além da recognição, a definição da cognição como espaço intermediário entre um sujeito do conhecimento e um objeto que se dá a conhecer aparece problematizada. Problematizar tal definição significa contextualizá-la historicamente, apontar que ela resulta de práticas específicas da ciência moderna. Com isso, pretendemos apontar o caráter empírico, e não transcendente, do que a psicologia encontra como condições da cognição.

Procuraremos demonstrar, ao longo da análise das abordagens gestaltista e piagetiana, que estas pertencem a estratos mais ou menos semelhantes de uma história científica que prende a cognição nos quadros da recognição. O que denominaremos "cognitivismo" funda o plano do direito na exploração de fatos que, segundo sua colocação do problema, revelam um funcionamento cognitivo que tende à estabilidade e ao equilíbrio. Por esse motivo, as condições da cognição, tal como aparecem no contexto de seu estudo científico são, na realidade, as condições da recognição.

O gestaltismo: a cognição nos limites da forma e do equilíbrio

Atribuir ao gestaltismo um compromisso exclusivo com as experiências de recognição exige, de saída, que se esclareçam alguns pontos. Em primeiro lugar, é preciso dizer que os estudos da Escola de Berlim – é a eles que restringiremos nossa análise – não buscam exatamente descrever como a recognição funciona, ou seja, quais são os mecanismos da recognição. Para ser rigoroso, é preciso ver em seu projeto científico um recuo em relação ao funcionamento convergente dos processos cognitivos, que caracteriza a experiência do senso comum. O gestaltismo questiona, também, a maneira tradicional de entender a percepção – é este seu domínio inicial de investigação – que faz das formas perceptivas o resultado da composição dos dados sensoriais com os dados da memória, que faz um estudo da percepção baseado na atividade de reconhecimento. O gestaltismo propõe a investigação de um outro problema, prévio em relação ao reconhecimento das formas percebidas, que é o de sua segregação, de seu recorte em relação a um fundo. Busca, então, explicitar as condições da segregação, que precedem a identificação de formas específicas, como um livro ou uma mesa. Para o gestaltismo, esse é o problema fundamental. Elabora experimentos com figuras simples e geométricas, linhas e pontos, com a finalidade de mostrar que a experiência passada não é condição necessária e suficiente para a segregação das unidades perceptivas, pois a segregação se faz independentemente de que se reconheça o objeto destacado, e também porque é possível não perceber objetos conhecidos, como bem revelam os experimentos de camuflagem.

Por outro lado, a categoria de *gestalt* não traz consigo a noção de reconhecimento. Segundo Köhler (1947, p. 104), "a palavra *gestalt* tem o significado de uma entidade concreta, individual e característica, que existe como algo destacado e que tem uma forma ou configuração como um de seus atributos". A *gestalt* é, ao mesmo tempo, estrutura e unidade concreta, mistura indissociável de forma e matéria. Não existe em sua definição referência ao reconhecimento, à experiência passada. Como categoria descritiva, ela apenas indica, para o percebedor, "algo" se destaca no campo perceptivo, sem que seja necessariamente possível dizer de que objeto se trata, ou seja, reconhecer a forma percebida como algo já conhecido. Pode-se perceber sem a identificação exata do que se está percebendo. Para Guillaume (1948, p. 12), "os fatos psíquicos são *formas,* quer dizer, *unidades orgânicas que se individualizam e se limitam no campo espacial e temporal de percepção ou de representação*".

Cabe notar, entretanto, que o problema da segregação – como o do reconhecimento – é formulado com base num privilégio ontológico concedido às formas estáveis da percepção, ou seja, à percepção individualizada de figuras ou objetos (GUILLAUME, 1948; SIMONDON, 1989). O que se revela importante é que a preocupação com a questão das condições da percepção, aqui tomada como sinônima da questão das condições das formas percebidas, já indica a preocupação com o problema da recognição. O remetimento a um nível mais fundamental que aquele onde a percepção se mistura com a memória, em vez de apontar para uma outra direção que não a da recognição, revela apenas que esta possui, como condição, uma lógica de organização. Essa lógica, que faz com que as forças atuantes no campo perceptivo tendam a uma "boa forma", é o princípio que rege e assegura o exercício concordante das funções psicológicas. As condições da cognição encontram-se num nível distinto e mais fundamental que o do funcionamento recognitivo, explicando a segregação, que é, em última instância, condição do próprio reconhecimento.

O gestaltismo surgiu como uma crítica ao associacionismo, que postulava a indissociabilidade entre percepção e experiência passada. Estabeleceu o primado da percepção no uso concordante das faculdades e, sem recusar a participação da memória na percepção concreta, colocou-a entre parênteses, provando experimentalmente que as formas percebidas eram independentes dela. Mais tarde, expandindo seu interesse para outros processos cognitivos, acabou concluindo, também experimentalmente, que as condições da percepção eram, em verdade, condições da cognição em geral, inclusive da própria memória (FLORÈS, 1972). Nesse sentido, todos os processos cognitivos acabaram reunidos no plano de suas condições, que são, como em qualquer ciência moderna, leis invariantes – no caso, são leis da forma.

A fenomenologia de E. Husserl, que fundamenta a investigação gestaltista, desde seus primórdios relaciona-se com o projeto da ciência moderna (DARTIGUES, s.d). É verdade que sua posição é de crítica ao positivismo, que teria conduzido ao afastamento do sujeito concreto, em sua vida psíquica imediata e plena de sentido. Husserl pretende, então, realizar a seguinte operação: por um lado, empreender o estudo do fenômeno, que é a única realidade reconhecida como digna de investigação pela ciência positiva; por outro lado, aceder à sua essência – *eidos* – e com isso fornecer novas bases para a ciência, distintas das bases positivistas.[5]

Husserl propõe um método filosófico, que é o método das variações eidéticas. Este consiste num esforço do pensamento para "*reduzir*, isto é, purificar o fenômeno de tudo o que comporta de inessencial, de 'fático', para fazer aparecer o que há

---

[5] Talvez por procurar levar a cabo essa complicada operação, a influência de Husserl tenha se dado em duas vertentes divergentes: a que privilegia as questões relativas à experiência, ao sentido e ao sujeito (Merleau-Ponty, Sartre), e aquela que privilegia as questões da racionalidade e do conceito (Cavaillès, Bachelard, Koyré, Canguilhem e a Filosofia Analítica). As duas leituras de Husserl são destacadas por Foucault (1985). Em sua abordagem da experiência, o gestaltismo da Escola de Berlim apresenta preocupações formalistas que o fazem tender na segunda direção.

de essencial" (*ibidem*, p. 34). Consiste em imaginar, acerca de um fenômeno, todas as variações que ele é suscetível de sofrer. Revela-se, então, que as variações não são absolutas, mas que há um *invariante* que as limita, tendo em vista que, quando se o extrapola, já não se poderia falar de variações de uma mesma coisa. Encontra-se assim, no projeto fenomenológico, uma identificação entre, por um lado, o essencial e o invariante, e, por outro lado, o inessencial e o variável. Se entendemos que, por sua proposta metodológica, Husserl centra a investigação fenomenológica no estudo das essências, e, portanto, no que há de invariante na experiência, somos obrigados a concluir que, embora percorrendo um longo desvio, a fenomenologia acaba por reencontrar, ao final, por um certo caminho, o projeto da ciência positiva moderna (FIGUEIREDO, 1989).

O caso do gestaltismo, que encarna na psicologia o projeto fenomenológico, é bastante revelador. Dartigues (s.d., p. 40) assinala que "se a essência pode ser designada como o invariante que persiste a despeito de todas as variações a que a imaginação submete o exemplo que lhe serve de modelo, não será uma aberração aproximar a noção de essência da de forma e de estrutura". A referência à forma permite sair do fluxo temporal das experiências variáveis e aceder à essência que, ela própria, "não é afetada pelo tempo" (*ibidem*, p. 41). Como investigação científica, o gestaltismo coloca o problema das leis da forma. Separa, então, as condições essenciais, invariantes, dos fatores que respondem pelas variações inessenciais ou contingentes – experiência anterior, motivação etc. – que, sem terem sua existência recusada, podem ser colocados entre parênteses na investigação da percepção (PENNA, 1978).

Cumpre destacar que a busca de invariantes não se faz sem um fechamento do sistema cognitivo em relação aos fatores que concorrem para a transformação da cognição ao longo da história do percebedor. O fechamento do sistema cognitivo aparece na preocupação exclusiva em identificar um núcleo duro, invariante, cujos limites são considerados, de direito, rígidos, imutáveis, inultrapassáveis. É ainda Guillaume quem esclarece:

> Objeta-se que uma *gestalt* "não tem história". Acreditamos que cumpriria distinguir aqui as estruturas particulares que, no ser dotado de memória, podem depender de sua história, e as leis gerais da organização que são, em certo sentido, anteriores às estruturas particulares que elas explicam e que, como leis, não têm história. As *gestalten* não são "formas rígidas". O que é rígido são as leis da organização; são-no no mesmo sentido em que as leis da dinâmica, por exemplo, são rígidas. (1948, p. 191)

A imagem fornecida pelo gestaltismo é, então, de uma cognição que possui um *eidos* e que, em termos científicos, traduz-se num funcionamento baseado em leis universais, marcada por um determinismo que autoriza a previsão de seus resultados. Guillaume (*ibidem*, p. 173-174) comenta: "Sua psicologia parte dos fenômenos, da experiência ingênua, e propõe-se a determinar, pela experimentação, suas condições, e chegar a leis que permitam previsões". Encontra-se aí uma perspectiva típica da ciência moderna. A existência de leis torna o funcionamento cognitivo marcado pelo determinismo, indissociável da noção epistemológica de previsibilidade. Toda variação fica restrita ao campo dos fenômenos, das realizações concretas.

Dentre as leis da forma, a lei da boa forma configura-se como a mais importante e mais geral. Ela não afirma que percebemos sempre formas boas – aqui entendidas como formas equilibradas, simétricas, regulares. Percebemos formas mais ou menos boas, fortes ou fracas. A formulação é: "a forma será tão boa quanto permitam as condições atuais" (KOFFKA ,1935; KÖHLER, 1947). Entretanto, essa formulação subentende que existe, para além do plano dos fatos, no plano de direito, como suposto direito, uma tendência à boa forma. O que há então, é uma tendência – destaco, pois isso me parece da maior importância –, uma única tendência da cognição, que é a tendência à boa forma. O que importa ressaltar é que, definido por tais condições, o sistema cognitivo é um sistema simples, dotado de uma só direção, de uma só tendência, e é isso que faz com que ele tenha um funcionamento congruente, convergente. É um sistema homogêneo, sempre idêntico a si mesmo.

A crítica de Gilbert Simondon (1989) ao gestaltismo incide sobre o privilégio concedido à noção de forma, que põe a tônica nas configurações estáveis da cognição. Em seu lugar, Simondon propõe pensar a cognição à luz da noção de individuação. A individuação é um processo, e não um princípio. Não é um *a priori* regulador. Sua vantagem é exatamente não prefigurar, de nenhum modo, o que ela se propõe a explicar. A individuação é invenção de formas, aqui entendidas como realidades individuadas. O que propõe Simondon é uma completa reversão na maneira de colocar o problema: pensar o indivíduo por meio da individuação e não a individuação por meio do indivíduo. É "necessário partir da individuação [...] e não de um indivíduo substancializado diante de um mundo estranho a ele" (p.17). A implicação dessa inversão de perspectiva é que o indivíduo reflete o processo, e não o contrário. O processo de individuação não conduz a uma totalização, mas persiste no indivíduo. Nesse sentido, é distinto de uma lei, como a da boa forma, na qual o que define a tendência é o indivíduo, a forma que aí terá lugar.

A crítica à teoria da *gestalt* aparece destacada no texto de Simondon, quando coloca:

> A noção de forma faz parte do mesmo sistema de pensamento que a de substância, ou que a de relação como relação posterior à existência dos termos: essas noções foram elaboradas a partir dos resultados da individuação; elas não podem apreender senão um real empobrecido, sem potenciais e, por conseqüência, incapaz de se individuar. (1989, p. 22)

Segundo esse autor, a dificuldade da teoria da forma deve-se ao modelo do equilíbrio físico, que dá expressão científica à lei da boa forma. Para o gestaltismo, a tendência à boa forma é, em última instância, a tendência ao equilíbrio. Em física, um sistema que tende ao equilíbrio é um sistema que tende à anulação de suas forças. Quando uma força é introduzida em seu interior, ele tende à sua distribuição eqüitativa, à sua redução tendencial a zero, à anulação de toda diferença interna. Não há resíduo.

Simondon indica, então, que o caminho a tomar é tratar a cognição como um sistema metaestável – isto é, um sistema portador de uma diferença de potencial. Usando uma linguagem energética, ele descreve o funcionamento de um sistema complexo e heterogêneo, portador de uma diferença interna. Destaco que Simondon introduz a complexidade no plano das condições do ser. Em seus termos, o ser individuado tem condições problemáticas. Em tais condições, a individuação surge então como solução de um problema. Mas Simondon adverte que se trata aí de uma "resolução parcial e relativa", o que significa que a individuação não abole a metaestabilidade (*ibidem*, p. 4). Há sempre um resto. O sistema continua guardando uma certa incompatibilidade em relação a si mesmo. Se a individuação é, num certo sentido, gênese das formas individuadas, ela não é só isso. É, mais precisamente, de um devir do indivíduo que devemos falar. As formas emergem de um fundo de processualidade e restam nele imersas. As condições da forma não são formais, mas metaestáveis ou complexas.

Se o indivíduo não é dado, mas resultado da individuação, há que se conceber um regime anterior ao das formas individuadas. Simondon denomina-o regime pré-individual. Ele remete a um nível de realidade onde não existem unidades definidas, mas singularidades, partículas descontínuas, semelhantes às concebidas pela física quântica. São as ligações entre as singularidades que vão dar lugar a algo individuado no espaço e no tempo, que pode então ser representado. As singularidades são pré-representacionais, pois, como as partículas quânticas, não seguem uma trajetória definida, mas estão em devir. A importância da física quântica foi ter revelado um nível de realidade irredutível aos antigos parâmetros espaço-temporais estudados pela dinâmica (BLANCHÉ, 1967). Nível onde aparece um universo longe do equilíbrio das formas visíveis. Mais acertadamente, foi ter evidenciado que o real se desdobra em dois planos ou regimes distintos e coexistentes, o macroscópico e o microscópico. Para Simondon, o nível pré-individual é semelhante ao nível quântico, correspondendo a um plano de forças ou partículas invisíveis, que condicionam as formas individuadas visíveis e respondem pelo seu devir. O importante é que, mesmo após a operação de individuação, o regime pré-individual persiste num nível próprio, distinto do das formas individuadas. A diferença interna aparece na forma de duas ordens de grandeza, ou dois regimes coexistentes: o pré-individual e o do sistema individuado.

O trabalho de Simondon surge como uma espécie de nova teoria da forma, no sentido em que a forma não é negada, mas tem aí um lugar, como resultado de um processo. Seria, então, imprescindível, se desejamos conservar tal terminologia, enfatizar que a forma é incluída num campo conceitual mais amplo, tornando-se metaestável. O que Simondon recusa não é a forma, mas o equilíbrio como princípio, como único princípio regulador da forma. A novidade de Simondon é ter concebido um regime pré-individual que não é abolido pelo ser individuado, mas que coexiste com ele, respondendo por seu devir permanente e imprevisível. Toda individuação, física, biológica, psíquica ou coletiva, tem em comum a referência a uma condição pré-individual e problemática. Conforme observa Deleuze, a posição de Simondon envolve um compromisso ontológico:

> A categoria de "problemático" ganha, no pensamento de Gilbert Simondon, uma grande importância, na medida

exata em que é possuidora de um sentido objetivo: com efeito, ela não designa mais um estado provisório de nosso conhecimento, um conceito subjetivo indeterminado, mas um momento do ser, o primeiro momento pré-individual. (DELEUZE, 1966B; ORLANDI, 1990, 1995)

L. Orlandi esclarece que o conceito de problemático não marca "apenas um instante epistemológico, o que seria 'um momento de insuficiência no conhecimento'" (1990, p. 180). A individuação surge como solução de um sistema ontologicamente problemático. A solução do problema, ou seja, a forma individuada, é sempre parcial e relativa, ao passo que o problemático é que possui estatuto ontológico, definindo a natureza do ser. Entretanto, conforme argumentamos anteriormente, há uma solidariedade entre a posição da questão ontológica e a posição da questão do conhecimento. Afirmar que a cognição é, em sua natureza, problemática, é afirmar que há sempre um resto de pré-individual que subsiste, coexistindo com a realidade individuada. A solução de um problema não conduz a uma anulação das forças, como ocorria nos sistemas em equilíbrio estável. E é essa presença, no indivíduo, de um regime pré-individual, que com ele coexiste como um "resto" irremovível, que o mantém em devir permanente. A referência a uma condição de metaestabilidade aponta para a existência, no seio da cognição, de um funcionamento longe do equilíbrio. Em outras palavras, remete a uma cognição que é, antes de mais nada, movida pela problematização, e só em seguida, pela busca de solução de problemas. O primado da problematização será o suporte explicativo para o entendimento de uma modalidade de solução que não anula a problematização.

Esse tipo de funcionamento não foi tematizado pelo gestaltismo. Ele não é tampouco requerido para explicar os fenômenos de flutuação cognitiva como, por exemplo, as oscilações perante figuras ambíguas, referidas pela teoria da forma. Segundo o gestaltismo estes são casos onde ocorre uma hesitação entre duas formas, entre duas figuras ou objetos percebidos. Seus defensores sublinham que, oscilando-se entre dois pólos, percebe-se uma figura ou outra, mas nunca se está fora da referência formal (KÖHLER, 1947). O que Simondon indica com a noção de metaestabilidade é uma outra direção para o entendimento dos processos cognitivos. Nesse sentido, seu trabalho não coloca, em relação ao gestaltismo, problemas complementares, mas problemas verdadeiramente novos, onde se destaca o da invenção. A crítica de Simondon, incidindo sobre o nível das condições da cognição, atinge o gestaltismo em seu centro, que é o princípio do equilíbrio, e abre espaço para o entendimento da cognição como portadora de inventividade.

De como a invenção torna-se solução de problemas

A referência à invenção aparece no capítulo que o gestaltismo reserva ao estudo da aprendizagem. Os experimentos realizados por W. Köhler (1921, 1925) com chimpanzés consistem em colocar o animal diante de uma situação problema. O problema é definido como uma situação para a qual o sujeito não dispõe de uma resposta pronta em seu repertório de comportamentos. Nesse caso, estudar a aprendizagem significa explorar um domínio onde os esquemas da recognição mostram-se insuficientes. Como afirmei que não existia uma psicologia da invenção, devo demonstrar como, tratando da aprendizagem, o gestaltismo não escapa do problema da recognição.

O primeiro ponto a ser destacado é que a aprendizagem é aí definida como um processo de solução de problemas, e não de invenção de problemas. Como o propósito é demonstrar, contra o behaviorismo, que a aprendizagem é inteligente, Köhler aponta a necessidade de que todos os elementos necessários à solução encontrem-se presentes no campo perceptivo do animal. A solução depende da compreensão das relações e consiste numa reestruturação imediata do campo perceptivo – *insight* – seguida de uma conduta nova, capaz de tirá-lo da situação de impasse. A noção de *insight* é empregada para designar ora o resultado – o animal teve um *insight* –, ora o método, súbito e não gradual, de obtenção de um resultado – aprendeu por *insight* –, mas não o processo de problematização ou a invenção de problemas.

A invenção da solução é operada pela inteligência. Em resumo, a invenção é marcada por três traços: em primeiro lugar, é pautada na percepção de relações e implica em sua reestruturação; em segundo lugar, ela equivale à produção de uma ação nova; em terceiro, é sinônimo de inteligência. Comentando os experimentos de Köhler, G. Viaud (1946, p. 14) torna clara a sinonímia entre inteligência e invenção: "O animal inventa uma conduta nova para uma nova situação, e é este o caráter geral dos atos inteligentes". Viaud define a inteligência como "uma *compreensão* das relações entre os elementos do que é dado e uma *invenção* do que se deve fazer, sendo dadas essas relações, para sair das dificuldades e alcançar os fins propostos à atividade" (*ibidem*, p. 15).

Tais características fazem com que a investigação gestaltista da invenção seja marcada pelo que Deleuze (1976) denominou "objetivismo". O objetivismo consiste na reunião de direções ou tendências: a tendência da percepção, que consiste em apreender o objeto através de uma representação; a tendência da ação, que é o domínio da situação através de sua consumação eficaz, a tendência da inteligência, que é obter uma compreensão das relações (DELEUZE, 1976 p. 29). Ora, de acordo com Bergson, essas três tendências – da percepção, da ação e da inteligência – não passam de uma única: a tendência material ou repetitiva, diferente, por natureza, da tendência temporal ou inventiva. A perspectiva objetivista do gestaltismo faz com que a invenção dependa da representação adequada da situação e que a invenção não passe, no fundo, de uma descoberta. Essa conclusão aparece claramente no já referido texto de Viaud, que fala indiscriminadamente de "invenção" e de "descoberta da solução do problema", de "inventar" e de "encontrar" uma solução. Inventa-se conforme o que se representou, e, por outro lado, a compreensão exigida para a solução do problema é também uma categoria da representação, pois implica uma apreensão adequada da situação objetiva perante a qual o organismo se encontra presente.

Em segundo lugar, a investigação de Köhler submete a invenção à lei da boa forma. O problema é uma forma menos equilibrada e a solução uma forma melhor. O problema possui o estatuto negativo de uma má forma, está ao mesmo tempo submetido à única tendência da cognição. Solucionar o problema significa então recolocar a recognição nos trilhos, fazê-la retornar a sua melhor e mais natural posição. Ora, não se pode deixar de notar aí a falta de um tratamento positivo da invenção, que se explica pelo fato do gestaltismo não possuir, dentro de seus quadros conceituais, elementos para pensar o movimento de problematização. Retomaremos mais adiante esse ponto. No momento, resta lembrar que submeter a invenção a uma lei é formular uma teoria da invenção necessária, passível de repetição e de previsão.

A definição da invenção como processo de solução de problemas é indissociável de suas práticas de investigação. A abordagem por meio de situações experimentais exige a delimitação prévia de um problema, que é definido pelo experimentador. Por outro lado, esse processo tem seu fim decretado quando o animal apresenta a solução adequada, previamente esperada. O fechamento da situação experimental faz com que fique fora do campo de visibilidade do gestaltismo tanto a questão da invenção do problema quanto a referência a qualquer elemento residual que persista na cognição do organismo, afora a aquisição de uma nova regra, de novos esquemas recognitivos. A atenção à experiência de problematização, que poderia ocorrer, cede lugar à atenção à formação de novos esquemas de recognição. A aprendizagem consiste apenas, nesse contexto, na passagem de uma recognição a outra.

Seguindo essa mesma orientação, Karl Duncker empreende estudos acerca da invenção em sujeitos humanos. Reconhece a importância da percepção dos elementos e da reestruturação da situação percebida para que se aceda à meta, ou seja, à solução do problema, mas conclui que "a teoria da closura ou da pregnância é muito geral para ser de grande utilidade aqui" (DUNCKER, 1935 p.30). É preciso, a seu ver, saber de que tipos de elementos a pregnância pode fazer uso. Daí, introduz como novidade importante a consideração de uma tensão entre a descoberta de uma nova solução e a história de hábitos. Procurando dar conta da rigidez perceptiva causada pelo uso habitual dos objetos que participam da situação-problema, elabora o conceito de "fixidez funcional". Contrariando a maneira empirista de pensar, conclui que a experiência anterior pode dificultar a solução de problemas. Conforme comenta Penna (1984, p. 110), é "proposta uma restrição severa ao papel da aprendizagem como fator decisivo no processo de solução de impasses". Segundo Duncker, a fixação em esquemas recognitivos atua como um fator que dificulta a solução de problemas que seriam resolvidos "espontaneamente" pela da ação das leis da forma, da experiência do *insight*.

A referência à tensão entre um tipo de "senso comum", aqui representado pelo hábito, e a invenção é, para mim, o mérito do trabalho de Duncker. Contudo, é preciso reconhecer que essa espécie de antagonismo é tomada por ele como algo que ocorre entre a ação natural e espontânea das leis da forma e os hábitos fixados ao longo da história do organismo. No entanto, de acordo com Bergson, trata-se do antagonismo entre dois determinismos, o da experiência passada e o das leis de organização. Falar da força relativa da história e das leis naturais é ainda trabalhar num mesmo nível do funcionamento cognitivo, que é a recognição, pois ambas encarnam a tendência repetitiva.

Por sua vez, Max Wertheimer dedica-se ao estudo do que denominou pensamento produtivo. Como nas situações estudadas por Köhler e Duncker, o pensamento produtivo atua na solução de um problema e obedece a uma espécie de lógica estrutural, distinta da lógica formal (PENNA, 1984, p. 108). Wertheimer identificou as estratégias que caracterizam esse processo: agrupamento, centramento e reorganização, todas relacionadas com características da totalidade (*whole-characteristics*), funcionando com referência a elas e sendo determinadas pelas exigências dinâmicas da situação percebida (WERTHEIMER 1945, p. 234). Os mesmos procedimentos foram identificados em crianças em idade escolar e em cientistas como Galileu, Gauss e Einstein. Como Duncker, Wertheimer identificou nos hábitos fatores que trabalham contra esses procedimentos. Sua novidade foi fazer uma crítica à aprendizagem promovida por escolas que impedem, com práticas que privilegiam o automatismo mental, o exercício do pensamento produtivo. Conforme comenta Penna (1978), o pensamento produtivo não é, para Wertheimer, um tipo especial de pensamento, mas o único pensamento reconhecido como tal, distinguindo-se das condutas reprodutivas e dos tateamentos cegos e mecânicos. A crítica de Wertheimer às escolas tradicionais prolonga, em certo sentido, a crítica de Köhler ao behaviorismo. Em ambos os casos, trata-se de estabelecer as condições de uma aprendizagem inteligente, por meio da qual se pode chegar a novas soluções através da ação espontânea das leis da forma.

Essa breve passagem pelos trabalhos desenvolvidos pelos gestaltistas no domínio que eles denominam, de maneira mais ou menos indiscriminada, aprendizagem, inteligência ou invenção, provoca algumas interrogações. Por um lado, vemos o trato com experiências que não deixam de constituir uma problematização do senso comum, que é então reconhecido como elemento que faz obstáculo à novidade. Não havíamos identificado aí o movimento próprio da invenção? Não seriam essas as situações que melhor caracterizariam o movimento divergente que faz tensão com o movimento convergente, coexistindo com ele no interior da cognição? Por outro, atestamos a absoluta falta de um referencial conceitual que dê conta de uma forma positiva da invenção, entendida em seu sentido mais potente de invenção de problemas.

É certo que a maneira como Köhler, Duncker e Wertheimer colocam o problema da invenção porta o selo do projeto epistemológico da modernidade. No entanto, somos obrigados a reconhecer que o gestaltismo é portador de uma complexidade, de um certo hibridismo que pode ser localizado quando se colocam lado a lado seus experimentos e suas teorias. Voltando aos termos de Latour, é possível identificar no gestaltismo algo que resiste ao projeto de purificação crítica, algo que é produzido no curso de suas investigações e que, no entanto, não ganhou expressão no âmbito de uma teoria à maneira da ciência moderna[6].

Embora existam outras vias possíveis, vou enfocar o hibridismo do gestaltismo na área da aprendizagem, pois a aprendizagem é, dentre os processos psicológicos, aquele que fala das transformações às quais a cognição se encontra sujeita ou, dito de outro modo, aquele que melhor revela sua dimensão temporal (DELEUZE, 1968). Se tomamos dessa maneira a aprendizagem, podemos entender a curiosa utilização feita por Deleuze, no terceiro capítulo de *Diferença e Repetição,* de um experimento psicológico que trata da aprendizagem com antropóides. Trata-se de um experimento onde Robert Yerkes trabalha com o "método de escolha múltipla". Cito Deleuze:

---

[6] De acordo com o quadro delineado por Figueiredo (1989) das matrizes que deram origem às diferentes psicologias, fica patente a impossibilidade de reduzir o gestaltismo a uma mera realização do projeto epistemológico da modernidade, em virtude de seu enraizamento na matriz romântica.

> Um célebre experimento em psicologia coloca em cena um macaco ao qual se propõe que encontre seu alimento em caixas de determinada cor entre outras de cores diversas; advém um período paradoxal em que o número de "erros" diminui, sem que, todavia, o macaco possua o "saber" ou a "verdade" de uma solução para cada caso. Feliz é o momento em que o macaco-filósofo se abre à verdade e produz o verdadeiro, mas somente na medida em que ele começa a penetrar na espessura colorida de um problema. (1968, p. 269)

O referido experimento, que foi realizado por Yerkes (1927) com diversas variações, consistia em colocar um antropóide diante de uma série de objetos, entre os quais devia aprender a escolher apenas um, com base em uma de suas características: cor, tamanho, posição espacial etc. O objeto a ser escolhido continha alimento escondido em seu interior e as escolhas tinham como efeito a recompensa, no caso da resposta "correta", ou punição eventual, no caso de resposta "incorreta". Yerkes acentua o caráter adaptativo da resposta do animal perante a situação-problema e crê encontrar evidências de que o processo de solução – que para ele é o mais importante – não se dá de maneira gradual, por ensaio e erro. Sua preocupação com o processo de solução – e não com o momento de problematização – revela-se por seu registro exaustivo em chamadas "curvas de aprendizagem", nas quais Yerkes encontra evidências contrárias ao método de ensaio e erro, pois indicam uma queda súbita do número de erros após a primeira resposta correta.

Situações experimentais semelhantes foram investigadas por Köhler (1925), em experimentos chamados de discriminação sensorial. A presença de um quadro de referências gestaltista faz com que o experimento apresente características um tanto diversas, mas que também explicitam uma preocupação evidente com a questão da solução do problema. Quando se refere ao uso de recompensas, explicita que elas não são necessárias, mas, caso existam, devem ser percebidas pelo animal e funcionar como metas que tornem inteligente a solução. Sua vantagem é ainda aumentar a rapidez desse processo. Não se pode deixar de notar também que Köhler transformou o caráter de múltipla escolha da situação experimental de Yerkes numa escolha entre um número bem reduzido de objetos – em geral dois – e traduziu teoricamente seus achados como indícios seguros de uma "aprendizagem de relações", presente não só nos antropóides superiores, mas também em espécies inferiores. Ora, trata-se de uma modificação que talvez revele uma visada ainda mais claramente representacionista do processo de aprendizagem, pois fecha ainda mais a situação-problema, devendo o sujeito experimental apreender uma relação claramente dada na situação.

Talvez isso explique o fato de Deleuze referir-se à situação experimental de Yerkes, na qual o macaco deve aprender diante de uma multiplicidade colorida, e não, por exemplo, a situação em que um pombo deve aprender a relação entre dois cartões, um cinza claro e outro cinza mais escuro, que aparece tratada em outro conhecido experimento. De todo modo, é curioso que o experimento de Yerkes apareça justamente no capítulo em que Deleuze concentra toda sua potência analítica contra a "imagem dogmática do pensamento". Contra a assimilação do pensamento à imagem do senso comum, da recognição, da representação, Deleuze nos desconcerta ao evocar um experimento psicológico de aprendizagem. Ocorre que vemos aí uma descrição do experimento diferente da descrição psicológica, presa à questão da solução, acentuando agora o momento de problematização. Deleuze destaca a entrada do "macaco-filósofo" "na espessura colorida do problema". Penetrar na espessura do problema não é o mesmo que "compreender" uma situação. A ênfase recai sobre a problematização, sobre uma escolha que se faz diante de uma multiplicidade colorida. Conforme dissemos, a compreensão é uma categoria da representação. Um sujeito compreende um objeto, uma relação ou situação que lhe parece existir objetivamente. Compreender algo significa manter uma certa distância em relação a isso. "Entrar na espessura do problema" é, ao contrário, tocá-lo de maneira não representativa, é problematizar-se com ele. Utilizando um conceito de Simondon (1989), aprender é, antes de qualquer outra coisa, constituir um campo problemático que inclui o problema e suas condições de resolubilidade.

Fica claro, na exposição de Deleuze, que a exigência vem de fora, que "são os signos que dão problema". Mas não é o mesmo que dizer que os problemas são dados. Os problemas são inventados. O que Deleuze nos faz ver é que a problematização não vem de um movimento meramente subjetivo. Há algo do objeto que força a problematização, mas não se trata aqui do objeto, como categoria da representação, objeto estabilizado numa forma percebida, mas de seu diferencial. Algo que a cognição não representa, pois escapa do uso concordante das faculdades e de suas condições, mas que toca ou afeta o sujeito cognoscente, atuando aí como uma força de invenção. A invenção depende, portanto, de uma abertura para um campo de multiplicidades ou, antes, para o que existe de diferencial no objeto, para o que não foi codificado pela representação. Essa leitura revela exatamente aquilo que, embora presente nos experimentos gestaltistas, ficou sem teorização. O processo de teorização promoveu, conforme os termos de Latour, uma purificação dos achados gestaltistas. O que havia de tempo, ou seja, de invenção, restou sem formulação teórica, não coube no discurso da ciência moderna.

Deleuze, ao contrário, fala da invenção através da idéia de aprendizagem. No entanto, esse elogio à aprendizagem é logo seguido da crítica a sua subsunção aos resultados que ela produz, ao saber constituído. Ele afirma:

> Sem dúvida, reconhece-se freqüentemente a importância e a dignidade de aprender. Mas é como uma homenagem às condições empíricas do Saber: vê-se nobreza nesse movimento preparatório, que, todavia, deve desaparecer

no resultado. E mesmo se insistimos na especificidade de aprender e no *tempo* implicado na aprendizagem, é para apaziguar os escrúpulos de uma consciência psicológica que, certamente, não se permite disputar com o saber o direito inato de representar todo o transcendental. Aprender vem a ser tão-somente o intermediário entre o não-saber e o saber, a passagem viva de um ao outro. Pode-se dizer que aprender, afinal de contas, é uma tarefa infinita, mas esta não deixa de ser rejeitada para o lado das circunstâncias e da aquisição. (DELEUZE, 1968, p. 271)

O gestaltismo não constitui exceção. Fala de aprendizagem de regras, e não de respostas (PENNA, 1978), mas coloca a ênfase maior nas soluções.[7] A regra aprendida é passível de emprego em futuras situações práticas, ou seja, é capaz de se repetir. A busca de leis da aprendizagem revela ainda que a questão que move a investigação gestaltista é a de encontrar as condições dessas regras de soluções. Em síntese, a aprendizagem é trabalhada e teorizada pela psicologia somente naquilo que ela possui de potência de repetição, e não de invenção. Submeter a aprendizagem à repetição é subsumi-la à forma da recognição. Tanto como produção de respostas quanto como produção de regras, trata-se da ênfase na consolidação de seus resultados nas figuras estáveis da recognição e do saber.

Para Deleuze, o saber é apenas uma figura empírica e o aprender, que "introduz o tempo no pensamento", é "a verdadeira estrutura transcendental" (1968, p. 272). Nesse caso, é da aprendizagem, entendida como tempo, como movimento de problematização, anterior ao movimento de solução do problema, que as condições da cognição devem ser extraídas. Essa

---

[7] A preocupação, revelada por Köhler, com o processo de aprender, que não se prende somente aos resultados do processo, surge na diferença definida entre "boas faltas" e "más faltas". Uma resposta que não conduziu à solução do problema é um erro, mas este é bom ou inteligente – para Köhler trata-se do mesmo – se revela a compreensão do problema. Mesmo nesse caso, o processo é avaliado em função da solução do problema. Cf. KÖHLER (1921).

pequena diferença – tornar positiva a problematização, sem subsumi-la na questão relativa à sua solução – constitui o salto decisivo para pensar a invenção como potência da cognição de diferir em relação a si mesma. As condições da cognição são condições do sujeito e do objeto, que não surgem como categorias dadas, como no esquema da representação. São soluções parciais e relativas, sempre em devir.

A importância do Gestaltismo foi ter apontado que a aprendizagem implica uma tensão com a história passada e uma mudança em relação ao senso comum. Mas, por sua maneira de colocar o problema, não pôde ver nela senão a ocasião para um retorno ao senso comum, agora na forma de novas regras para a solução de problemas. Nesse sentido, a psicologia da forma é vitima de uma petição de princípio, expressa na busca exclusiva dos invariantes da cognição. Como tanto o problema quanto suas condições de resolubilidade fazem parte do campo problemático, que no caso do gestaltismo correspondem às condições de resolubilidade científica, a invenção não pôde ser adequadamente tematizada, ou seja, como invenção de problemas, ficando apenas como invenção de soluções frente a obstáculos objetivos, supostamente representados pela percepção, pois o tratamento experimental implica no trabalho com variáveis, elas próprias objetivas e representáveis. O pressuposto de que conhecer é representar atravessa tanto o discurso científico do gestaltismo quanto a cognição como objeto desse mesmo discurso. O resultado é um estudo da invenção encerrado nos quadros da representação. Assim, o gestaltismo apresenta uma teoria da invenção através de leis gerais, portanto, necessária, repetitiva e sem surpresas. Seu estudo não serviu como ponto de apoio capaz de fazer migrar a investigação para outra direção, pois não foi motivado nem conduziu com suas conclusões a uma problematização do aparato conceitual utilizado para pensar os demais processos cognitivos. Restrito aos limites da forma e do equilíbrio, o estudo da aprendizagem não forneceu senão a solução de mais um problema. Pensando a cognição através da recognição, a invenção através do invento, o transcendental através do empírico, o gestaltismo traça na psicologia o primeiro caminho de tratamento da invenção nos quadros da ciência moderna.

Jean Piaget: um construtivismo de caminho necessário

O interesse em abordar a obra de Jean Piaget advém do fato de que ela representa, no campo científico, o empreendimento mais sistemático para dar conta da transformação temporal da cognição. Procurarei demonstrar, ao longo de minha análise, que o tempo que Piaget introduz na cognição, e que responde por certo ultrapassamento de seus limites, não é o tempo inventivo, e que condições da cognição por ele identificadas são ainda as condições da recognição. A meu ver, a forma de colocação do problema psicológico do conhecimento – entre a biologia e a lógica – impõe sua marca na teoria da cognição elaborada por Piaget e determina a ausência de um estudo efetivo da invenção como potência da cognição de diferir em relação a si mesma. Para isso, procurarei trabalhar no interior da teoria piagetiana, problematizando-a com interrogações que se voltam especificamente sobre os pontos nos quais são tematizados a transformação da cognição, seu modo de processamento e seus efeitos.

O projeto da epistemologia genética baseia-se na constatação de que as estruturas que são condição de possibilidade do conhecimento científico não estão presentes na criança. O problema central da psicologia genética, instrumento da epistemologia genética, é de como elas se constróem ao longo do desenvolvimento, como se dá sua psicogênese. Uma vez que a psicologia genética foi criada por uma exigência da epistemologia genética, há um tipo especial de conhecimento, o conhecimento científico, que orienta e dá direção à investigação. O problema da transformação temporal da cognição é traduzido como um problema de desenvolvimento da inteligência, tendo, como horizonte, as formas universais e necessárias do pensamento lógico-matemático.[8] A inteligência possui, na obra de Piaget, o estatuto de uma função geral que torna outras, como a percepção e a memória, casos particulares dela. As transformações das demais funções cognitivas são submetidas ao desenvolvimento da inteligência (PIAGET, 1968, PIAGET; INHELDER, 1973). Será preciso notar então que, no contexto dos estudos piagetianos, as condições da cognição definem-se, em última instância, como as condições da inteligência. A inteligência garante o uso concordante das faculdades ou das funções cognitivas, que se encontram a ela referidas. É nesse sentido que as condições da inteligência – ou seja, da cognição – acabam funcionando como as condições da recognição.

Piaget monta o problema do desenvolvimento da inteligência distinguindo dois níveis: o do funcionamento, tido como invariante, e o de suas estruturas, que afirma serem variáveis. O funcionamento invariante é buscado na biologia, e corresponde aos mecanismos de assimilação e acomodação, que caracterizam o funcionamento dos seres vivos em geral. A assimilação define-se como integração de um dado a uma estrutura prévia e a acomodação como transformação da estrutura em virtude da incorporação do dado novo. Conjugadas, assimilação e acomodação respondem pelo processo de equilibração, que regula o mundo orgânico. A variação das estruturas decorre de tal funcionamento e chega, ao longo da ontogênese, a formas de equilíbrio

---

[8] Os trabalhos mais recentes da Escola de Genebra vêm procurando investigar questões de psicologia genética que não haviam sido tratadas por Piaget, como aquelas acerca das estratégias do sujeito psicológico perante tarefas particulares em contextos específicos. Não temos aqui o objetivo de discutir sua possível contribuição para um estudo da invenção. Cabe também lembrar a observação de Moura (1995) de que tais pesquisas ainda não foram capazes de revelar de que maneira essa perspectiva, que se define como funcional, articula-se com o modelo estrutural piagetiano.

cada vez mais estáveis e mais móveis. A equilibração, como tendência fundamental (PIAGET, 1967, p. 174), impõe sua marca nas estruturas da inteligência, cujo desenvolvimento implica apenas uma diferença entre graus de equilíbrio, em sentido crescente e progressivo.

Observa-se, aqui, a presença de dois elementos conceituais que havíamos identificado no gestaltismo: a estrutura e o equilíbrio. Procurando apontar "o que subsiste da teoria da *gestalt*", Piaget (1972) reconhece nessas noções pontos de continuidade entre seu trabalho e aquele levado a cabo pelos gestaltistas. A consideração, por parte de ambos, de uma tendência para o equilíbrio, bem como de estruturas cognitivas caracterizadas por leis que dependem da totalidade, e não da associação de elementos, sela a filiação de Piaget à tradição gestaltista. Tal filiação não impede que Piaget faça dela um "exame crítico", que se justifica por "procurar levar mais adiante a análise", o que não significa conduzi-la em outra direção. Afirma que "as intuições de partida (equilíbrio e totalidade) da teoria da *gestalt* se verificam profundamente e, entretanto, encontramo-nos na presença de totalidades que não são *gestalt*" (*ibidem*, p. 274). Piaget acusa as formas de equilíbrio descritas pela psicologia da forma no domínio da percepção de serem incompletas e aponta a necessidade da exploração de outras estruturas de conjunto, como a das estruturas da inteligência operatória, reversíveis e de composição aditiva. Sua objeção diz respeito à generalidade das leis da forma, ao modelo perceptivo, e não ao modelo do equilíbrio. No lugar de uma *gestalt* atemporal, cuja reestruturação ou reequilibração obedece a leis comuns às formas físicas, Piaget aposta num construtivismo das formas, correlato de uma equilibração majorante. Segundo E. Passos (1994), a obra de Piaget "apresenta-se como o limite a que as idéias estruturalistas podem chegar sem comprometer o seu núcleo duro". Ela atesta em que medida o tempo pode ser introduzido, quando se mantêm o conceito de estrutura e o paradigma do equilíbrio.

É por meio da explicitação de uma posição construtivista que Piaget volta-se contra a idéia da existência de estruturas *a priori* e procura inseri-las no tempo, numa duração. O ponto em que permanece tematizado o construtivismo constitui-se, assim, como elemento essencial para a comparação com o problema da invenção, tal como o concebemos, pois resta esclarecer de que construtivismo estamos tratando. De saída, Piaget esclarece que o construtivismo é pautado num fundamento biológico. Dialogando com Kant, acusa suas formas *a priori*, condição dos conhecimentos científicos, de serem por demais ricas e elaboradas, e sustenta, em seu lugar, um "apriorismo funcional". Argumenta que, "se se quer atingir um *a priori* autêntico deve-se reduzir cada vez mais a 'compreensão' das estruturas de saída e que, no limite, o que subsiste como necessidade prévia se reduz apenas ao funcionamento" (PIAGET, 1970, p. 62). São os processos de auto-regulação, que ligam a cognição à vida, que possuem o estatuto de condição das estruturas da inteligência.

Piaget apóia sua tese construtivista na consideração da ação, e não da percepção, como ponto de partida da cognição. A ação possui uma dimensão cognitiva, sendo fonte e veículo de conhecimento. Por seu intermédio, o sujeito conhece o mundo não só do ponto de vista de suas configurações, mas, sobretudo do ponto de vista de suas transformações. Diferenciando-se das epistemologias tradicionais, aprioristas e empiristas, considera que o conhecimento não procede, em suas origens, nem de um sujeito cognoscente nem de objetos já constituídos que a ele se imporiam. O conhecimento resulta de interações que se produzem a meio caminho, "em decorrência de uma indiferenciação completa e não de um intercâmbio entre formas distintas" (PIAGET, 1970, p. 6).

Essa indiferenciação é localizada numa certa zona de contato entre o corpo e as coisas, que é a ação, mais plástica que a percepção, e aponta a necessidade de dar conta, a partir daí, da dupla construção do sujeito e do objeto. Sujeito e objeto não são, portanto, condições do conhecimento, mas produtos da ação. As ações cognitivas encontram sustentação nas ações reflexas e espontâneas, das quais se diferenciam. A diferenciação, que determina a criação de instrumentos de troca propriamente cognitivos, faz-se por meio da coordenação geral das ações, ou antes, dos esquemas, que Piaget afirma subsistirem por trás das ações, que constituem "o que, numa ação, é assim transponível, generalizável ou diferenciável de uma situação à seguinte, ou seja, o que há de comum nas diversas repetições ou aplicações da mesma ação" (PIAGET, 1967, p. 16).

O fato de Piaget pensar a ação através dos seus esquemas subjacentes indica uma preocupação explícita com o que nela se repete, com a sua lógica.[9] Não é, portanto, na ação em geral que Piaget fundamenta a construção cognitiva, mas na lógica da ação. Da mesma forma, o sujeito que daí advém não é um sujeito qualquer, mas o sujeito epistêmico, que se define como o conjunto dos "mecanismos comuns a todos os sujeitos individuais de mesmo nível, ou ainda, do sujeito *qualquer*" (PIAGET, 1968, p. 57). Essas posições marcam definitivamente a abordagem piagetiana como uma espécie de construtivismo lógico, pois é por intermédio de uma lógica da ação que busca dar conta da construção das estruturas lógicas da cognição. O construtivismo apóia a transformação das estruturas num esquematismo prévio. Vale lembrar que, se os esquemas de ação funcionam como condições de novas construções, é apenas como condições de segundo nível, ou seja, como esquemas de assimilação e sujeitos à acomodação.

Quanto ao desenvolvimento da inteligência, o primeiro ponto a ser destacado é que o tempo a que Piaget se refere é o tempo histórico, linear e seqüencial, que segue o modelo do tempo cronológico. Há um ultrapassamento dos estágios anteriores

---

[9] Piaget (1969, p. 168), critica Bergson por, apesar de reconhecer o papel da ação e de seus esquemas antecipadores, ter colocado sua ênfase nos efeitos da ação, em detrimento da ênfase na coordenação e na lógica da ação.

pelos estágios posteriores, na ordem seqüencial do desenvolvimento, e o progresso é explicado pela construção de novas estruturas, inexistentes nos estágios mais elementares. É pelo acréscimo de estruturas, ao mesmo tempo necessárias e inéditas, que o déficit intelectual da criança é superado.

J. Mehler (1974), J. P. Changeux e A. Danchin (1974) fazem objeções à maneira piagetiana de conceber o desenvolvimento, e propõem, em seu lugar, uma concepção do desenvolvimento "por perdas". Changeux e Danchin, que são neurocientistas, entendem que aprender é selecionar caminhos neurais e estabilizar conexões sinápticas desde sempre possíveis. É, em outras palavras, reduzir possibilidades. Mehler assume, no campo da linguagem, posição ainda mais radical. Segundo sua teoria, ao longo do desenvolvimento, o que predominam são as perdas e conhecer é, no fundo, desaprender. Nesse caso, toda teoria do desenvolvimento deveria ser uma teoria da perda sucessiva das ricas disposições inatas. A. Bejin (1974) destaca que a importância dos trabalhos de Changeux, Danchin e Mehler é haver apontado que o desenvolvimento não é unidimensional, ou seja, que há ganhos, mas também perdas, com a transformação temporal da cognição. Nesse caso, apresentam uma problematização da obra de Piaget. Ocorre que Changeux, Danchin e Mehler formulam essa idéia reacendendo o debate sobre o inato e o adquirido ou, antes, reintroduzindo a questão do inato que, segundo eles, teria sido deixada de lado por Piaget. Para eles, há um limite de possibilidades inatas, do qual é necessário circunscrever o domínio, e para o qual o conceito de auto-regulação, utilizado por Piaget, daria um tratamento insuficiente.

Cumpre destacar, entretanto, que uma mesma concepção de tempo perpassa os trabalhos de Piaget, Changeux, Danchin e Mehler. É o tempo seqüencial e sucessivo, que ultrapassa e deixa para trás a criança, seja ela pensada na forma de estruturas intelectuais mais rígidas e pobres, como quer Piaget, seja na forma de ricas possibilidades inatas, como pretendem Changeux, Danchin e Mehler. Além disso, é preciso observar que ambos trabalham com a idéia de limites fechados, limites que situam as possibilidades cognitivas resguardadas dos efeitos do tempo. No caso de Changeux, Danchin e Mehler, as capacidades inatas, embora resultado da evolução, são circunscritas num envelope genético. A formulação de Piaget acerca dos limites invariantes e fechados exige, neste momento, maior atenção.

Embora cuide de afirmar que os estágios não correspondem a idades cronológicas, mas comportam acelerações e retardamentos, para Piaget, eles guardam uma ordem seqüencial, sucedendo-se uns após os outros. Os estágios caracterizam-se por "estruturas de conjunto", que obedecem a leis de totalidade e possuem mecanismos característicos (PIAGET, 1972, p. 236). As estruturas integram esquemas, funcionando como uma unidade superior. "A estrutura atual é um esquema que procede dos esquemas anteriores, mas que reage sobre eles, integrando-os" (*ibidem*, p. 276). O caráter integrativo das estruturas da inteligência revela uma cognição hierarquizada, na qual os esquemas, como partes da estrutura, subordinam-se a ela. Vale destacar também que o próprio desenvolvimento possui caráter hierárquico, que fica evidenciado quando o processo histórico e construtivo da inteligência é tratado como desenvolvimento, evolução ou progresso. Deve-se buscar, então, quais são os critérios do progresso e em que medida a relação com o tempo encontra-se aí envolvida.

Do desenvolvimento como eliminação da dimensão temporal da cognição

Para tratar do desenvolvimento cognitivo, não será preciso rememorar os diferentes estágios, que são bem conhecidos e cuja especificidade carece de interesse no contexto da presente análise. Cabe, no entanto, atentar para o fato de que, além de um ponto de partida na ação, aqui tomada como lógica da ação, o construtivismo de Piaget tem um ponto de chegada, que é o estágio das operações formais. As ações interiorizam-se em operações, que são ações mentais reversíveis e têm por objeto transformações e não estados. Vale observar que, com a noção de operação, Piaget introduz uma extensão mais ampla ao campo da representação, que deixa de ficar restrito à representação de um objeto por um sujeito. As operações, como ações interiorizadas e reversíveis, introduzem mobilidade ao campo da representação. Em vez de livrarem a cognição da repetição, acabam expandindo-a para transformações mentais capazes de retornar a um mesmo ponto de partida pela conservação de um elemento invariante. As operações formais completam a reversibilidade, que se encontra presente desde o nível das operações concretas.

É falando sobre o estágio das operações formais que Piaget (1970, p. 27) afirma que tais estruturas levam "as operações a se libertarem da duração, isto é, do contexto psicológico das ações do sujeito [...] para atingir finalmente esse aspecto extemporâneo que é peculiar das ligações lógico-matemáticas depuradas". As estruturas lógico-formais são sistemas cujas condições de equilíbrio são permanentes, e não momentâneas. Equilíbrio móvel, com completa compensação das transformações que ocorrem em seu interior. Chama a atenção o fato de que é justamente no caráter "extemporâneo" que Piaget encontra o critério de sua superioridade e seu estatuto de ponto de chegada do desenvolvimento. Progredir intelectualmente consiste em libertar-se da duração. Tal colocação exige que nos detenhamos sobre esse ponto, pois libertar-se do tempo significa fechar-se para a invenção.

Para Piaget, o organismo é um sistema aberto, no sentido de Bertalanffy, ou seja, é um sistema exposto ao risco (PIAGET, 1967). No sistema cognitivo, que prolonga as estruturas orgânicas, a situação é a mesma. No estágio sensório-motor, a cognição é passível de se transformar a partir de novas assimilações, guardando abertura para mudanças. Além disso, os esquemas sensório-motores são caracterizados pela contingência, e não pela necessidade. É com base nisso que Piaget descreve um fechamento progressivo das estruturas da inteligência, que tem o sentido de minimizar sua exposição ao risco e à instabilidade. Insisto que Piaget apresenta o desenvolvimento cognitivo como correlato de uma eliminação progressiva do tempo. No estágio das operações formais, encontramo-nos diante de uma cognição que "chega simultaneamente a uma necessidade final e a um estatuto intemporal" (PIAGET, 1968, p. 55). Assim é descrita a forma máxima de estabilidade e de mobilidade atingida pelo mecanismo de equilibração. Piaget conclui, em outro momento que "em suas grandes linhas o equilíbrio é produto da equilibração, isto é, há continuidade e em todo caso estreito parentesco entre o processo formador e o equilíbrio dele resultante" (PIAGET, 1967, p. 36). Em seu estado de acabamento, as estruturas lógico-matemáticas tornam-se condição de conhecimentos universais e necessários, perdendo o resíduo de contingência que ainda estava presente no nível sensório-motor.

Quando discute a questão do construtivismo e da criação de novidades, Piaget (1970) adverte claramente que seu projeto é o de conciliar a idéia de construção com a idéia de necessidade. Com o objetivo de explicitar as "construções cognitivas que supomos serem ao mesmo tempo novas e necessárias", Piaget recusa a tese da pré-formação como uma tese sem importância e mesmo inútil. Contra a abordagem inatista, que fala da prefixação genética dos conteúdos das ações, acredita poder explicar a gênese de estruturas necessárias sem recorrer aos fatores genéticos, apenas apelando para as condições de auto-regulação biológica. A hipótese empirista é igualmente recusada, em virtude de seus produtos cognitivos serem destituídos de necessidade.[10]

---

[10] O tema das criações contingentes é retomado em um texto posterior, no qual o objeto é o suposto estruturalismo de Foucault, e é também aí uma hipótese descartada, por seu caráter "contraditório" com a idéia de estrutura (PIAGET, 1967).

Ao falar de ampliação do campo de possíveis ao longo da ontogênese, Piaget está considerando as condições de possibilidade ao nível das estruturas, distinto do nível funcional invariante. Apresenta então as estruturas como "invenções necessárias". Ao final do texto somos obrigados a concluir que o tratamento da invenção ficará restrito a esse nível. Piaget (1970, p. 58) afirmará, em relação às estruturas da inteligência, que "cada uma delas, uma vez constituída, aparece como necessária e dedutível a partir das precedentes". Isso significa que seu próprio surgimento é marcado por uma necessidade lógica, o que o torna passível de dedução, ainda que *a posteriori*. Tais estruturas são resultantes previsíveis e sem surpresas, e por isso parece justo afirmar que elas são eternas, e não genuínas invenções. Sintetizando seu ponto de vista sobre as estruturas da inteligência, Piaget (1968, p. 52) afirma: "estas alcançam, *por sua própria construção*, a necessidade que o apriorismo sempre julgou indispensável situar nos pontos de partida ou nas condições prévias, mas que de fato é atingida apenas *no término*".

Quando a equilibração é o *a priori* da cognição, a primeira conseqüência é que conhecer é assimilar. Nenhum conhecimento, mesmo perceptivo, constitui uma simples cópia do real, mas consiste num processo de *assimilação* a estruturas anteriores (PIAGET, 1967, p. 13). A assimilação cognitiva é, como a assimilação orgânica, integração de um dado novo a uma estrutura anterior, preexistente. É um "fator de permanência" (PIAGET, 1968, p. 59). O que considero importante observar é que, fazer do conhecimento uma atividade de assimilação significa fazer, de todo conhecimento, um reconhecimento. Isso parece comprometer o estudo da invenção. Cumpre saber, portanto, como as estruturas cognitivas podem ser desestabilizadas perante algo que não entra nos seus quadros de significação. Por outro lado, sabe-se que o conhecimento não é somente assimilação, pois a integração do dado novo conduz a uma acomodação subseqüente das estruturas. A assimilação é o fator de permanência, a acomodação refere-se à transformação. Mas a acomodação, como a assimilação, é uma das faces da equilibração, refere-se à tendência à estabilização que marca toda transformação. Da assimilação à acomodação, transita-se no interior do equilíbrio.

Parece importante que a assimilação funcione como um filtro recognitivo, que reduz as possibilidades de transformação das estruturas. Por isso é preciso saber como a assimilação lida com a novidade, como resiste aos quadros cognitivos prévios, pois aí se encontra o momento privilegiado que incita à invenção. Resta saber até que ponto as estruturas de assimilação são restritivas em relação à potência de problematização de algo que a atinge de fora, mas que não cabe nos referidos esquemas.

Ao final de sua obra, Piaget (1975) aborda frontalmente esse tema, quando da retomada do problema mais amplo da equilibração. A questão do desequilíbrio recebe destaque e esta é, no contexto da equilibração, a forma de tratamento da instabilidade. Procurando identificar a maneira como Piaget entende o desequilíbrio, a questão que orienta minha leitura é: qual o efeito provocado pelo elemento perturbador, que não cabe no esquema? Remeto ao texto:

> Se definimos uma perturbação como algo que serve de obstáculo a uma assimilação, tal como atingir um objetivo, todas as regulações são, do ponto de vista do sujeito, reações a perturbações. Mas resta precisar as variedades destas e insistir sobre o fato de que a recíproca não é verdadeira, isto é, que toda perturbação não acarreta uma regulação (portanto, uma equilibração). (PIAGET, 1975, p. 24)

Estamos aí diante de uma afirmação importante, pois há o reconhecimento de um limite da equilibração frente à perturbação. Aceitando que nem toda perturbação conduz a uma equilibração, Piaget identifica situações nas quais a auto-regulação deixa de ter lugar. São aquelas em que há repetição ociosa da ação e aquelas em que o obstáculo leva ao cessar da ação e conduz a atividade do sujeito numa outra direção (*ibidem*, p. 25). O primeiro caso não levanta maiores problemas, mas, sim, o segundo, em que aparece um obstáculo à assimilação. A referência a situações em que o contato com o dado inassimilável faz cessar a ação em curso aponta para uma divergência no seio da cognição. Mas como Piaget pensa com base na perspectiva do equilíbrio, não concebe a possibilidade de um trabalho cognitivo como algo que subsistiria fora dos esquemas, com elementos residuais. Refere-se a tal situação já em virtude de seu resultado, ou seja, como algo que provoca um redirecionamento da ação, pois na teoria piagetiana, não existem referências conceituais para pensar o movimento de divergência que o próprio Piaget identifica quando os esquemas da inteligência são confrontados com novidades inassimiláveis, senão como redirecionamento para outro esquema. A questão fica sendo então: como, diante de uma perturbação, pode-se, enfim, chegar à recognição?

Nessa mesma obra, Piaget distingue três tipos de condutas, ou três etapas no desenvolvimento da compensação diante de perturbações. A *conduta alfa* rejeita o elemento novo ou neutraliza seu efeito de novidade, anulando a compensação. O equilíbrio obtido é dito instável. A *conduta beta* acaba por integrar o elemento perturbador ao sistema. A perturbação é eliminada como tal e se torna variação no interior de uma estrutura reorganizada. Ocorre aí um deslocamento do equilíbrio. A *conduta gama* caracteriza as estruturas lógico-matemáticas e consiste em antecipar as variações, "que perdem, na qualidade de previsíveis e dedutíveis, sua característica de perturbações e vêm inserir-se nas transformações virtuais do sistema" (*ibidem*, p. 66). O fechamento das estruturas lógico-formais elimina "qualquer contradição que emane de fora". O equilíbrio atinge uma forma móvel e estável. Piaget reafirma nessa ocasião que o desenvolvimento conduz à eliminação da duração, do risco, que aqui aparece com a denominação de perturbação. Reitera que, em seu estágio terminal, a cognição pode antecipar as perturbações, o que corresponderia a uma redução, senão a uma eliminação da potência de desestabilização do sistema. Por outro lado, trata a perturbação como contradição, e não como problematização, que é uma forma positiva da diferença.

Piaget identifica um progresso entre as *condutas alfa, beta e gama*, caracterizando-as como portadoras de graus de equilíbrio distintos. O equilíbrio mais instável é o da conduta alfa, que, justamente por isso, desperta interesse. Prossegue afirmando que, "nas reações de tipo alfa, o sujeito suporta de fora, sem as construir, as negações de certo modo materiais que constituem as perturbações e que ele responde por negações em ação sem enriquecimento do sistema cognitivo" (*ibidem*, p. 69). Mais uma vez, pensa a perturbação por intermédio de uma forma negativa.

Procurando avaliar a importância das transformações geradas pelos elementos perturbadores, reconhece na conduta alfa aquela em que estes são suscetíveis de provocar as maiores alterações e diz: "A reação compensadora existe, é certo, nestas condutas, e consiste em afastá-las, mas não é deslocando-as ou deformando que o sujeito lhes suprime o poder de alteração, e a prova disso é que eles intervirão logo depois" (*ibidem*, p.71). Piaget não leva adiante tal idéia e não explica se sua intervenção posterior se dará ainda na forma de elemento perturbador ou se já na forma de um dado assimilável, de acordo com a transformação posterior do esquema. Entretanto, dando continuidade a sua argumentação, afirma que as condutas alfa não provêem lucro ou vantagem ao sistema cognitivo, no sentido de não promoverem integrações novas ou compensações. Logo, percebe-se que Piaget só concede formulação teórica a um retorno posterior na forma de elementos assimiláveis.

O que se observa é que, no contexto da equilibração majorante, há um limite para pensar a instabilidade. Quando se mantém o núcleo duro, invariante, da cognição, o problema da duração temporal de uma experiência perturbadora é subsumido no problema dos mecanismos que se levantam para neutralizá-la. Fica evidente que a invenção só tem lugar em razão de seus resultados, de seus produtos, que Piaget só reconhece como sendo as estruturas lógicas da inteligência. O que se deixa de fora, nesse caso, é o próprio trabalho da invenção, a processualidade que subsiste enquanto o elemento afeta, sem ser assimilado. Não podemos nos furtar de perguntar, quando o objetivo é pensar a invenção, se esses elementos não poderiam se manter em tensão com os esquemas da inteligência. Não podemos deixar de pensar na possibilidade e nos efeitos de um trabalho num campo cognitivo onde os resíduos coexistam com as estruturas.

Em comentário sobre esse texto, Ilya Prigogine reconhece a importância da obra de Piaget em virtude da inclusão do tempo nos estudos da cognição. Objeta-o, entretanto, pelo fato de pensar as perturbações como contradições ou negações, ou seja, de tratar apenas das diferenciações entre formas que passam pela semântica global do sistema. Remeto à comunicação de Prigogine:

> Não me aventurarei a contestar a elegância dessa hipótese, mas somente a sua generalidade. Na verdade, a flutuação que se desenvolve e subverte uma forma cognitiva pode não ter qualquer relação direta com essa forma. Esta pode fornecer-lhe apenas a ocasião, a possibilidade de se manifestar. Talvez as transformações cognitivas não respondam sempre a um fim e sejam liberadas, sem razão definível em termos de razão semântica do sistema. É por isso que, ao lado da ação extrovertida de um sujeito finalizado e centralizado, gostaria de ver descrita a atividade interna, mais descentralizada e fonte (mas não sujeito) de instabilidades que não são provocadas por lacunas ou insuficiências. (1976, p. 42)

A idéia de Prigogine é que Piaget, pensando com base nas noções de estrutura e equilíbrio, acaba considerando toda problematização em razão de seus resultados, de sua solução. Referida à estrutura, a perturbação acaba assumindo as formas menos potentes de contradição ou negação, erro ou lacuna. Por outro lado, a necessidade apontada por Prigogine de pensar uma atividade interna descentralizada e fonte de instabilidades sugere a exploração de uma cognição longe do equilíbrio, com condições complexas e heterogêneas.[11] Conforme já afirmei, a atividade interna seria algo distinto de relações entre esquemas, mas deveria incluir o resíduo dos esquemas de recognição. Poderíamos então, por certo, encontrar os elementos para pensar uma invenção fora dos quadros da necessidade, e sobretudo a invenção de problemas.

Com esta análise, que não pretendeu ser exaustiva, pode-se concluir que, embora Piaget introduza o tempo nas estruturas cognitivas, elimina o papel do tempo inventivo. Não há, na teoria piagetiana, verdadeira criação de novidade no domínio da cognição, tendo em vista que o desenvolvimento das estruturas cognitivas exclui a imprevisibilidade. O desenvolvimento é previsível em seus resultados, dando lugar apenas a criações necessárias. O caráter de necessidade reflete-se também na direção do desenvolvimento e na ordem invariante dos estágios. O que se revela é que as estruturas que Piaget denomina "variáveis" são também invariantes, apesar de temporais.

Ao tratar da transformação temporal da inteligência, Piaget afirma que ela é comparável a créodos, que é um termo utilizado por Waddington para falar do desenvolvimento embrionário através de caminhos necessários ao qual o embrião é constrangido a voltar quando um elemento perturbador produz um desvio nessa trajetória (PIAGET, 1967, p. 29). Procurei destacar, ao longo de minha análise, a idéia de que o construtivismo de Piaget pensa a criação temporal da cognição como um

---

[11] No terceiro capítulo, procurarei demonstrar como a questão da invenção e de uma cognição pautada em condições complexas irá exigir uma reformulação de todo quadro topográfico pautado nas noções de interior e exterior. No contexto da argumentação de Prigogine, entretanto, a referência a uma atividade interna é a maneira de falar das condições dos sistemas longe do equilíbrio.

desenvolvimento por caminhos necessários. Segundo A. G. Penna, apresentada desta forma, a tese construtivista é descartável. Penna (1990, p. 122) aponta os limites do construtivismo piagetiano, pois "a construtividade supõe uma diversificação dos resultados e a previsibilidade se afeta". De acordo com sua perspectiva, a tese construtivista se enfraquece "diante da incrível convergência dos resultados em todos os indivíduos" (*ibidem*, p. 118).

Gostaria apenas de acrescentar que não cabe questionar a existência de estruturas da inteligência e sim a possibilidade de subsumir nelas a cognição inteira. Para pensar a invenção, em seu sentido mais forte de invenção de problemas e imprevisibilidade, seria preciso questionar a teoria piagetiana no plano das condições que ela estabelece para a cognição, substituindo-a por condições menos estruturadas e mais distantes do equilíbrio. Em vez ao modelo do créodo, delineia-se, como possibilidade, pensá-la como um rizoma, com linhas divergentes e sempre em processo de diferenciação. Neste caso, estruturas não-totalizantes existiriam ao lado do movimento inventivo, sem submetê-lo. Isso porque elas seriam efeitos do processo inventivo, ou seja, inventos desprovidos de eternidade e mesmo de invariância. Efeitos coexistentes com as causas, inclusive reagindo sobre elas e participando, eles próprios, das condições das invenções subseqüentes. O que desaparece, nesse caso, é a invariância das condições da cognição. Voltaremos a esse ponto no terceiro capítulo.

O que não deixa de surpreender é Piaget tomar como indicativo de progresso justamente o fechamento progressivo das estruturas lógicas, pelo qual o equilíbrio majorante se traduz num logicismo majorante. O que levaria a concluir, por questão de coerência, que o desenvolvimento acaba por eliminar de forma progressiva, toda invenção não-necessária, pois a eliminação do "risco" causado pelos elementos perturbadores e não antecipáveis é tomado como índice de enriquecimento do sistema cognitivo. O que nos parece inaceitável é que a cognição mais evoluída seja aquela que comporta menor complexidade, sendo tanto mais evoluída quanto menos pode divergir de si mesma. Poder-se-ia objetar que Piaget faz, de forma deliberada, um recorte na cognição, e que seu trabalho é sobre seu eixo lógico. É certo que haja recorte, mas o que se revela importante é que tal recorte deixa na sombra, obscurece e mesmo falseia o problema do funcionamento inventivo da cognição. E esse problema é sobremaneira notável numa teoria que traz a temática temporal para o campo dos estudos científicos da cognição.

Bergson, crítico do cognitivismo

Ao final desta análise, concluímos que o gestaltismo e a epistemologia genética não apresentam em suas formulações teóricas uma abordagem positiva da invenção, ou seja, como invenção de problemas. Com base no pressuposto científico de que a cognição tem condições invariantes e que esta ocorre nos limites das estruturas e do equilíbrio, acabam por submeter toda desestabilização da experiência a um momento inessencial, transitório e acidental, que só ganha sentido pelos resultados que ela é capaz de engendrar. Esses resultados constituem, em última análise, um retorno ao estado de equilíbrio, a novas formas estáveis. Por não terem, em seus referenciais teóricos, introduzido a instabilidade no plano das condições da cognição, acabaram por fazer a invenção desaparecer como verdadeiro problema.

Gestaltismo e Epistemologia Genética não são apenas teorias da cognição; são teorias cognitivistas, no sentido de Penna (1984, 1986). O que caracteriza tal posição é a "preocupação básica com a análise das influências que os processos cognitivos exercem sobre outros processos comportamentais". Como conseqüência "a dimensão afetiva ou emocional surge, na verdade, como uma dimensão subordinada à cognição no sentido de que sua tonalização e intensidade exprimem-se sob o controle do modo como as situações existenciais são percebidas e pensadas pelo sujeito" (PENNA, 1986, p. 10-11). O que se revela importante é que a abordagem cognitivista toma uma posição em relação ao primado do cognitivo, o que significa a consideração de sua autonomia em relação ao extracognitivo. A meu ver, entretanto, o primado do cognitivo não só justifica seu tratamento em separado como resguarda a invariância do funcionamento cognitivo, expressa no fechamento de suas condições para o tempo inventivo. As colocações de Deleuze, Simondon e Prigogine constituem, segundo essa interpretação, críticas à abordagem cognitivista, pois, alterando as condições da cognição, apontam para uma ampliação do conjunto dos fenômenos classificados como a rubrica de cognitivos, autorizando a inclusão da invenção.

Na filosofia de Bergson, encontramos também indicações que julgamos preciosas para pensar a cognição na perspectiva da ontologia do presente. Ao longo de sua obra, são muitas as entradas para o questionamento do pressuposto filosófico de que conhecer é representar. No entanto, destaco dois textos – *O esforço intelectual* e *As duas fontes da moral e da religião* (1932) – como entrada estratégica para o questionamento dos estudos cognitivistas.

Em *O esforço intelectual*, o tema da invenção aparece tratado no interior dos quadros da inteligência. Bergson propõe-se a examinar diversas espécies de trabalho intelectual "do mais fácil, que é a reprodução, ao mais difícil, que é a produção ou invenção" (*op. cit.*, p. 155). Tal maneira de colocar o problema da invenção – como um tipo de trabalho intelectual – pode, em princípio, surpreender, mas o que se apresenta é, em verdade, um quadro de análise do exercício cognitivo bastante distinto do da psicologia tradicional. Em vez de organizar a cognição em processos distintos como perceber, pensar e memorizar, Bergson usa como critério de distinção o esforço empregado em sua realização. Assim, distingue os processos que se desenvolvem com esforço e sem esforço.

O que Bergson (1896, 1902) denomina "esforço intelectual" é o índice de um trabalho que perpassa diferentes "planos de consciência". Para pensar os planos de consciência, Bergson utiliza-se de uma metáfora, concebendo-os como uma pirâmide que contém representações em graus de complexidade diferentes. A pirâmide é formada em sua base por representações que são imagens, as quais, possuindo a forma da percepção, estão próximas da matéria. Em seu topo, estão situadas representações condensadas, dotadas de virtualidade, como o "esquema dinâmico". Note-se que o conceito de representação aparece aí utilizado de forma bastante ampla, pois inclui, além de imagens, que são representações separadas, o esquema dinâmico, que é uma espécie de representação portadora de tempo ou de virtualidade. O esquema dinâmico é um tipo de representação indivisa e especial, pois condensa uma infinidade de imagens interpenetradas, e se define exatamente por sua capacidade de se desdobrar em imagens separadas. Bergson deixa claro que "essa representação contém menos imagens em si do que a indicação do que é preciso fazer para reconstituí-las" (1902, p. 161). Prenhe de imagens, mas vazio de qualquer imagem em particular, o esquema é uma representação abstrata. O caráter temporal do esquema dinâmico fica claro quando Bergson afirma que ele "representa em termos de devir o que as imagens nos dão em estado estático" (*ibidem*, p. 188).

Cada plano da consciência é homogêneo em seu interior, guarda representações de diferentes objetos. Para Bergson, o espírito realiza um "movimento horizontal" quando trabalha com representações que se situam em um único plano. O trabalho intelectual é então passivo, caracterizado pelo automatismo. Quando o trabalho intelectual atravessa planos diferentes e heterogêneos, é desenvolvido um "movimento vertical". É o esquema dinâmico, como representação simples, e dotada de virtualidade, que orienta o trabalho vertical do espírito, que desce então na direção de imagens diversificadas, concretas e estáveis.

As imagens materiais dão forma concreta ao esquema e sua busca exige esforço. Um exemplo é o uso voluntário da memória, quando nos esforçamos para lembrar uma palavra que nos escapa. A busca da palavra (imagem material) é orientada pelo esquema dinâmico. No caso do esforço de invenção, Bergson assevera que o esquema dinâmico corresponde a uma "impressão nova", que funciona como uma espécie de fim vislumbrado de forma mais ou menos obscura e que exige sua transformação em imagens concretas. As imagens são escolhidas em virtude de funcionarem como meios de expressão da idéia ou impressão original, da capacidade de lhe dar forma. Compor uma música é transformar uma idéia em sons; escrever um livro é desdobrá-la em palavras. Pois o invento só toma corpo através de imagens materiais e por seu arranjo.

Bergson esclarece que, entre o esquema dinâmico e as imagens que lhe dão uma forma concreta, não há dedução, mas criação. O esquema dá uma direção, mas o processo de invenção modifica o esquema de origem. As imagens reagem sobre ele como as personagens de um romance reagem sobre a idéia que são destinadas a exprimir. O autor chega, então, a uma conclusão extremamente importante: "Aí está, sobretudo a parte de imprevisto; ela está, poder-se-ia dizer, no movimento pelo qual a imagem retorna sobre o esquema para modificá-lo ou fazê-lo desaparecer"(*ibidem*, p. 176). O trabalho da invenção consiste, assim, num movimento de vaivém, indo do esquema às imagens e vice-versa. A invenção implica tateamentos, experimentação com a matéria e a imprevisibilidade. Implica também tempo, e é por isso que Bergson se refere a um intervalo, a um *écart* entre o esquema e a imagem. A transformação de uma idéia numa forma pode implicar uma longa gestação, uma espera. Durante este intervalo em que o tempo se desacelera, há um trabalho invisível da invenção, do qual a psicologia não reconheceu a importância. O que oferece resistência ao trabalho de invenção, o que funciona como obstáculo, são os antigos hábitos, os esquemas da recognição.[12]

Na concepção da invenção que Bergson apresenta nesse texto, o tempo comparece tanto no intervalo de tempo exigido para a realização desse trabalho quanto no caráter de imprevisibilidade de que é marcado o movimento de vaivém entre os esquemas e as imagens. Segundo M. Jouhaud (1992), esse retardamento corresponde ao princípio da criação que se dá num ser finito, do qual o esforço é sinal. Por sua vez, a imprevisibilidade do resultado explica-se pela natureza da representação que orienta a invenção.

Pode-se considerar o esquema como um problema para o qual as imagens materiais dão a solução. Mas Bergson adverte:

> É preciso que o problema seja representado ao espírito, completamente de outra forma que sob a forma de imagem. Sendo ele próprio uma imagem, evocaria imagens que se assemelhassem e que se assemelhassem entre si. (*ibidem*, p.189)

O problema não é uma forma percebida, não é uma imagem, é, antes uma potência de chegar a imagens, mas sem ter, em princípio, sua forma exterior e aparente. É só nesse sentido que o esquema dinâmico é um problema a resolver. Problema aqui não tem o sentido negativo de lacuna ou falta, mas o sentido positivo de exigência de criação. Problema que não é objetivo, que não é da ordem do percebido, mas que consiste numa problematização da subjetividade, numa exigência de criação. A invenção começa como invenção de um problema, problema esse que exige uma solução. Só assim, precedida de problematização, a invenção pode, do ponto de vista de seus resultados, ser entendida como solução de problema. Mas só cabe falar de invenção como solução de problemas se estivermos bem

---

[12] Em A evolução criadora (1907), Bergson atribui a resistência à invenção à tendência repetitiva da matéria.

esclarecidos quanto à anterioridade da posição do problema em relação à sua solução, bem como quanto à natureza do problema que está em jogo.

Ao final do artigo, Bergson retorna aos motivos que o levaram a tratar o esforço de invenção como caso particular do esforço intelectual e enfatiza a natureza do esquema dinâmico como representação ao mesmo tempo una e complexa:

> Se se confunde unidade e simplicidade, se se imagina que o esforço intelectual pode incidir sobre uma representação simples e conservá-la simples, como se distinguiria uma representação, quando ela é laboriosa, dessa mesma representação, quando ela é fácil? Como o estado de tensão se diferiria do estado de relaxamento? Seria preciso procurar a diferença fora da representação mesma. Seria preciso fazê-la residir seja no acompanhamento afetivo da representação, seja na intervenção de uma "força" exterior à inteligência. Mas nem esse acompanhamento afetivo nem esse indiscernível suplemento de força explicariam em que nem porque o esforço intelectual é eficaz. Quando chegar o momento de dar conta da eficácia, será preciso descartar tudo o que não é representação, colocar-se em face da própria representação, procurar uma diferença *interna* entre a representação puramente passiva e a mesma representação acompanhada de esforço. (*Ibidem*, p. 186-187)

Nessa passagem, Bergson justifica a recusa do recurso ao afetivo, bem como a qualquer força exterior à inteligência, em virtude do interesse em dar conta da eficácia do esforço. Quanto à invenção, poderíamos dizer que Bergson a concebe, nesse momento, em conformidade de sua capacidade de gera inventos. Ao introduzir uma diferença interna no trabalho da inteligência, ao conceber o esquema dinâmico como uma representação *sui generis*, virtual e inventiva, dá conta do esforço eficaz de invenção. Todo o empenho de Bergson, nesse texto, é discutir o que a invenção deve à inteligência. Para isso, introduz uma diferença interna na inteligência e porta o conceito de representação de gradações que vão da representação mais repetitiva e mais próxima da matéria até à representação mais virtual.

Em *As duas fontes da moral e da religião* (1932), Bergson retoma o tema da criação e introduz um conceito que havia cuidado de evitar no artigo de 1902. É a "emoção criadora", identificada na origem das criações morais, religiosas, mas também das artísticas e científicas. Afirma: "Existem emoções que são geradoras de pensamento; e a invenção, ainda que de ordem intelectual, pode ter a sensibilidade como substância" (*op. cit.*, p. 40). O que Bergson denomina sensibilidade não se confunde com o que a psicologia chama de sensação, pois não se reduz à transposição psíquica de uma excitação física. É como afecção, e não como sensação, que a sensibilidade é geradora de emoção. Em *Matéria e memória* (1996) Bergson afirma que a afecção é aquilo que o corpo recebe de causas exteriores, mas que não é devolvido na forma de ação motora efetiva. Ela é o elemento "residual" ou a "impureza da percepção" (*ibidem*, p. 43) e mede o poder que o corpo tem de absorver as causas exteriores sem transformá-las em representações ou ações interessadas. Para Deleuze, a afecção ocupa o intervalo entre duas especializações ou faces limites do corpo, a perceptiva e a motora. "Ela surge no centro da indeterminação, isto é, entre uma percepção perturbadora e uma ação hesitante" (1983, p. 87). A afecção responde pela "parcela de movimentos exteriores que 'absorvemos', que refratamos, mas não se transformam nem em objetos de percepções nem em atos do sujeito; eles vão, antes, marcar a coincidência do sujeito com o objeto numa qualidade pura" (*idem, ibidem*). É na qualidade de contato imediato com algo do exterior, contato não representacional, imediato e criador, que Bergson fala de emoção em 1932.

Define a emoção como um "abalo afetivo da alma" e destaca a importância das emoções intensas, que não se dispersam. O critério que determina a importância de uma emoção é a potência de criação que ela porta. Assim sendo, do ponto de vista da criação, não é qualquer emoção que importa, mas apenas aquelas que persistem em nós, que nos colocam um problema e que exigem solução. Bergson apresenta a questão da emoção criadora pela distinção entre duas espécies de emoção: uma consecutiva a uma representação, e outra que a precede. A primeira resulta de um estado intelectual, não sendo dela senão um vago reflexo. A segunda causa representações. Causa virtual, condiciona sem determinar. Só a segunda é emoção criadora, podendo desestabilizar o campo intelectual da recognição e produzir efeitos de invenção.

Segundo Gouhier, como faz com outras noções, Bergson esvazia a de emoção do sentido que lhe dão a ciência e a linguagem corrente. Recuperando a palavra, subverte seu sentido, utilizando-a para designar uma experiência na qual a relação entre a afetividade e "os estados intelectuais" é invertida: "há uma agitação do espírito de onde sairão as representações" (GOUHIER, 1989, p. 60). O que podemos concluir é que a representação causada pela emoção criadora é, nos termos do texto de 1902, o esquema dinâmico, representação problemática e exigente de solução. Nota-se, entretanto, uma mudança de acento quanto à relação entre a invenção e a questão de sua eficácia na geração de produtos. No texto de 1932, a criação é pensada em seu distanciamento da ação e a emoção é destacada no que possui de suspensão da ação útil, em seu impulso contemplativo. A emoção força a pensar, obriga a sair de si, dos compromissos da vida prática, e a vagar nela. O exemplo da emoção musical merece ser evocado:

> Que a música exprima a alegria, a tristeza, a piedade, a simpatia, nós somos a cada instante isso que ela exprime. Não somente nós, mas muitos outros, mas todos os outros também. Quando a música chora, é a humanidade, é a natureza inteira que chora, com ela. Para dizer verdadeiramente, ela não introduz sentimentos em nós; ela antes nos introduz neles, como dançarinos introduzidos numa dança. (BERGSON, 1932, p. 36)

Essa passagem fala de um tipo de emoção que exerce sobre nós uma atração, que nos captura, que nos faz penetrar nela e seguir com ela. O sujeito é levado a abandonar sua atenção à vida prática e a experimentar a duração, a sair de si e a entrar em outros devires.[13] É nesse sentido que Deleuze (1966a, p. 118) esclarece que o conceito de emoção tem, na filosofia de Bergson, o importante papel de explicar como ocorre a "gênese da intuição na inteligência", indicando que a emoção "libera o homem do nível que lhe é próprio" (*ibidem*, p. 117). Trata-se, na realidade, de uma liberdade em relação à inteligência, que é "a forma humana de pensar" (BERGSON, 1934, p. 144). A emoção é, então, aquilo que responde pelo movimento divergente do pensamento, sendo criadora enquanto o força a seguir outros ritmos, outros graus da diferença que a natureza comporta (DELEUZE, 1966a; BERGSON, 1932). Nesse momento, fica claro que, no contexto da filosofia de Bergson, a cognição tem condições ontológicas, e não psicológicas, biológicas ou lógicas. É recorrendo a uma ontologia do tempo que Bergson faz com que a invenção se defina como o movimento pelo qual a cognição penetra no tempo, na memória cósmica (DELEUZE, 1966a), e não como o movimento através do qual o tempo penetra na cognição. É assim que, sendo o tempo a condição da cognição, ele é, sobretudo condição de sua invenção.

O conceito de emoção criadora toca na verdadeira zona de divergência do pensamento, ponto que havia sido deixado de fora no texto anterior. Trinta anos mais tarde, Bergson não evita falar do que há de não intelectual na invenção, e encontra na emoção aquilo que coloca a cognição em contato com uma força que lhe afeta, mas que está para além da representação, pois é por meio da afecção ou da emoção que Bergson fala do

---

[13] G. Poulet (1963) mostra que o desprendimento da atenção à vida prática, que caracteriza a invenção, tem como contrapartida a atenção à duração. Nesse caso, a filosofia de Bergson em nada se assemelha a uma filosofia da passividade ou do relaxamento.

contato com o que, vindo do objeto, não é objetivável nem capturável pelos esquemas da recognição, com o que chamamos – com Deleuze – o diferencial do objeto.

Bergson não contradiz as afirmações feitas trinta anos antes e não desconsidera a participação da inteligência na criação. Pode-se mesmo falar de uma complementação entre os dois textos, no sentido em que o de 1902 fala do trabalho intelectual envolvido na atualização da invenção num invento concreto, ao passo que o segundo aborda o avesso do texto anterior, falando da gênese da produção inventiva e advertindo para o fato de que a gênese da intuição na inteligência faz-se por uma suspensão dos compromissos da vida prática.[14] Sintetizando as idéias de ambos, pode-se concluir que não se inventa com a pura emoção, pois a emoção abala, mas não é realizadora. Por outro lado, a inteligência nada pode sem a potência que a emoção criadora traz consigo. No primeiro, a invenção é um trabalho, no segundo é uma intuição.

Depois de haver introduzido uma diferença interna no trabalho da inteligência em 1902, Bergson explicita em 1934 como a cognição pode abrir-se para além da inteligência. É certo que, ao longo de toda sua obra, Bergson distinguiu a intuição, em sua capacidade de apreender a duração, da inteligência, em sua afinidade com a matéria. Mas, para mim, há um ganho considerável quando a emoção surge como um conceito capaz de explicitar como se dá a gênese da intuição na inteligência. Ela mostra como o diferencial do objeto, o que só pode ser sentido, penetra no domínio cognitivo, impondo aí um devir em relação aos quadros da

---

[14] Bergson até mesmo complementa a participação da inteligência com o estabelecimento de uma diferença entre a inteligência que "trabalha a frio", sintetizando e analisando, e a inteligência que inventa e trabalha "a quente", movida pela emoção. No segundo caso, a invenção ganha forma com o auxílio da inteligência, mas não tem aí sua fonte. A fonte é a emoção criadora. A inteligência dá conta apenas do esforço e da concentração que a criação exige (BERGSON, 1932, p. 42).

recognição. A meu ver é no conceito de emoção criadora que Bergson encontra a idéia mais fértil para a reversão do pressuposto da filosofia moderna de que conhecer é representar.

Cumpre resumir as conclusões dos estudos bergsonianos sobre a invenção. Em primeiro lugar há a indicação de que a invenção se dá pelas bordas da cognição, pelo que há nela de não "estritamente cognitivo". Em Bergson, é o conceito de afecção que dá conta daquilo que, sem ser reconhecido, atinge a cognição de fora, sendo absorvido e restando em seu interior, gerando efeitos de invenção. Logo, se queremos dar conta da invenção de problemas, é preciso dirigir a investigação para as bordas da cognição ou, nos termos de Deleuze e Latour, trata-se de pegar a cognição pelo meio, pelo que ela possui de rizomático, e não de estrutural. Só nessa região podemos encontrar a força que produz a problematização, ou seja, a gênese da intuição. Em segundo lugar, Bergson indica, para que a invenção produza resultados concretos, inventos, deve haver um trabalho da inteligência. Os estudos psicológicos haviam restringido a este nível o tratamento do problema. Mas a novidade de Bergson é apontar que o trato com a matéria, quando movido e impulsionado por uma idéia não intelectual, mais especialmente por uma afecção, se dá na forma de uma experimentação, cujos resultados não podem ser previstos. Certamente a psicologia investigou o que há de intelectual na invenção em virtude da preocupação com seus resultados. Mas Bergson foi mais longe, delimitando seu papel na eficácia da invenção, como invenção de soluções, mas distinguindo eficácia de previsibilidade. Registrando um movimento de vaivém entre a idéia que faz problema e as imagens que dão resolução concreta, minou a possibilidade de encerrar a invenção de soluções nos quadros do determinismo psicológico.

A relevância do conceito de emoção criadora provém do caminho que ela aponta para a transposição dos limites da inteligência, que é a forma dominante ou hegemônica na cognição humana. Quando afirma que "criação significa, antes de tudo, emoção" (BERGSON, 1932, p. 42), ele indica por onde começa a invenção e apresenta-se como um crítico do cognitivismo. Sua crítica não seria no sentido de recusar a contribuição psicológica, mas de apontar seus limites. Em primeiro lugar, o limite ao tratamento da invenção de soluções, àquilo que a invenção possui de intelectual. Mas há ainda um outro limite, no próprio âmbito da solução de problemas, pois vemos que, no texto sobre o esforço intelectual, no qual aborda a invenção da perspectiva da inteligência, Bergson já precisou de um conceito mais amplo de representação, de forma a incluir o esquema dinâmico, que condiciona, sem determinar, o curso e os resultados da invenção. O que Bergson deixa entrever, desde 1902, é que as soluções, para portarem o selo de verdadeiras novidades, devem provir de algo que, sendo da ordem da cognição, não é da ordem do reconhecimento. Os estudos psicológicos tradicionais, numa linha cognitivista, ganham, nesse caso, um alcance ainda mais restrito: caracterizam-se como invenção de soluções previsíveis, que dependem da representação prévia do problema.

Conforme já foi dito, as idéias de Bergson acerca da cognição baseiam-se na concepção de uma ontologia complexa, que a fazem definida pelas tendências repetitiva e inventiva, que são suas condições de direito. Elas traçam um plano sem limites, marcado pela tensão e pela diferença interna. A coexistência das tendências é que explica que, no plano dos fatos, a invenção possua limites, mas opere, ao mesmo tempo, sua transposição permanente. Os estudos da cognição desenvolvidos pelo gestaltismo e por Piaget exploraram apenas a tendência repetitiva da cognição, o que, no caso do estudo da invenção, temos que reconhecer, deu lugar a bizarras formulações: invenções necessárias, construções que levam sempre ao mesmo lugar, variações invariantes e outras mais. A primazia concedida pelo gestaltismo às noções de forma e equilíbrio e, por Piaget, àquelas de estrutura e equilibração, encerra as condições da cognição no interior de uma suposta invariância, cujos limites são dados desde sempre, não podendo ser transpostos pelo exercício cognitivo, qualquer que seja ele. Ao contrário, quando pensamos que o cognitivo está imerso no que antes era tomado com extracognitivo ou não-cognitivo, que existe uma franja da cognição que deve ser considerada, que a definição e redefinição de suas fronteiras fazem parte de seu funcionamento, os limites deixam de ser intransponíveis e a posição cognitivista torna-se insustentável. Não podemos concordar que tudo que há para ser estudado na cognição sejam seus invariantes, que toda complexidade seja apenas aparente, e desapareça quando a investigação científica adequada tiver lugar.

Mas, conforme procuramos destacar, as teorias cognitivistas em questão deixaram resíduos, elementos não teorizados, que continuam fazendo pensar autores que, dentro e fora do domínio científico, procuram dar conta do problema da invenção. Deleuze (1968) localiza tal resíduo no tempo, que surge enviesado no tratamento gestaltista sobre a aprendizagem, mas é imediatamente recuperado, pois a teorização gestaltista, marcada pelo objetivismo, acabou por entender a aprendizagem como um problema de percepção, ação e inteligência, perdendo a ocasião de introduzir o tempo nas condições da cognição. É justamente isso que Deleuze propõe. Esse projeto é, segundo ele, desenvolvido por Simondon, para quem a categoria de problemático assume dimensão ontológica. Em sua crítica do gestaltismo, Simondon propõe a reversão do pressuposto de que é a forma que define as condições da cognição e instala o problemático no plano mesmo das condições, fazendo da forma individuada uma solução, sempre incompleta, parcial e relativa de tais condições problemáticas. Pode-se estender as críticas de Simondon à teoria piagetiana, na qual, como reconhece o próprio Piaget (1972), subsistem as noções de estrutura e equilíbrio. Os comentários de Prigogine sobre Piaget apontam também a necessidade de conceber uma atividade interna à cognição e geradora de instabilidade, o que significa entendê-la como um sistema complexo, bifurcante, irredutível às estruturas pensadas pela ciência moderna.

Considerando as colocações de Deleuze, Simondon, Prigogine e Bergson, a idéia de uma cognição para além do reconhecimento ganha consistência. Cognição complexa, metaestável, portadora de regimes heterogêneos e capazes de responder, em sua coexistência, por dois momentos irredutíveis: o da invenção do problema e aquele da invenção da solução de um problema. Solução parcial e relativa, cujo determinismo só pode ser entendido *a posteriori*.

Uma última palavra sobre a relação da psicologia com o senso comum, que abriu a discussão desse capítulo. Dissemos que a psicologia científica tinha no senso comum seu objeto, mas que esse interesse pelo senso comum não se fazia sem uma desqualificação deste tipo de saber. Pretendendo ser um conhecimento científico, a psicologia recusa ao senso comum o caráter de conhecimento verdadeiro, lançando-o para o terreno de ilusões e pré-conceitos. Daí a necessidade de encontrar métodos científicos e objetivos para sua investigação. Nossa crítica ao senso comum é, no entanto, diferente da promovida pela ciência, porque ao senso comum não opomos a verdade, mas a invenção, pois, de acordo com o quadro de referências que buscamos em Bergson, ciência e senso comum encontram-se aproximadas na tendência repetitiva. Na realidade, nossa crítica é dirigida às teorias cognitivas que tomaram o senso comum como objeto exclusivo de sua investigação, procedendo a um recobrimento, que creio indevido, entre experiência do observador comum e senso comum. Cumpre notar que tal recobrimento, que implica em desconsiderar a possibilidade da investigação da cognição de transpor os limites das experiências de recognição, reflete uma tomada de posição no campo mesmo da atividade científica que não parece impróprio denominar apego ao senso comum, posto que se trata de uma posição desprovida de um trabalho de problematização (KUHN, 1962). Isso porque a psicologia cognitiva acatou os pressupostos da ciência moderna e limitou-se a pôr em prática, em seu domínio específico, certo modo de pensar e procedimentos já referendados em outros domínios. Não trabalhou no sentido da criação de outras formas de conceber seu objeto nem de novos procedimentos capazes de apreender sua possível complexidade. Por esse motivo, não foi capaz de colocar o problema da invenção. Não promovendo qualquer ruptura em relação aos pressupostos filosóficos e epistemológicos da ciência moderna, não foi capaz de dar conta, em seus quadros de referência teóricos, das experiências de instabilização cognitiva às quais me referi, que são sinais da tendência inventiva que existe para além da tendência repetitiva. Mais interessante, e é isso que pretendo, seria fazer com que a experiência cognitiva do observador comum – já que não é privilégio de observadores especiais, eruditos ou intelectualizados – não fosse reduzida à experiência de recognição, ou seja, do senso comum. Pois a invenção faz parte das realizações cotidianas, desde que o sujeito decida não fazer de sua existência uma banalidade.

A cognição autopoiética

Escolho o trabalho de Humberto Maturana e Francisco Varela como referência para tratar da reinvenção dos estudos da cognição na atualidade, em virtude do lugar que o problema da invenção ocupa em sua obra. A invenção não é apenas um tema a mais ou um processo dentre outros, mas o problema que move a investigação, seu ponto de partida e sua originalidade. Tal maneira de colocar o problema será decisiva para uma concepção da cognição como processo de invenção de si e do mundo, que contrasta com a concepção cognitivista, na qual o problema da cognição é formulado em termos de leis ou princípios invariantes. Conforme veremos, ao pensar a cognição como invenção do sujeito cognoscente e do mundo conhecido, Maturana e Varela fazem da regularidade das formas cognitivas, algo que merece ser explicado, sendo seu suporte explicativo uma inventividade considerada intrínseca à cognição. Eles reorientam assim, o sentido da investigação, que se configura como uma crítica ao pressuposto filosófico de que conhecer é o mesmo que representar.[1]

Como biólogos, a referência da cognição a um sistema vivo assumirá papel de destaque para a afirmação do sistema

---

[1] Essa tomada de posição explica o lugar de "rebeldes" que Maturana e Varela ocupam na classificação dos teóricos das ciências da cognição que é proposta por D. Andler (1986).

cognitivo como inventivo. Nessa medida, cabe esclarecer de que parâmetros se munem estes autores para pensar o vivo, pois a referência biológica, por si só, não assegura a caracterização do sistema cognitivo dessa maneira. Conforme aparece na obra de Piaget, a biologia não só foi insuficiente para um tratamento adequado da invenção, como foi identificada exatamente como um dos fatores que impediu sua investigação. Por isso, é preciso sublinhar que, para Maturana e Varela, o vivo não se define enquanto sistema auto-regulador[2] nem por uma tendência ao equilíbrio, mas como um "sistema autopoiético", o que significa defini-lo como um sistema que tem como atributo essencial produzir a si mesmo. Os seres vivos distinguem-se, dessa forma, dos sistemas alopoiéticos, que produzem algo diferente de si mesmos, como é o caso dos sistemas físicos (MATURANA; VARELA, 1972). A novidade da noção de autopoiese em relação à tradição biológica dará também a chave para o entendimento de sua crítica em relação ao cognitivismo, pois, conforme veremos, o sistema vivo é também, para esses autores, por definição, um sistema cognitivo.

A noção de autopoiese é formulada frente à exigência que Maturana e Varela se impõem de recolocar o problema primordial da investigação biológica, ou seja, o que define os seres vivos como tais. Recolocar o problema significa suspender, ou melhor, questionar a solução dominante na época, que consistia em definir os seres vivos como sistemas de tratamento de informação. A novidade de Varela e Maturana é propor o entendimento dos seres vivos como seres que estão em constante processo de produção de si, em incessante engendramento de sua própria estrutura. A concepção do organismo como um sistema de entradas e saídas deixa de fora o aspecto de autocriação permanente que é, para os autores, aquilo que torna o objeto da biologia distinto do das demais disciplinas.

---

[2] A questão da auto-regulação terá um lugar nessa teoria, mas subordinada à noção de autopoiese.

É certo que a biologia sempre admitiu o caráter histórico de transformação dos organismos. Pode-se constatar que a biologia, que surge no século XIX, é distinta da taxonomia clássica, que entendia os seres vivos como participantes das leis gerais do ser. Foi a noção de vida, bem como a delimitação das grandes funções vitais, que marcou a emergência da ciência biológica. Segundo Foucault (1966, p. 297), "a vida se torna uma força fundamental que se opõe ao ser como o movimento à imobilidade, o tempo ao espaço, o querer secreto à manifestação visível". Embora na época não existisse ainda uma história dos seres vivos como a teoria da evolução viria a apresentar, o organismo já é entendido por Cuvier a partir das condições de vida, que são, ao mesmo tempo, as condições que lhe permitem ter uma história. Para Foucault, a teoria da evolução apenas desenvolverá essa relação indissociável entre o ser vivo e a história que já se encontra presente nas formulações de Cuvier.

Diferentemente da física, que teve de esperar dois séculos para que a questão do tempo fosse incorporada através dos estudos da termodinâmica, a biologia sempre trabalhou com a dimensão temporal de seu objeto. No entanto, o que torna inovadora a obra de Maturana e Varela é o fato dela conceber um processo de transformação do vivo muito mais radical que o tematizado pela biologia, inclusive por Darwin. A teoria da evolução surgiu como uma crítica à perspectiva criacionista, representada pela teologia e ainda em vigor no século XIX, que explicava o surgimento das espécies independentemente umas das outras, pois cada uma delas possuía sua gênese referida a uma vontade divina que desempenhava, em relação a elas, o papel de centro criador. Contra tal criacionismo, a teoria da evolução apresenta-se como um transformismo, buscando explicar o mecanismo do engendramento das espécies umas pelas outras (THUILLIER, 1979). Ocorre que, para evitar a idéia religiosa da criação por uma instância divina, o discurso transformista concentrou-se maciçamente na questão de certos mecanismos evolutivos, entendidos como relação entre dois termos – o organismo e o meio –, o que acabou por obscurecer a questão do tempo e da criação que estão concernidos na evolução. Além disso, na versão mais científica e atual da teoria sintética da evolução, que é apoiada na genética mendeliana e das populações, na biologia molecular, na anatomia comparada e na paleontologia, a dimensão de transformação reduz-se à questão da base genética e da constituição físico-química dos genes. A noção de programa genético, por exemplo, tal como formulada por F. Jacob (1970), embora revele um avesso de transformações fortuitas, acentua a dimensão de reprodução que há na evolução. Seguindo essa perspectiva, a biologia molecular vai entender o mecanismo evolutivo como uma combinatória entre os elementos que compõem o programa genético, ou seja, como uma combinatória de possíveis, pré-existentes, posteriormente selecionados pelo meio. Para Maturana e Varela, no entanto, entender a evolução com base na reprodução significa pensar a partir do organismo com seu código genético, e não do movimento criador, o que falseia o verdadeiro problema da biologia. Conforme afirma Varela (1989, p. 61), "a reprodução exige a existência prévia de uma unidade a ser reproduzida e é, então, necessariamente, segunda em relação a essa unidade".

A deriva natural como evolução criadora

Maturana e Varela falam em evolução como deriva natural e, sugiro, como evolução criadora. Num movimento que parece semelhante ao de Bergson, que critica o evolucionismo de Spencer para elevar mais alto a duração que caracteriza a evolução (JANKÉLÉVITCH, 1959), Maturana e Varela criticam Lamarck e Darwin procurando ressaltar o que há de criação na evolução. O primeiro passo é suspender a idéia de organismo e meio como dados primeiros, como pontos de partida da evolução. A fim de reconciliar as idéias de evolução e de criação, dirigem críticas ao modelo instrutivo, bem como ao modelo da seleção natural. O que Varela e Maturana combatem é a idéia de que organismo ou meio possam desempenhar o papel de fundamento da evolução. No caso do lamarckismo, o ponto de partida é o meio que instrui e direciona a transformação do organismo, ao passo que o darwinismo o ponto de partida é o organismo, cujas modificações fortuitas do programa genético são posteriormente julgadas pelo meio.

A saída que Varela e Maturana apontam é pensar organismo e meio com base nos processos que lhes dão forma. Organismo e meio são já resultados, efeitos de uma rede processual, constituindo-se reciprocamente e apresentando-se como fontes mútuas de perturbação. O meio não preexiste como um espaço ou continente onde o organismo vai situar sua existência, mas é constituído pelo organismo como um ambiente de vida, que é uma noção próxima daquela de Unwelt, formulada por Uexküll (MATURANA; MPODOZIS, 1992). Por sua vez, a estrutura do organismo resulta da história de seus acoplamentos com meios específicos. Seres vivos e ambiente definem-se como séries marcadas por dinâmicas distintas, ambos em deriva. Tais devires podem ser ditos aparalelos, coderivas (*ibidem*), pois se cruzam e se afetam mutuamente. São, portanto, relativamente independentes, mas causam efeitos recíprocos.

No caso do organismo, que é o que interessa aos biólogos, sua evolução faz-se a partir do acoplamento estrutural (MATURANA; VARELA, 1972) que, em sua recorrência, explica a formação de regularidades anatômicas, funcionais e comportamentais por meio de sua encarnação na estrutura corporal do organismo. Os acoplamentos estruturais asseguram a sobrevivência do organismo, mas não são gerados por qualquer plano, não são determinados pela pressão de um meio absoluto nem pelo programa genético, possuem uma ampla margem de improvisação e aproveitamento de circunstâncias.

Explico: tudo começa com perturbações. O meio comparece perturbando, e não transmitindo informações. Perturbar significa afetar, colocar problema. Quando o organismo é afetado, não se pode dizer que ele represente o meio, que se trate de recognição. Inicialmente, é atingida apenas uma das dimensões do sistema, e não ele todo. Por exemplo, uma variação ambiental importante como a queda brusca da temperatura terrestre afeta os órgãos sensoriais dos seres vivos e só sobreviverá a espécie que for capaz de envolver, na perturbação local, seu sistema global. A perturbação atua, no caso, como um atrator caótico[3] que, incidindo sobre um determinado ponto e em certas condições atuais do sistema, acaba por capturá-lo em sua totalidade, gerando comportamentos globais como a migração para outras regiões, o desenvolvimento de uma pele espessa ou mudanças nas taxas metabólicas. Como explicam Maturana e Varela (1986, p. 98): "já que todo sistema autopoiético é uma unidade de múltiplas interdependências, quando há uma dimensão nela que é afetada, é como se arrastasse atrás de si todo o organismo a experimentar mudanças correlativas em muitas dimensões ao mesmo tempo". O efeito global da perturbação local conduz a uma compensação que, no caso dos sistemas vivos, pode se fazer no sentido da adaptação, tornando compatíveis organismo e meio.

O efeito do acoplamento estrutural é uma *adaptação* ou compatibilidade com o meio. A adaptação, explicada pelo acoplamento estrutural, não possui direção otimizante nem caminho necessário. O acoplamento é *com* o meio e *ao* meio. Trata-se de composição, agenciamento[4], e não de acomodação. Encontramos em Bergson (1907) uma concepção de adaptação

---

[3] A noção é utilizada na termodinâmica dos sistemas longe do equilíbrio para falar de uma evolução do estado inicial para um estado posterior que não segue uma trajetória previsível. Cf. PRIGOGINE e STENGERS 1988, cap. IV.

[4] Utilizo aqui o termo agenciamento num dos sentidos estabelecidos por Deleuze e Guattari (1980), como uma comunicação entre heterogêneos em devir aparalelo. Retornarei em outros momentos do texto ao conceito de agenciamento, como no tratamento da aprendizagem como invenção de problemas e na análise da dimensão técnica e coletiva da invenção. Só ao final, o conceito de agenciamento portará o sentido integral que lhe conferem Deleuze e Guattari.

próxima da de Varela e Maturana. Para Bergson a adaptação não é uma resposta que o organismo dá ao meio, no sentido de acomodar-se a ele, mas busca ativa de uma solução para um problema. Adaptar-se é tirar partido do meio, viabilizando a continuidade da vida. A adaptação não é motor da evolução, pois não explica as direções do movimento nem o próprio movimento da vida. Responde apenas pelas formas nas quais o movimento da vida se detém ou se desacelera, mas é sem dúvida uma força com a qual a evolução deve contar.

O caráter local da perturbação que põe problema é destacado por Varela (1989, p. 191): "A unidade e o meio são acoplados em *certos* pontos. Existe uma superfície de acoplamento, onde se cruzam as influências mútuas, mas essa superfície de acoplamento não é toda a unidade, ela não constitui senão uma ou algumas das dimensões". No entanto, o problema só será pertinente e só conduzirá à busca de uma solução se a estrutura do sistema lhe conferir algum sentido. Mas como a perturbação local é independente do efeito global, os resultados são imprevisíveis. Pequenas perturbações podem gerar grandes mudanças, sempre na dependência das condições locais de interação do indivíduo com as condições atuais da matriz extra-individual e da dinâmica recíproca e complementar entre local e global (*ibidem*, p. 103). O acoplamento resulta das modificações mútuas que organismo e meio sofrem no curso de suas interações. Cabe lembrar ainda que os acoplamentos são sempre temporários e relativos, sendo constantemente questionados frente a novas situações colocadas pelo meio.

Tudo depende, enfim, da conservação da autopoiese. Pois, para Maturana e Varela (1986, p. 99), a evolução tem como única condição, ou, ainda como única lei a conservação da autopoiese, como único invariante a continuidade da autocriação. A adaptação surge, nesse contexto, como um parâmetro capaz de cumprir o requisito ontogênico de reprodução, capaz de habilitar o organismo a continuar sua linhagem num meio específico.

Não consiste em otimização nem em acomodação às circunstâncias, mas é solução, sempre parcial e relativa para um certo problema. A autopoiese e esta adaptação minimal são, assim, os únicos limites da evolução.

Maturana e Varela (*ibidem*, p. 92) apresentam sua concepção de evolução em uma metáfora: esta se processa como gotas d'água lançadas do cume de um monte, cujas trajetórias resultam da força relativa de fatores intrínsecos às gotas, como seu peso e impulso, bem como dos obstáculos e imperfeições no terreno, da pressão dos ventos etc. Do acoplamento de certos modos individuais de interação com certas irregularidades do mundo material, ou seja, do encontro entre dois devires aparalelos, surgem estabilizações ou diversificações.

O uso desta metáfora evoca uma outra, utilizada por Bergson a propósito da evolução. Cito a passagem:

> O movimento evolutivo seria coisa simples, e logo poderíamos determinar sua direção, se a vida descrevesse uma trajetória única, comparável à parábola de uma granada lançada por um canhão. Mas, no caso, estamos tratando de uma granada que imediatamente explodiu em fragmentos os quais, sendo por sua vez espécies de granadas, explodiriam em fragmentos destinados a explodir de novo, e assim por diante durante muito tempo. (BERGSON, 1907, p. 99)

Embora a suavidade da metáfora evolutiva de Varela e Maturana, que fala de gotas que escorrem do cume de um monte, contraste com a violência da metáfora bergsoniana da granada que explode em mil estilhaços, ambas guardam como ponto comum a descrição da trajetória evolutiva através de caminhos múltiplos e divergentes, conseqüência de encontros da força de um impulso com a força de uma matéria que lhe impõe resistência. Trata-se, nos dois casos, de uma evolução em deriva ou de uma natureza criadora, sujeita a bifurcações frente a obstáculos ou perturbações materiais.

A metáfora bergsoniana tem a função de apontar que a vida é, antes de tudo um impulso vital, um *élan*, uma tendência simples e criadora, que só se atualiza por uma articulação ou uma mistura com uma outra tendência, que é a matéria. Essa maneira de pensar correlaciona-se diretamente com a definição do vivo através de uma capacidade de pôr e solucionar problemas, e não através da categoria negativa de necessidade (DELEUZE, 1966a, p. 107). Problematizar é bifurcar, criar caminhos divergentes, ao passo que solucionar problemas é ser capaz de viabilizar novas formas de existência. Para Bergson, o problema da vida é a ação sobre a matéria inerte, que impõe resistência e faz obstáculo à sua força explosiva, ao *élan vital*. Se "a vida é, antes de tudo, uma tendência a agir sobre a matéria bruta" (BERGSON, 1907, p. 97) e se a matéria é também uma tendência, mas que se apresenta como resistência que impõe limites à expansão do *élan*, é a partir de um "equilíbrio instável das tendências" que a vida se atualiza (*idem, ibidem*). Os seres vivos, como membros de uma espécie, como indivíduos e mesmo os órgãos, serão então diferentes soluções perante o problema geral da vida.[5] Como Maturana e Varela, Bergson recusa-se a pensar a evolução através da relação organismo e meio. O *élan* não é o organismo nem matéria é sinônimo de meio. Com o conceito de tendência Bergson procura evitar a metafísica do dado ou das coisas, em favor de uma filosofia do tempo como devir, como movimento imprevisível em suas atualizações.

Maturana e Varela não falam do tempo ou de tendências, tampouco trabalham com o conceito metafísico de *élan vital*, mas a idéia de evolução como deriva natural corresponde, no contexto de sua biologia, à sustentação de uma processualidade de base, anterior à consideração de organismo e meio como realidades distintas. Organismo e meio são, antes, movimentos que coisas, antes processos que entidades previamente individuadas, e é

---

[5] Bergson (1907) considera também instinto e inteligência como soluções divergentes, igualmente elegantes, para o mesmo problema da vida.

sobre a base dessa processualidade bifurcante e criadora que o movimento evolutivo tem sua continuidade assegurada. O que me parece importante é que, com a suspensão da idéia de que organismo e meio seriam termos prévios à sua relação, e dada sua consecutiva inserção num devir, Maturana e Varela restauram o criacionismo, inimigo mortal que o evolucionismo pretendia ter para sempre eliminado da biologia. Por intermédio desses autores, o criacionismo ressurge, mas trata-se agora de um criacionismo ateu, sem instância criadora: autocriação, autoposição, autopoiese.

A noção de deriva natural nos remete, enfim, ao conceito de *rizoma*, formulado por Deleuze e Guattari (1980) para sustentar uma ontologia criacionista. O conceito de rizoma procura traduzir as condições da criação tornando dispensável o conceito de *élan*. O tempo aparece tematizado como rede de processos ou de linhas que se bifurcam e se encontram, gerando formas de permanecem adjacentes e, ao mesmo tempo, imersas na rede de onde surgiram. Quando Deleuze e Guattari insistem em sua natureza geográfica, em oposição a uma natureza histórica, devemos entender a geografia como cartografia de um espaço temporalizado, de um espaço inventivo,[6] em devir, ao passo que a história lhes aparece como tempo espacializado, que apenas liga um ponto a outro. Ao falar de um espaço inventivo, do qual emergem formas também portadoras de uma inventividade virtual, o conceito de rizoma ressoa na ciência biológica, que não estuda o tempo puro, mas o organismo como configuração espaço-temporal, que desenha seu contorno e se distingue do meio, mantendo-se, entretanto, como uma forma que não se fecha, que não perde sua inserção na matriz da qual surgiu, retomando permanentemente seu processo de diferenciação e de devir, sempre pelo *meio*.

---

[6] Para falar do espaço inventivo, Deleuze e Guattari (1980, cap.14) estabelecem a distinção entre espaço liso e espaço estriado.

O conceito de rizoma surge no contexto da ciência biológica de Maturana e Varela por intermédio da noção de rede autopoiética. Quando lemos Bergson, Deleuze e Guattari,[7] a noção científica de rede não se apresenta como nova, mas a originalidade do trabalho de Maturana e Varela é construir, sobre essa base, todo um projeto de pesquisa científica nos campos da imunologia e neurofisiologia.[8] Esse domínio recebe, então, uma investigação que extrapola a referência filosófica. Não é nosso propósito julgar os méritos epistemológicos de tal empresa, mas avaliar a importância de seus efeitos para a redefinição e ampliação do conceito de cognição.

A rede autopoiética:
organização e estrutura do ser vivo

Maturana e Varela distinguem organização autopoiética e estrutura autopoiética. A *organização autopoiética* é aquilo que é suposto existir de direito, como uma espécie de condição primeira de todo organismo concreto. A organização define todo e qualquer ser vivo e tem a forma de uma rede de relações. Varela (1989, p. 40) insiste que "um sistema vivo é definido por sua organização e, logo, pode-se explicá-lo como se explica qualquer organização, quer dizer, em termos de relações e não a partir das propriedades de seus componentes". Sustenta-se, assim, o primado da organização em relação a sua encarnação em sistemas materiais específicos. É a condição primeira da autocriação sem instância criadora, sem finalidade que lhe dirija a trajetória e sem destino previsível.

Como rede, a organização possui uma geometria variável e flexível, sem extensão ou forma fixa, encontrando-se em

---

[7] O conceito de rede é trabalhado também por Michel Serres. Cf. A comunicação.

[8] Cf. F. VARELA e COHEN 1992. A propósito do sistema imunológico, Varela descreve-o exatamente por sua potência de se bifurcar indefinidamente, embora constitua um sistema fechado (VARELA, 1989, p. 128-129).

constante engendramento de si mesma. Não possui centro organizador, mas é essencialmente acentrada. Todos os pontos ou nós que a compõem podem funcionar como centros temporários e sujeitos a deslocamentos. A rede faz-se e refaz-se pelas conexões que cada nó estabelece com sua vizinhança. Sua estrutura é multidimensional, no sentido de que existem diversas séries heterogêneas encaixadas. Dito de outra forma, existem redes dentro da rede, ou, ainda, cada nó pode abrir e constituir ele próprio uma rede. Enfim, a rede define-se durante seu funcionamento, configurando posições que não são localizáveis nem previamente dadas. Por sua vez, o funcionamento não é linear e as conexões propagam-se por vizinhança em diversas direções, de maneira divergente ou bifurcante, atravessando diferentes dimensões por caminhos imprevisíveis. Todas essas características – engendramento constante, acentramento, conexões irredutíveis a posições prévias, multidimensionalidade – distinguem a rede de uma estrutura formal, previamente dada, abstrata e separada do devir. Como a noção de organização autopoiética não visa dar conta de uma autoprodução qualquer, mas da autoprodução do vivo, toda transformação do sistema autopoiético só tem sentido quando este guarda sua integridade como sistema vivo. Trata-se, de todo modo, de uma "organização minimal" (VARELA, 1987).

A *estrutura autopoiética* corresponde a um outro nível de descrição do vivo e diz respeito à encarnação da organização numa matéria, que lhe dá forma concreta e atualizada num corpo biológico determinado. Varia, portanto, de espécie a espécie, entre indivíduos de uma mesma espécie e num mesmo indivíduo, ao longo de sua ontogênese. É a estrutura, na forma de um organismo concreto, que entra em relação com o meio e é também nesse nível que tornam-se visíveis os fenômenos de autorregulação e homeostase, que respondem pela desaceleração das perturbações sofridas pelo organismo e que impedem que ele fique inteiramente à deriva. Para Varela (1989, p. 12), "uma estrutura dada determina o que constitui um sistema, e a maneira como ele pode se manter em presença de perturbações incessantes que lhe vêm de seu ambiente". É no nível do organismo, como máquina concreta, que a deriva do sistema autopoiético é testada em relação à sobrevivência. Pois não podemos esquecer que, para que se possa falar em vivo, devem ser atendidos dois requisitos fundamentais: ele deve estar em constante processo de produção de si, transformando-se permanentemente, mas o movimento criador não pode destruir a unidade, ou seja, uma adaptação minimal é também condição de sua continuidade como ser autoprodutivo. Cabe lembrar que o permanente jogo entre a estrutura e as perturbações evidencia um entendimento no qual o ser vivo, embora individuado, resta "problemático", conforme Deleuze (1966b) comenta a propósito de Simondon.

A invenção dos limites:
a noção de clausura operacional

A clausura operacional é o modo de funcionamento do vivo. Trata-se do mecanismo que responde pela invenção dos limites do vivo, por sua individuação. Esses limites são demarcados com base numa rede de processos químicos, de uma sopa molecular (MATURANA; VARELA, 1986, p. 28; VARELA, 1989, p. 21). A individuação primordial ocorre no nível da *célula*. Seu funcionamento autônomo ocorre quando alguns dentre os elementos da rede química conformam uma membrana que distingue a célula como unidade do ambiente químico de onde emergiu. A membrana é um limite capaz de manter a unidade em condições de estabilidade relativa, mas trata-se de um limite sempre passível de redefinição e ultrapassamento, já que a própria membrana é plástica e ligada ao meio por relações de osmose, o que assegura o devir permanente da unidade. Cada indivíduo da rede autopoiética constitui um ponto de desaceleração da pura processualidade, à medida que se constitui como um sistema dotado de um meio interno que atende a condições de auto-regulação e homeostase, mas é, ao mesmo tempo, um ponto onde a processualidade tem sua continuidade assegurada, já que o sistema continua imerso na rede de processos.

As células, por sua vez, articulam-se umas às outras também na forma de rede. O corpo dos metacelulares é, assim, uma individualidade autopoiética de segunda ordem (MATURANA; VARELA, 1986). Existe encaixe ou entrelaçamento entre as dimensões, o que dá à rede um caráter multidimensional. O vivo define-se por estes níveis ou dimensões – celular, metacelular e também social – que se entrelaçam assegurando a continuidade da autopoiese. É um sistema de múltiplas dimensões, ou um sistema de sistemas, no qual coexistem e interagem os níveis da célula, dos tecidos, dos órgãos, do organismo. Cada indivíduo é capaz de afetar e ser afetado por qualquer ponto da rede, ou seja, de gerar e de sofrer perturbações.

Um sistema dotado de clausura operacional é aquele cujos processos responsáveis por sua própria realização (autopoiese) ocorrem no interior de uma unidade definida no espaço. A clausura operacional refere-se à formação de uma rede distinta e independente pela concatenação circular dos processos. (VARELA, 1989, p. 86). Varela e Maturana denominam-no reiteradamente "sistema fechado", com o intuito de distingui-lo de um sistema de entradas e saídas. Mas é preciso ter cuidado, pois a idéia de fechamento parece, à primeira vista, contraditória com a própria idéia de rede, que é um sistema aberto, posto que temporal e inventivo. Por outro lado, é uma noção essencial para a explicação da estabilidade de um sistema vivo que é desprovido de qualquer princípio de invariância. A complexidade da noção é descrita por Varela:

> Numa unidade munida de uma clausura operacional, um comportamento *coerente* e bem *distinto* apresenta, de fato, uma natureza particular: de um lado, aparece como uma

> operação da unidade; de outro, quando se tenta examinar a origem de uma tal operação, não se encontra nada além de uma repetição infinita dessa operação; ela não começa em nenhuma parte e não acaba em nenhuma parte. A coerência não é localizada, mas distribuída através de um círculo sempre recomeçado, infinito em sua circulação, mas finito desde que se olhem seus efeitos ou resultados como uma propriedade da unidade. (*Ibidem*, p. 25)

A noção de clausura operacional guarda complexidade, pois, se num primeiro aspecto, ela dá conta da operação de uma unidade estabilizada, coerente e distinta espacialmente do que constituirá, a partir de então, o seu meio, num segundo aspecto, como unidade viva, conserva uma natureza autopoiética, permanecendo imersa na rede processual da qual emergiu. É nesse caso, uma estrutura definida espacialmente, mas que se conserva no devir. O único invariante fica sendo a própria organização autopoiética, uma rede processual. A invenção dos limites não impede que haja invenção no interior dos limites.

Esse processo sem começo nem fim determináveis indica uma abertura que é explicitada por Varela quando adverte: "clausura não é fechamento" (*ibidem*, p. 217). O termo clausura refere-se ao fato de que o resultado de uma operação situa-se dentro das fronteiras do sistema e não que o sistema não tenha relações com o fora. Os sistemas são auto-referentes, autoproduzidos, mas não são sistemas isolados. Ao contrário, a abertura é sua marca maior, aparecendo já no momento da produção da unidade. Além disso, tal modo de constituição não é jamais ultrapassado, pois a unidade mantém-se em constante processo de redefinição de suas fronteiras, e o dentro está em contínua relação de osmose com o fora. Numa linguagem bergsoniana, diríamos: clausura operacional significa fechamento no espaço e abertura no tempo.

A clausura não é uma lei, como no gestaltismo, ela não acusa a presença de qualquer teleonomia. Não é princípio de equilíbrio, mas condição da invenção de regras de funcionamento do vivo. Segundo Varela, a clausura operacional é a condição de sua *autonomia*. A formulação é: todo sistema autônomo é operacionalmente fechado (VARELA, 1989, p. 89). Os sistemas vivos são ditos autônomos, pois criam, por sua operação, suas próprias regras de funcionamento, diferentemente dos sistemas heterônomos, que são controlados por regras extrínsecas. Isso significa que o funcionamento do vivo apresenta regularidades necessárias à sua manutenção, mas estas são inventadas e transitórias, não há invariância. Observe-se que há aí uma nuance na colocação do problema: trata-se da invenção de regras e não de regras da invenção; invenção de regras e não invenção por regras.

Em última instância, a noção de autonomia liga-se à de autopoiese. A novidade é a formulação do problema da invenção como invenção das regras do funcionamento do vivo. Com noção de autonomia, Varela começa a trabalhar o outro lado da complexidade, ou seja, após tratar o problema da invenção do sistema vivo, busca chegar ao entendimento de como o mundo conhecido pode ser dito inventado, e não representado. Esse segundo problema receberá mais tarde nova formulação, através da noção de enação também proposta por Varela (1988).

Faço, ainda, outra pontuação acerca da clausura operacional do sistema vivo, com vistas a esclarecer como ela está envolvida na invenção. A formação de um meio interno ao organismo é correlata da formação de um meio externo. Há demarcação, com definição recíproca, do interior e do exterior. Mas a membrana ou borda torna indivíduo e meio ao mesmo tempo distintos e inseparáveis. Os limites não isolam o sistema, que continua permeável à sua vizinhança molecular, com limites sempre instáveis e passíveis de redefinição. Por isso, o conceito de *fora*, que Foucault tira de Blanchot, afigura-se como mais adequado aqui do que a noção de exterior. Segundo Deleuze (1986, p. 118), o fora é mais longínquo do que qualquer meio exterior e é, ao mesmo tempo, infinitamente mais próximo. O fora escava um intervalo na interioridade, mas não é, ele próprio um lugar ou mesmo uma forma histórica, existindo apenas como força em estado de agitação, transformação e mutação. Assim, pode-se afirmar que o que é capaz de afetar e *perturbar* o sistema, de lhe *pôr problemas* constitui o seu fora. Na obra de Varela e Maturana, o "fora da clausura"[9] comparece tanto como algo que atinge o sistema do exterior, como uma atividade interna ao próprio sistema. Não é apenas o ambiente físico ou social, mas também pontos da rede, encontro de células ou de níveis de funcionamento do sistema.

A impropriedade da sobreposição entre o exterior (espacial) e o fora (temporal) aparece desenvolvida nas formulações em que os autores advertem quanto à distinção entre o que existe como funcionamento do sistema e o que pode ser dito do ponto de vista do observador. Cito uma passagem a esse respeito: "o ser vivo não pode distinguir em seu operar a origem interna ou externa de suas mudanças". Interno e externo "é uma distinção que o observador faz e que não participa no operar de tal classe de sistemas" (MATURANA; MPODOZIS, 1992, p. 11). O que se deve concluir, então, é que as categorias espaciais de interno e externo são estranhas à topologia da rede. Elas são utilizadas apenas quando nos colocamos espacialmente distantes do que estamos descrevendo, como ocorre na observação científica. Nesse ponto, identificamos seguramente uma atitude de prudência em relação aos limites da representação científica de um objeto, cara à ciência moderna. Varela e Maturana cuidam em distinguir uma perspectiva observacional, e portanto espacializante, daquilo que seria o próprio funcionamento do sistema, funcionamento em rede, temporal. A recusa a subsumir o entendimento

---

[9] A expressão é de P. P. Pélbart (1989) e dá título a seu livro, no qual o problema da loucura é tratado com base em referenciais filosóficos que estão muito próximos dos que utilizo aqui para pensar a cognição.

do processo inventivo naquilo que pode ser observado do exterior e a obstinação em pesquisar cientificamente um terreno no qual o emprego das categorias da representação, como as de interno e externo, falseiam o problema da invenção, destaca a obra desses biólogos na atualidade.

Atualidade que retoma algumas das idéias de Bergson que foram inovadoras em seu tempo e o são ainda hoje, como é o caso do entendimento do vivo por meio da categoria de problema, que comparece plenamente na biologia da autopoiese. Se pensarmos em Bergson (1907) que a vida é o que imprime indeterminação à matéria, concluímos que Maturana e Varela trazem à luz da pesquisa científica tal indeterminação, pela consideração de sua organização em rede, que garante a autoprodução através da contínua invenção de problemas. Segundo Varela, Thompson e Rosch (1991, p. 206),

> a tendência mais corrente consiste em continuar tratando a cognição como uma resolução de problemas num domínio pré-dado de tarefas. No entanto, a maior aptidão da cognição viva consiste em poder identificar quais são as questões pertinentes que devem ser colocadas a cada instante, num processo criador submetido a constrangimentos ao mesmo tempo amplos e fortes.

O vivo como sistema cognitivo: o estatuto da conduta

O sistema vivo é, para Maturana e Varela, um sistema cognitivo e, por tudo que foi dito acima, a cognição é entendida como algo que está em constante movimento, em processo de autoprodução permanente. A fórmula proposta é: SER = FAZER = CONHECER. Quando o vivo se define como sistema autopoiético, seu operar confunde-se com o próprio processo de criação de si, ou, como na formulação de Varela (1988, p. 99): "o fazer é ontológico". O produto é o próprio organismo, o que acaba por levar a uma não separação entre o inventor e o invento. Em outras palavras: "O ser e o fazer de uma unidade autopoiética são inseparáveis, e isso constitui seu modo específico de organização" (MATURANA; VARELA, 1986, p. 41).

Maturana e Varela falam de uma atividade, de uma prática ou, ainda, de uma conduta que é cognitiva. Conduta não é sinônimo de atividade motora ou de deslocamento espacial, pois só do ponto de vista do observador ela se dá no espaço, no ambiente. Também não é dependente do sistema nervoso, pois existe conduta vegetal.[10] A conduta é, acima de tudo, diferenciação, mudança de forma, transformação estrutural.

Tomar a conduta como possuidora de dimensão cognitiva também não significa apreendê-la do ponto de vista de sua lógica subjacente, como o faz Piaget. Não se trata da lógica da ação, mas do fluir da conduta (MATURANA; MPODOZIS, 1992, p. 18). Conseqüentemente, a consideração da cognição como ação ou prática não vai conduzir a estruturas invariantes da cognição, mas à questão de sua modificação permanente. Significará também acentuar sua dimensão de invenção de mundo. O conhecimento, como ação efetiva, permitirá ao ser vivo continuar sua existência num meio determinado, na exata medida em que ele constrói este mundo (MATURANA; VARELA, 1986, p. 24).

Aos olhos de um observador externo, a cognição aparece na forma da conduta individual num certo domínio de existência, em contextos específicos. A conduta corresponde a "mudanças de postura ou posição de um ser vivo, que um observador descreve como movimentos ou ações em relação a um ambiente determinado" (*ibidem*, p. 116). Ou, ainda, a "descrição que faz o observador das mudanças de estado de um sistema como um meio de compensar as perturbações que recebe deste" (*ibidem*, p. 139).

---

[10] O exemplo evocado por Maturana e Varela (1986, p.120) é o da sagitária, planta que assume diferentes estruturas dependendo de seu acoplamento dar-se com a terra ou com um meio aquático.

A cognição como ação efetiva é revelada num experimento desenvolvido por R. Held e A. Hein, em 1958 (VARELA, 1992a, p. 23; VARELA; THOMPSON; ROSCH 1991), no qual gatinhos criados no escuro são mais tarde expostos à luz em condições controladas. Aos animais do grupo experimental, é permitido caminhar amarrados num aparelho, o qual transmite movimento aos animais do grupo controle que, sem possuir movimento ativo, deslocam-se passivamente, transportados em cestas. Após algumas semanas, observou-se que os animais do primeiro grupo deslocavam-se normalmente no ambiente, ao passo que os do segundo grupo comportavam-se como se fossem cegos. Os resultados indicaram a importância da ação efetiva no ambiente para a formação de um domínio cognitivo. Num outro experimento, evocado para sustentar a hipótese da cognição como ação, P. Bach e Rita concebem, em 1992 (VARELA, 1992a, p. 24; VARELA; THOMPSON; ROSCH, 1991), uma câmera de vídeo para cegos, que funciona pela estimulação de múltiplos pontos da pele por vibração elétrica. Com essa técnica, espera-se que os padrões estimulados na pele formem imagens que sejam capazes de compensar a perda da visão. Observou-se que tais imagens só eram formadas quando o sujeito experimental era ativo, ou seja, quando ele próprio assumia o controle da estimulação cutânea e da câmera. Só quando a estimulação era acompanhada de movimentos o efeito esperado se cumpria, ou seja, o sujeito era capaz de interpretar as sensações da pele relacionadas com seu corpo como imagens projetadas no espaço. Em ambos os experimentos, a criação de um domínio de interações mostrou-se dependente da conduta efetiva, do exercício prático da cognição, da participação do vivo como um agente imerso em situações. Varela (1989, p. 77) conclui: "O domínio de interações de um sistema autopoiético é seu domínio cognitivo".

O domínio cognitivo não é um domínio de representações, mas um domínio experimental e emergente das interações e dos acoplamentos do organismo. Não há relações objetivas com o ambiente, independentes da posição, da direção e da história, mas estas são especificadas pela estrutura do organismo. No entanto, a estrutura condiciona, mas não determina, as ações, posto que ela própria é permeável a múltiplas perturbações, cujos efeitos são inantecipáveis. A ação "depende em larga medida das contingências da improvisação e é mais flexível do que uma planificação" (VARELA, 1992a, p. 60). Ocorre, portanto, redefinição contínua do que importa fazer.

A rede não funciona por causalidade linear nem é sujeita a um determinismo. Falamos em determinismo quando a mesma causa produz sempre o mesmo efeito. Como lembra Bergson (1889),[11] o ponto de vista determinista exige a hipótese ontológica da pré-formação. O efeito existe, real ou idealmente na causa, ou seja, a título de possível. Nesse caso, o futuro está dado no presente e o tempo não traz nada de novo. Pelo fato de a causalidade ser uma relação necessária, ela é estranha à verdadeira criação, que é criação do novo e imprevisível. Quando dizemos que a estrutura condiciona, mas não determina, queremos afirmar que o efeito emerge dela, mas que não pode ser previsto.

A consideração de uma conduta que é aberta para a imprevisibilidade sela definitivamente o afastamento da perspectiva de Maturana e Varela tanto do behaviorismo quanto da abordagem de Piaget. Essas duas teorias de conduta, em que pesem suas inúmeras diferenças, têm em comum situar seu estudo no âmbito da previsibilidade. Avesso ao tema das estruturas, o behaviorismo concentra-se na aprendizagem, mas o que move seu

---

[11] Nos Ensaios sobre os dados imediatos da consciência (1889), Bergson opõe a causalidade física a uma causalidade psíquica e não determinística. A partir de A evolução criadora (1907), Bergson substituirá essa terminologia causadora de equívocos pela distinção entre causalidade e criação. Sobre esse tema, cf. GOUHIER (1989).

estudo é a questão das leis da aprendizagem.[12] O comportamento aprendido é um comportamento que se repete como hábito ou habilidade e conhecê-lo cientificamente é ser capaz de prevê-lo e controlá-lo. Em Piaget, o tema da aprendizagem dá lugar ao da gênese das estruturas da inteligência, que autoriza previsão da ordem seqüencial de sua construção, tida como invariante. A preocupação com a previsibilidade é indissociável do problema que move, em ambos os casos, a investigação: o das leis e dos princípios invariantes da conduta.

A novidade do estudo da conduta desenvolvido por Maturana e Varela provém da consideração de uma espécie de hesitação ou problematização que precede toda ação, até a mais simples. Quando, caminhando pela rua, dou-me conta que esqueci um livro em casa, ou mesmo quando um inseto precisa decidir, com base em seu restrito repertório, qual o comportamento a executar, ocorre uma hesitação em relação ao que fazer. Varela (1992b) denomina doravante *breakdown* àquilo que denominava, com Maturana, "perturbação", e que chamei, numa linguagem bergsoniana, "problematização". Não há uma tradução exata em português para a palavra *breakdown*, seria uma espécie de quebra ou rachadura na continuidade cognitiva. Quebra de continuidade que, paradoxalmente, assegura o fluir da conduta. É o próprio Varela quem afirma: os *breakdowns* "são a fonte do lado autônomo e criativo da cognição viva" (1992b, p. 329). O *breakdown* faz parte do campo da experiência cognitiva, mas remete a um campo pré-subjetivo, que envolve uma rica dinâmica entre elementos da rede neural.[13]

---

[12] A perspectiva determinista aparece em Watson, que trabalha com uma noção de causalidade linear (S-R), e também em Skinner, que trabalha com um modelo de causalidade circular ou por efeito (reforço). Cf. WATSON, 1919 e SKINNER, 1974.

[13] Varela vê na obra de D. Hebb, mais especificamente na noção de assembléia de células, a base da noção de rede, bem como da de emergência. O conexionismo de Hebb sofrerá, entretanto, restrições por parte de Varela, que não exclui completamente sua filiação a uma concepção representacional da cognição.

Para dar consistência à noção de *breakdown,* Varela evoca pesquisas recentes desenvolvidas no campo nas neurociências, que indicam a existência de um correlato neural de tais experiências. Trata-se de uma atividade caótica, de oscilações sinápticas muito rápidas (cerca de 5 a 10 milissegundos), que precedem a formação dos agregados funcionais de neurônios, correlatos à estabilização da experiência (percepção, hábito etc.), e que respondem pela recognição ou, como prefere Varela, pelos estados de prontidão cognitiva. Há uma evidência crescente de que esse tipo de ressonância rápida é tanto disparada por fatores de estimulação externa quanto resultado da própria dinâmica da rede. Varela afirma que

> é importante notar que essa ressonância rápida não é simplesmente ligada a um disparador sensorial: as oscilações aparecem e desaparecem quase espontaneamente em vários locais do cérebro. Isso sugere que tal dinâmica rápida concerne a todas as sub-redes que dão nascimento à prontidão inteira no próximo momento. (*Ibidem*, p. 333)

Mais uma vez, a organização da conduta, aqui dita prontidão, emerge da cooperação e competição recíproca entre as inúmeras sub-redes, não correspondendo a um processo de otimização. Nas palavras de Varela, "mais parece uma bifurcação ou uma forma de quebra de simetria de dinâmica caótica" (*ibidem*, p. 334). Ora, a idéia de um problema que faz bifurcar as soluções porta uma referência nítida, ainda que implícita, ao referencial bergsoniano, que prezamos até então, para pensar a cognição como invenção de problemas. Nesse sentido, a noção de *breakdown*, como a de perturbação, surge como a formulação teórico-científica para a idéia de uma cognição que não é somente solução de problemas, mas, antes de tudo, invenção de problemas.

Com a noção de *breakdown,* Varela explica o enraizamento da cognição no "concreto" e, por essa via, procura fazer frente a toda tradição que aborda a cognição do ponto de vista da lógica, dos mecanismos gerais, da representação, agrupadas na denominação de abordagens "abstratas" da cognição (VARELA; THOMPSON; ROSCH, 1991).[14] A experiência de *breakdown* é uma atividade cognitiva que ocorre no presente imediato e "é no *presente imediato* que o concreto realmente vive" (VARELA, 1992b, p. 321). Como fundo virtual, fonte da emergência de correlações sensório-motoras, ela inscreve a invenção no presente. Presente que não comparece como um ponto na linha do tempo cronológico, mas como problematização das estruturas históricas. Nesse momento, o trabalho de Varela marca uma posição sintonizada como a ontologia do presente. E. Passos (1994) expressa a novidade da biologia da autopoiese em trabalhar com a dimensão temporal de seu objeto, inscrevendo seu lugar num "momento filosofante da ciência contemporânea".

O estatuto da ação em Maturana e Varela parece mais próximo de Bergson que da psicologia, pois, para Bergson (1896), a cognição está enraizada na ação, na vida prática. Mas a ação aparece aí na forma tanto da ação imediata quanto da ação voluntária, tanto como ação utilitária quanto como ação livre. A ação voluntária ou livre envolve indeterminação, escolha, hesitação, tateamento, retardamento, lapso de tempo ou intervalo entre o estímulo sensorial e ação. Em algumas formulações bergsonianas, o tempo surge como essa hesitação mesma (BERGSON, 1930, p. 101). Definindo o *breakdown* como abalo ou rachadura, Varela encontra meios científicos para falar da hesitação que Bergson chama de tempo, incluindo no campo da cognição o caráter de imprevisibilidade que toda invenção comporta. O redirecionamento de uma abordagem abstrata para uma abordagem concreta da cognição fica claro nas palavras de Varela:

---

[14] No referido texto, Varela, Thompson e Rosch remetem amplamente à obra de Merleau-Ponty, que teria, segundo o entendimento desses autores, indicado nessa mesma direção do concreto.

> As unidades apropriadas de conhecimento são, antes de mais nada, concretas, *corporificadas*, vividas. O conhecimento é contextualizado, e sua unicidade, sua historicidade e seu contexto, não são "ruídos" que impedem a compreensão do fenômeno cognitivo em sua verdadeira essência, a de uma configuração abstrata. O concreto não é um degrau para algo de diverso: é como chegamos e onde estamos. (1992a, p. 17)

É com o intuito de reconciliar a cognição com o concreto que, já no momento em que desenvolve um trabalho de pesquisa separado de Maturana, Varela formula a noção de *enação* (COSTA, 1993). Esta remete, em primeiro lugar, a uma cognição corporificada, encarnada, distinta da cognição entendida como processo mental. É tributária da ação, resultante de experiências que não se inscrevem mentalmente, mas no corpo. A enação é um tipo de ação guiada por processos sensoriais locais, e não pela percepção de objetos ou formas. Os acoplamentos sensório-motores são inseparáveis da cognição vivida, aí incluídos acoplamentos biológicos, psicológicos e culturais. Entendida como corporificação, a estrutura cognitiva surge da recorrência dessas conexões sensório-motoras. A corporificação do conhecimento inclui, portanto, acoplamentos sociais, inclusive lingüísticos, o que significa que o corpo não é apenas uma entidade biológica, mas é capaz de inscrever-se e marcar-se histórica e culturalmente.

Todas essas idéias preparam o terreno para o desenvolvimento da noção de enação em seu sentido mais forte e inédito, ou seja, como invenção do mundo, que será analisada após a crítica ao modelo da representação, utilizado pela abordagem cognitivista.

A crítica ao cognitivismo computacional

Desde a década de 1950, os estudos sobre a cognição reúnem-se numa "nova matriz interdisciplinar" (VARELA, 1988) composta pela inteligência artificial, pela psicologia cognitiva, pelas neurociências, pela lingüística e pela filosofia da mente (GARDNER, 1985), e é em seu interior que Maturana e Varela acendem o debate acerca da cognição. Sua principal crítica incide sobre o cognitivismo computacional, que é paradigmático no campo das ditas ciências cognitivas. A maioria dos comentadores (GARDNER, 1985, ANDLER, 1987, VARELA, 1988) destaca a importância capital do advento do computador para a delimitação desse novo domínio, no qual é convertido em modelo para o estudo da cognição. Ora, o computador é certamente uma máquina inteligente, capaz de calcular e solucionar problemas, mas o fato de erigi-lo em modelo para o entendimento da cognição, como o fez a filosofia da mente e a vertente forte[15] da inteligência artificial, que se tornaram aí dominantes, significa reduzir também a cognição a um processo de cálculo e solução de problemas. No entanto, Varela (1988, p. 91) deixa claro que "nossa atividade cognitiva cotidiana revela que essa imagem é bastante incompleta. A mais importante faculdade de toda cognição viva é precisamente, numa larga medida, *colocar* as questões pertinentes que surgem a cada momento de nossa vida".

Segundo Varela (1988), o paradigma computacional promoveu, no campo das ciências da cognição, o resfriamento formal do objeto. Afirmar que a máquina pensa, é inteligente e possui uma memória significa, de saída, separar a cognição da consciência, que evidentemente a máquina não possui, e de sua encarnação num sistema biológico. Significa também separar a cognição da experiência. Afirmar que "a cognição é uma computação" (PHYLYSHYN, 1984) é, mais uma vez, seguindo a orientação da ciência moderna, defini-la exclusivamente com base em sua sintaxe, em sua lógica invariante.

---

[15] Z. Phylyshyn (1984) propõe a distinção entre sistemas de equivalência forte (isomorfismo de procedimentos entre o computador e a cognição humana) e equivalência fraca (mesmos grafos e resultados), em substituição às noções de representação e simulação. Essas duas vertentes de estudo ficaram conhecidas com IA forte e IA fraca.

O projeto das ciências da cognição reencontra o da filosofia analítica, aí incluídos o formalismo de Hilbert, o logicismo de Frege e B. Russell e o positivismo lógico do Círculo de Viena. O ponto comum é autonomizar a lógica em relação à psicologia. Deixar de fundar a primeira na segunda significa trabalhar a lógica como linguagem, destacando seus aspectos formais. Assim sendo, as ciências da cognição alinham-se a uma importante corrente da analítica da verdade e, segundo J. P. Dupuy, fazem hoje da filosofia da mente – que é uma das componentes desse campo e, ao mesmo tempo, expressa sua busca de identidade filosófica – "o ramo mais ativo e mais florescente da filosofia analítica" (DUPUY, 1994, p. 114).

Varela localiza na segunda geração da ciência cognitiva,[16] que ganha espaço a partir de meados da década de 1950, o estatuto de paradigma assumido pela abordagem informacional da mente. É aí que começa a fase do cognitivismo computacional, quando a máquina de Turing dará representação observável à lógica invariante da cognição. O pressuposto filosófico é que a cognição inteligente possui a capacidade de representar o mundo. A noção essencial é a de representação como estado mental dotado de intencionalidade, ou seja, com o sentido de "ser a propósito de alguma coisa" (VARELA; THOMPSON; ROSCH 1991, p. 73). A novidade é o trato com representações fisicamente instanciadas na forma de símbolos. O símbolo é uma entidade discreta, ao mesmo tempo física e semântica, cuja manipulação é baseada num código, num conjunto de regras coercitivas. A idéia do cognitivismo computacional é que a semântica pode ser codificada como sintaxe de um sistema simbólico.

---

[16] Segundo Varela (1988), a primeira geração da ciência cognitiva (1946-1956), com os debates que se iniciam nas Conferências Macy, possui um caráter exploratório e é mais uma nebulosa fundadora do que um programa bem definido de pesquisa. Para esse autor, é J. von Neumann, e não N. Wiener, quem promove a redução da cognição à solução de problemas, concorrendo assim para a cristalização do cognitivismo como uma abordagem paradigmática. Sobre esse tema, cf. VARELA, 1989.

É postulado um nível simbólico primordial ou *a priori*, distinto e independente tanto do nível físico-fisiológico quanto do nível semântico. Sobre essa postulação, é formulada a hipótese cognitivista: a cognição é uma computação simbólica.

É pensando com base no primado do simbólico que a abordagem computacional pode colocar entre parênteses tanto os fatores socio-históricos quanto os fatores biológicos, que dariam conta, cada qual a sua maneira, da transformação temporal da cognição. Assistimos, enfim, ao surgimento de uma cognição destituída de referências biológicas, históricas e fenomenológicas, que não é privilégio do homem nem dos seres vivos. Perdendo toda dimensão experiencial, fica sendo uma linguagem formal e, em última análise, um cálculo mecânico, sempre passível de repetição e de previsão em seus resultados. A cognição passa a ser entendida como um sistema formal, que opera com um conjunto finito de elementos discretos, que só adquirem sentido de forma diacrítica, isto é, por oposição, e por um pequeno número de operações invariantes, por meio das quais ocorre sua combinatória. O computador possui uma lógica binária. Qualquer mensagem pode ser escrita com base numa seqüência de sinais 0-1, que correspondem à abertura e ao fechamento de circuitos eletrônicos. Entender a cognição dessa forma consiste, à primeira vista, em aplicar-lhe um método científico.[17] Mas, conforme já argumentamos, a idéia de buscar invariantes, a redução do fenômeno a um certo número de variáveis, o tratamento do objeto estudado como um sistema fechado só se sustenta se tal estrutura é concebida como uma propriedade do real, e mesmo como sua propriedade essencial. No caso da cognição, trata-se de sua organização lógica.

---

[17] Sobre a aproximação do cognitivismo computacional com o estruturalismo de Lévi-Strauss, em que a questão metodológica ocupa papel de destaque, cf. KASTRUP, 1994.

As vertentes fortes do cognitivismo computacional, como a inteligência artificial e a filosofia da mente de J. Fodor e Z. Phylyshyn, restringem seu estudo ao nível simbólico, o que significa, em termos bergsonianos, tratar a cognição nos quadros de uma relação entre o possível e o real. O funcionamento do computador é inteiramente determinado por sua organização lógica, pelo código que relaciona de forma determinista *inputs* e *outputs* inscritos na memória de que é dotado. Todas as realizações cognitivas são meras realizações de procedimentos possíveis, podendo, portanto, ser previstas. Aparecendo como resultado de condições *a priori*, existem desde sempre, como que pré-formadas.

Joelle Proust (1987) faz uma interessante aproximação entre a inteligência artificial, em sua vertente teórica, e a filosofia kantiana.[18] Para Proust, a IA de A. Newell e H. Simon remonta à tradição kantiana, pois busca as condições de possibilidade da cognição. Segundo Proust, embora sua preocupação não seja, em princípio, encontrar o fundamento das ciências da natureza, mas do comportamento inteligente em geral – seja do homem, do animal ou da máquina –, essa distância de propósitos não é senão aparente. O primeiro ponto de aproximação é a busca de condições formais, de regras hierarquizadas e independentes do conteúdo dos conhecimentos. O segundo se dá pela conservação do estatuto *a priori* de tais regras, que, em Kant, aparece no sujeito transcendental, ao passo que, na IA, surge modelizado e encarnado fisicamente no computador, como sistema simbólico formal dotado de *hardware* e *software*.

Como sugere Proust, embora artificial, o sistema formal toma o lugar do sujeito transcendental, pois é tido como algo capaz de garantir a universalidade e necessidade do comportamento inteligente, restando a IA, de forma implícita, como uma

---

[18] Tal aproximação aparece também em Dreyfus, 1972.

filosofia transcendental (PROUST, 1987, p. 91). A preocupação com a universalidade do conhecimento evidencia, por si só, a proximidade com o kantismo e revela o teor ou alcance filosófico da IA. Este aparece na idéia de Turing de uma máquina universal e ganha expressão nos projetos de construção concreta de sistemas particulares capazes de modelizar todos os conhecimentos possíveis, não dissociados da idéia da fundamentação da objetividade desses mesmos conhecimentos. Todas as operações da máquina definem-se, então, como uma relação entre o possível – plano das condições *a priori* – e o real – plano dos conhecimentos efetivos. Nada resta de virtual, inventivo ou problemático na máquina. Não há conhecimento que se atualize por diferenciação ou divergência, pois não há abertura do sistema para a experiência.

Muitas são as abordagens alternativas propostas em contraposição ao cognitivismo. J. Rajchman (1996) opõe ao projeto da IA, no qual a inteligência é pensada como *smartness* e como realização de possíveis (totalidade fechada), a investigação de um novo estilo de inteligência, que se anuncia como atualização do virtual (todo aberto) e é diferenciação criadora. Para Rajchman, pensar não é comunicar, mas experimentar o virtual e pensar diferentemente. Também H. Dreyfus (1972), cujo trabalho é inspirado em M. Heidegger, rejeita certas colocações-chaves da IA, em particular, e do cognitivismo, em geral. Para Dreyfus, a conduta inteligente depende de representações mentais de nosso *background*, que a IA não estaria habilitada a transformar em sintaxe. Não estaria habilitada por princípio, de direito, e não de fato. Isso porque possuir uma regra não é o mesmo que saber aplicá-la a uma situação. O *background* resiste à formalização não pela enorme quantidade de experiências que possui, mas porque, qualquer que seja sua utilização, esta depende da avaliação de sua relevância para o caso em questão, que, por sua vez remeteria ao valor que elas já portam em si, em decorrência das próprias circunstâncias em que se fixaram, e assim sucessivamente. Este remetimento de sentido *ad infinitum* inviabilizaria, aos olhos de Dreyfus, o projeto da IA de modelizar a cognição pelo processamento seqüencial de símbolos ou este deveria ter em conta os limites do que pode ser representado desta forma. Pela ênfase nas dificuldades do processamento seqüencial, Dreyfus tem se mostrado otimista, em seus textos mais recentes (1987), ao projeto do neoconexionismo, que trabalha com um modelo de processamento simbólico distribuído.[19]

Diversos matizes revestem a crítica ao cognitivismo computacional. Não é nossa pretensão traçar um quadro desse domínio, como o fizeram D. Andler (1986, 1987) e H. Gardner (1985), mas apenas apontar o que constitui a singularidade da crítica de Maturana e Varela. Mais especialmente, interessa-nos examinar a crítica à cognição como representação, que é o móvel da crítica ao modelo computacional.

A superação do modelo da representação: A noção de enação

J. Fodor (1992) define a representação como um *estado intencional*, seja ela desejo, crença ou símbolo. Um estado mental dotado de conteúdo intencional é, conforme aparece no conceito de Brentano, aquele que se dirige a algo exterior ao mundo mental. E. Pacherie (1993) adverte que Brentano oscila acerca da existência desse algo exterior que se dá à representação, mas, dada a maneira como entendem o conceito de intencionalidade, a filosofia da mente e a IA forte tomam os símbolos como estados intencionais por excelência, e consideram que eles comportam uma relação causal com o mundo físico. Por serem causados pelo mundo físico, e também por serem articulados de

---

[19] Preston (1993) objeta a leitura que Dreyfus faz de Heidegger por considerá-la pouco incisiva, o que torna sua crítica insuficiente. Para Preston, a inspiração heideggeriana exige uma abordagem alternativa de tipo interacionista - que implicaria também a rejeição do modelo do mundo interno, mental e individual -, da qual o conexionismo não dá conta. Para outras críticas ao cognitivismo numa linha heideggeriana, cf. WINOGRAD e FLORES 1988.

acordo com uma certa sintaxe, os símbolos são unidades de conhecimento capazes de desempenhar também papel causal na produção do comportamento. A noção de intencionalidade tem, no domínio da filosofia da mente, um sentido um tanto desviado da tradição fenomenológica, posto que é independente da experiência e da consciência.[20] Husserl traduz a intencionalidade de Brentano em "toda consciência é consciência de algo", o que é muito diferente da intencionalidade de um símbolo que opera numa máquina. Mas o que aproxima a fenomenologia, a filosofia da mente e também a IA é o fato de utilizarem o conceito de intencionalidade para dar sustentação ao modelo da representação.

É preciso adiantar, para melhor encaminhar a crítica do modelo da representação, que Varela estabelece a distinção entre dois tipos de representação. A primeira é representação em sentido forte, e envolve uma tomada de posição ontológica – há um mundo prévio que lhe serve de fundamento – e epistemológica – o conhecimento é objetivo, pois corresponde ao mundo. A segunda é representação em sentido fraco ou pragmático e é semelhante a uma interpretação ou a um modo particular de conhecer; a representação é resultante da experiência e destituída de fundamentos (VARELA, 1988, p. 99; VARELA; THOMPSON; ROSCH, 1991, p. 193). Refere-se ainda à conduta guiada por regras, e à possibilidade de solucionar problemas. Conforme veremos, é à primeira noção de representação que Varela dirige sua crítica, e não à segunda. A conservação de uma noção de representação fraca ou pragmática não se dará, todavia, sem submeter sua ocorrência a um processo de invenção prévia de regularidades cognitivas. Corresponde à estabilização, sempre temporária, de uma conduta ou solução cognitiva, que permanece aberta a problematizações posteriores. A superação do modelo da representação – ou seja, a recusa da idéia de que conhecer não é senão

---

[20] Esse uso um tanto desviado não será jamais aceito por autores como J. Searle, que dirigirá pesadas críticas ao cognitivismo computacional. Cf. SEARLE 1984.

representar – terá, então, o sentido de alargamento do conceito de cognição, o que será feito pela noção de enação.

Entre as teorias filosóficas da representação, Varela distingue as posições realista e idealista. A posição realista implica o pressuposto de que a representação tem propriedades predefinidas pelo mundo, enquanto a posição idealista fundamenta a representação na unidade do sujeito cognoscente. Para fazer oposição à teoria da informação, ao que denomina "modelo do tubo", Varela monta muitas vezes sua crítica sobre a versão realista da representação. Mas adverte que o realismo cognitivo (VARELA, THOMPSON; ROSCH, 1991, p. 195) se distingue do realismo filosófico por deslocar o interesse pelas representações *a priori* para as representações *a posteriori*, que dependem das interações com o ambiente. Dessa forma, a garantia do conhecimento passa por um terreno de contingências empíricas que poderia ser assombrado pelo ceticismo.

Ocorre que o realismo cognitivo entende a cognição como um espaço intermediário entre sujeito e objeto, que é abstrato e transcendente em relação às praticas cognitivas efetivas. Nos termos de Latour, o cognitivismo preserva a cognição como espaço intermediário, e não como espaço de mediação. A cognição se dá *entre* sujeito e objeto, mas não no *meio*. A concepção da cognição como espaço intermediário revela-se na suposição de limites invariantes e princípios *a priori*. Tratando a cognição como solução de problemas, reserva o atributo de cognitivas às ações que demonstram êxito em captar objetos e relações consideradas pré-dadas. A cognição opera com representações que correspondem ao mundo objetivo, ocorre num espaço intermediário governado por princípios abstratos, invariantes, e não num meio virtual de diferenciação e de invenção concomitante de sujeito e objeto. O realismo cognitivo não abandona a pretensão de que a cognição represente um mundo de relações pré-dadas. Daí Varela falar num realismo cognitivo, mas ainda num realismo.

Examinemos o caso do gestaltismo, do qual Varela não chega a se ocupar. Sua posição filosófica não é a de um realismo ingênuo, posição já superada pela fenomenologia, da qual o gestaltismo importa seu método: o da redução eidética. Deslocando o foco do problema das representações empíricas e contingentes para o plano transcendental das condições da representação, tanto o gestaltismo quanto a fenomenologia pretendem chegar, entretanto, a um verdadeiro realismo, o realismo das essências, que, no caso do gestaltismo, corresponde ao das leis da cognição. Além do mais, as leis de organização que o gestaltismo identifica não são apenas da cognição, mas estendem-se à totalidade da natureza. Em relação a esse ponto, a posição do gestaltismo é monista. Trata-se de um monismo da forma, forma que caracteriza tanto o objeto quanto a percepção do objeto. Mais precisamente, trata-se de um monismo nomológico, que reúne nas leis da forma a totalidade da natureza – os mundos físico, fisiológico e psicológico. O gestaltismo não garante a objetividade da representação de maneira apenas pragmática e empírica, mas fundamenta o comportamento de solução de problemas em leis universais, que regem de forma transcendente o domínio empírico. A homologia formal entre sujeito e objeto encerra a cognição nos quadros da representação.[21] A extensão da lei da boa forma, que não é subjetiva nem objetiva, mas perpassa ambos e constrange sua relação, parece fazer, então, da teoria gestaltista da cognição, de acordo com o quadro distintivo proposto por Varela, uma teoria da representação em sentido forte.

---

[21] A separação sujeito-objeto, pressuposta por toda posição realista, não é tampouco abalada pela noção de campo psico-físico formulada por K. Koffka (1935). Esta consiste, é certo, numa tentativa de superar uma posição dicotômica, explicitando o intento de pensar a cognição a partir de um campo de forças físicas. Mas não se pode esquecer que o problema maior do gestaltismo é esclarecer como as tensões desse campo se resolvem, como o objeto acaba por se diferenciar e aparecer na percepção como algo definido espacialmente, por meio do princípio de figura-fundo. O campo é assim entendido com base em sua possibilidade de segregar o objeto. Podemos dizer, então, que é como se a idéia de intencionalidade rondasse a de campo psicofísico.

A obra de Piaget é uma modalidade de epistemologia naturalizada. Buscando explicar a construção das condições de possibilidade do conhecimento científico, ancora a representação em princípios ontológicos e epistemológicos. Trabalha, portanto, com a noção de representação em sentido forte. Sua posição entre as teorias da representação é muito peculiar. Em primeiro lugar, porque, para Piaget, perceber não é ainda representar. A noção de representação é restrita à capacidade de presentificar algo que está ausente do campo perceptivo. Não é, portanto, dada, mas deve ter sua gênese explicada. Sua objetividade, ou seja, sua correspondência com o mundo externo, só é obtida gradativamente, pelo desenvolvimento da inteligência. Para isso, às representações estáticas (imagens mentais) devem seguir as operações, que consistem em interiorizações das ações exercidas sobre os objetos. As operações são ações mentais reversíveis, cujo destino é, conforme já pudemos constatar, tornarem-se operações lógico-formais, refratárias às perturbações temporais. Quando Piaget suspende o caráter dado da representação, indissociável da recusa do aspecto apriorístico do sujeito e do objeto do conhecimento, enfatizando sua construção, seu projeto aproxima-se do de Varela e Maturana. Mas quando dá a essa construção um caráter teleonômico, considerando sua formação orientada pelas formas do pensamento lógico-matemático, correlata de uma objetivação progressiva do conhecimento, seus caminhos afastam-se inevitavelmente (VARELA, THOMPSON; ROSCH, 1991, p. 239).

No cognitivismo computacional, a representação é, em princípio garantida de maneira pragmática sempre que o sistema consegue resolver adequadamente um problema. Mas a representação, nesse contexto, também excede seu sentido pragmático e aspira garantias epistemológicas. Tomado como estruturalismo (DOSSE, 1991), o cognitivismo computacional conserva a concepção realista de representação pela noção de informação. Conforme Varela (1989, p. 10) "para o paradigma do computador, a informação é isto que é *representado*, e a representação é uma *correspondência* entre os elementos simbólicos de uma estrutura e os elementos simbólicos de uma outra estrutura".

A noção de símbolo, ou antes, a de código simbólico como interface entre o físico e o semântico, busca assegurar a comunicação entre a estrutura do mundo e aquela do sistema simbólico formal, que ocupa a posição do sujeito. É certo que o estruturalismo em geral supera, em certa medida, uma série de dicotomias, como aquela entre o interno e o externo, mas tal superação é apenas uma eliminação de fronteiras que se faz no sentido de uma homogeneização totalizante. Já não cabe distingui-los, porque eles são, doravante, domínios comunicantes. Para essa manobra, a noção de interface é capital, pois é ela que como código simbólico, preserva a comunicação entre a cognição e o mundo. Para prestar-se ao papel de garantia da representação, para assegurar a comunicação e a correspondência inequívoca entre a representação e o representado, esse código não pode trazer consigo a potência de equivocidade da linguagem natural, mas deve ser uma linguagem formal. A garantia da representação é buscada no código simbólico, na sintaxe que faz comunicar entradas e saídas, incluindo cognição e mundo num mesmo campo homogêneo. Não há nada de realmente heterogêneo que afete o sistema cognitivo, pois o que não é comunicação recebe o *status* negativo de ruído. Por não trabalhar com perturbações, mas apenas com informações, o cognitivismo computacional transforma toda modalidade cognitiva num caso particular de reconhecimento, o que acaba por testemunhar o não abandono da idéia, ainda que eludida, de um mundo externo e pré-dado. Embora a correspondência entre o código simbólico e a estrutura do mundo passe por um processo de inferência, não podendo ser garantida de forma definitiva, a objetividade do conhecimento não é questionada pelo cognitivismo computacional.

A partir do neoconexionismo, que encontra uma de suas referências no trabalho do neurofisiologista Donald Hebb, no final da década de 1940, as abordagens da cognição distanciam-se mais e mais do modelo da representação, pela preocupação em estudar um nível distinto, denominado subsimbólico. A psicologia sempre leu Hebb como um neo-associacionista, que tinha como problema explicar a aprendizagem e, em última instância, a recognição, com base na noção de assembléias de células, que se formam pela repetição das conexões funcionais entre neurônios. Hebb reconhece a contingência de tais configurações, mas a tônica incide sobre um princípio associacionista, que ficou conhecido como "regra de Hebb": se dois neurônios são ativados sucessivamente, sua conexão se reforça; se, à excitação de um neurônio, não se segue a excitação do neurônio seguinte, a conexão é inibida (HEBB, 1979).

Varela, como os neoconexionistas, lê Hebb à luz de seus próprios problemas, e vê em seus trabalhos a base das noções de rede e emergência. Interessa-lhe a idéia de uma configuração funcional, na qual a conexão por sinapse de neurônios anatomicamente distantes faz emergir propriedades que transcendem as propriedades dos elementos isolados. O neoconexionismo, que surge no início dos anos 80 com trabalhos acerca das redes neurais simuladas em computadores, busca estudar a cognição com auxílio de modelos de autômatos celulares, o que acaba por aproximar IA e neurociências, propiciando avanços técnicos e conceituais consideráveis. Tal modelização consistirá em levar em consideração redes complexas, com níveis múltiplos e grande densidade de conexões e permitirá a investigação de atividades cognitivas distintas do cálculo: aprendizagem, reconhecimento de formas, memória associativa etc. O caráter acentrado da rede, as operações distribuídas, a noção de atrator, o não apriorismo de regras e símbolos, bem como a distinção entre o nível subsimbólico e nível simbólico emergente, são, para Varela, importantes para o abandono da hegemonia do simbólico, o qual caracteriza as abordagens abstratas da cognição. Todavia, a ligação de Varela com o neoconexionismo não se faz sem restrições. Ao que tudo indica, isso se deve ao fato de que este ainda parece supor a idéia de um mundo prévio, que a aprendizagem viria representar (VARELA; THOMPSON; ROSCH 1991, p. 209). Nesse caso, o neoconexionismo ainda estaria prisioneiro do modelo da representação, faltando-lhe o salto decisivo.

Marvin Minsky (1986), em sua teoria sobre o que denomina "sociedade da mente", parece comportar também uma posição de afastamento gradual da concepção de representação em sentido forte. Para Minsky a mente é o que faz passar de um estado cerebral a outro, definindo-se por relações e não por estados. Embora afirme muitas vezes que tais relações correspondem às relações dadas no mundo, o esquema da representação perde força quando Minsky coloca que "não se pode, entretanto, falar de cérebros como se eles fabricassem pensamentos da mesma maneira que as fábricas produzem automóveis", pois sua estrutura muda a todo momento, como efeito de sua própria atividade. Varela argumenta que, quando Minsky afirma que "a principal atividade do cérebro consiste em produzir mudanças em si mesmo" (*apud* VARELA; THOMPSON; ROSCH, 1991, p. 199), ele toca no coração do problema, afastando-se da idéia da cognição como sistema de entradas e saídas, bem como daquela de um mundo independente e extrínseco, que asseguraria a representação em sentido forte. A representação é utilizada em sentido fraco, cuja única garantia seria a solução efetiva de problemas.

Não é demais repetir que, embora o cognitivismo computacional reconheça que a correspondência entre a sintaxe simbólica e o mundo depende de um processo de inferência, ao subscrevê-la, ele espera poder falar de uma representação em sentido forte. As ações cognitivas prototípicas são jogar uma partida de xadrez ou resolver um problema de cálculo matemático, ambas desempenhadas pelo exercício de regras que delimitam *a priori* um conjunto fechado de soluções possíveis. Varela e Maturana, diferentemente, consideram prototípicas atividades cognitivas bem próximas de nossas atividades cotidianas mais simples, como caminhar pela rua ou dirigir um automóvel numa cidade grande, que envolvem um campo aberto e movente, onde proliferam os *breakdowns*, onde a problematização da conduta é incessante, onde o vivo depende de acoplamentos ao mesmo tempo muito finos e muito flexíveis. Perante a essas situações, o cognitivismo mostra-se inteiramente insuficiente, pois aí não se trata de representação, mas de *enação com o sentido de invenção de mundo*. Há que inverter a atitude representacionista ou realista. As regras inventadas localmente, que se seguem a cada problematização, não podem ser eliminadas da investigação, não podem ser colocadas entre parênteses e dar lugar à descoberta de leis transcendentes e invariantes, pois o que se elimina, nesse caso, é o caráter inventivo da cognição.

A aposta de Maturana e Varela é encontrar uma via média entre o realismo e o ceticismo. "Nessa via média o que encontramos, é a regularidade do mundo que experimentamos a cada momento, mas sem nenhum ponto de referência independente de nós que nos garantisse a estabilidade absoluta" (MATURANA; VARELA, 1986, p. 205). Quando um modo de acoplamento se torna regular e repetitivo, dizemos, como observadores e por mera comodidade de linguagem, que algo conhecido representa ou corresponde a algo do mundo (VARELA, 1992a, p. 61).

Remontando à distinção entre a representação em sentido forte, que se baseia em fundamentos ontológicos e epistemológicos, e a representação em sentido fraco ou pragmático, repetimos que Varela recusa a representação no primeiro sentido, mas a conserva no segundo. Em sentido pragmático, representação não é questão de correspondência, mas de coerência (VARELA, 1989, p. 222). Sua crítica à representação no domínio da cognição revela-se, então, homóloga à crítica à adaptação na questão da evolução. Basta que o sistema seja operacional num domínio dado, sem qualquer otimização. Representar, nesse contexto, fica sendo operar segundo regularidades que são criadas sem referente único ou fixo que lhes sirva de fundamento. O que se observa é que, incluindo a representação após enfraquecê-la e mesmo subvertê-la, Varela acaba por tornar seu sistema teórico mais abrangente do que o esquema cognitivista.

Assim enfraquecida, a representação pode ser incluída numa teoria do conhecimento inventivo. A representação é resultado da invenção de um regime, em vez de se submeter a um regime abstrato e *a priori*. A homonímia é flagrante, pois desfaz-se a idéia de princípios invariantes que garanta a objetividade da representação, sendo as regras históricas e dependentes das propriedades da rede subjacente. Há constantes, recorrências, regularidades, mas não invariantes. Desse mesmo golpe, desfaz-se o primado do simbólico. Este não é suporte explicativo, mas deve ter sua emergência explicada. Os princípios explicativos encontram-se num nível subsimbólico, como havia adiantado o conexionismo. Mas aqui o deslocamento do foco do problema da representação para a invenção apresenta-se explicitamente, restando a representação como um caso particular da enação. A superação do modelo da representação envolve, então, uma ampliação do conceito de cognição, transformando num sistema complexo onde a representação, incluída ao preço de seu enfraquecimento e mesmo de sua subversão, coexiste com os *breakdowns*.

Para concluir a crítica ao modelo da representação, é importante notar que, se a dimensão representacional da cognição encontra lugar no interior do sistema cognitivo autopoiético, o inverso não acontece: não há possibilidade de extrair a invenção, a criação cognitiva, de uma cognição que opera com base num programa fechado, no interior de limites invariantes e intransponíveis. Não há como pensar a heterogênese a partir de um campo limitado de possíveis. A abordagem mais abrangente ou a perspectiva da inclusão faz-se por um descentramento ou de um redirecionamento da investigação científica, o que depende de uma nova maneira de colocar o problema. Nos termos de Bergson, é justo concluir que Maturana e Varela colocam o verdadeiro problema da cognição, pois o colocam em termos de invenção e não de solução de problemas, de tempo e não de espaço.

Para Varela e Maturana, o cognitivismo computacional, que sustenta a transcendência da representação num modelo artificial e tecnológico como o computador, é inaceitável. O que é recusado por esses autores não é a cibernética, mas o aspecto metafísico ou transcendental da cibernética, que abole a dimensão temporal da estrutura da cognição, sua historicidade, sua abertura, e a toma como condição *a priori*, pois aí o computador – que é uma configuração empírica, concreta e, portanto, histórica – é inesperadamente convertido em modelo de transcendência, já que passa a equivaler a uma cognição fundamental e invariante. Quando as ciências cognitivas constituem o computador em modelo da cognição, esquecem o momento técnico de sua invenção (RUYER, 1954) e, com isso, toda possibilidade de pensá-lo, tanto como algo que está ele próprio em deriva, quanto em sua potência de artificializar e inventar a própria cognição de seu usuário. Ora, é essa espécie de "metafísica computacional" (LÉVY, 1990) que será problematizada por Maturana e Varela, que passam a explorar a cognição a partir de um meio denso e inventivo, e não em seu núcleo duro e invariante, forçando, assim, os limites do conceito (VARELA, 1988, p. 119).

A aprendizagem como invenção de problemas

Para Maturana e Varela (1986, p. 139), o sistema nervoso (SN) não inventa a conduta, mas expande-a de maneira dramática. O SN amplia os domínios de interação à medida que expande o campo das possíveis conexões sensório-motoras. A conduta ou cognição surge como resultado de correlação entre superfícies sensoriais e motoras. Nos organismos metacelulares, a rede neural surge como um grande mediador, capaz de ligar elementos sensoriais e motores bastante afastados. As sinapses, através das quais se dá um tráfico elétrico-metabólico marcado pela reciprocidade e pela não-linearidade, encontram-se permanentemente sujeitas à diferenciação e ao crescimento. Cada neurônio liga-se a muitas outras células, numa rede densa e rica de conexões. Embora as grandes linhas de conectividade sejam, em geral, invariantes para todos os membros de uma espécie, existem especificidades importantes no nível das ramificações finais, configurando mudanças locais, moduladas por um sem número de elementos. Há uma constante transformação nesse micro nível, que nem sempre produz efeitos visíveis. De todo modo, o importante é notar que, tendo a rede como mediador, não existem correlações ponto a ponto, S-R,[22] pois cada neurônio conecta-se com múltiplas células, numa quantidade ilimitada. Logo, as condutas observáveis podem também ser ilimitadas. Em suma, o sistema nervoso expande o domínio de interações de um organismo, que passa a acoplar as superfícies sensoriais e motoras mediante uma rede cuja configuração pode ser muito variada. O próprio cérebro, como estrutura central, tem uma dinâmica extremamente cambiante. Possui uma arquitetura indefinida e sempre plástica, na qual as relações não são localizáveis, mas distribuídas pela rede. Além do mais, o SN, como rede, não distingue perturbações internas e externas, não recebe meros *inputs*, não representa. É como uma interface entre

---

[22] A participação da rede neural como grande mediadora das conexões S-R torna inadmissíveis duas das principais propostas behavioristas. A primeira é trabalhar apenas com os dados observáveis, o que já evidenciaria a exclusiva colocação do problema do ponto de vista do espaço. A segunda é desenvolver a investigação guiada pelos objetivos de previsão e controle do comportamento, num esquema de pensamento determinista. O problema maior do behaviorismo é ser um "objetivismo desprovido de ancoragem corporal" (VARELA; THOMPSON; ROSCH, 1991, p. 79).

o fora e o dentro, sendo palco de relações seqüenciais e paralelas, ramificadas e recursivas (VARELA, 1989, p. 151).

O sistema nervoso humano constitui uma imensa rede, comporta em torno de 10^{10} neurônios. Nesse caso, a plasticidade e a contínua mudança estrutural se potencializam. Para o observador, esse fato se revela como uma imensa capacidade de aprendizagem. Mas o que se observa é que, à luz da noção de rede, a aprendizagem surge inteiramente ressignificada, bem como a de memória, que lhe é correlata.

Existem numerosas diferenças entre as concepções psicológicas de aprendizagem, mas o que parece comum a todas elas é considerar a aprendizagem como aprendizagem acerca de algo exterior ao organismo e como processo de solução de problemas. Eis o comentário de Maturana e Varela:

> É importante dar-se conta de que correntemente tendemos a considerar a aprendizagem e a memória como fenômenos de mudança de conduta que se dão por "captar-se" ou receber-se algo do meio. Isso implica supor que o sistema nervoso opera com representações [...]. Tudo o que temos dito aponta para entender a aprendizagem como uma expressão do acoplamento estrutural, que sempre caminha para manter uma compatibilidade entre o operar do organismo e o meio em que ele se dá. (1986, p. 147)

Do ponto de vista da operação do sistema nervoso, a aprendizagem coincide com a plasticidade estrutural mesma (VARELA, 1989, p. 170), dando-se num sistema que não distingue perturbações internas e externas. A aprendizagem, como aprendizagem acerca de algo exterior, só existe para o observador. Como observadores, tendemos a pensar que os estímulos externos são determinantes. No entanto, uma perturbação externa só adquire o estatuto de estímulo a partir do constante ir e vir dos balanços internos (MATURANA; VARELA, 1986, p. 138). Além disso, a aprendizagem, como a adaptação, é compatibilidade com o meio, e não adequação ao meio ou representação do meio. Aprender é coordenar mente e corpo, fazer com que organismo e meio entrem em sintonia. Isso significa encarnar ou inscrever a cognição no corpo.

Para pensá-la, Varela, Thompson e Rosch (1991, p. 60) evocam a aprendizagem de um instrumento musical, a flauta. De saída, chama atenção o fato de que o protótipo do aprendiz não seja o jogador de xadrez, cujo desempenho implica no domínio de regras. Não se trata aqui de um jogador lógico, mas de um aprendiz artista. Para descrever esse singular processo de aprender, os autores afirmam que, em princípio, o corpo funciona comandado pela mente. Nesse caso, a aprendizagem começa com uma representação, com instruções simbólicas. Mas aprender a tocar flauta não é seguir regras. A aprendizagem só se consuma verdadeiramente quando a relação simbólica é transformada em acoplamento direto, eliminando o intermediário da representação. Nos termos de Varela, trata-se de enação, encarnação ou corporificação do conhecimento. É justo dizer que a cognição passa a funcionar fora do registro da representação, em acoplamento direto com a matéria que o mundo fornece. Aprender não é adequar-se à flauta, mas agenciar-se com ela.

Entendendo o acoplamento como agenciamento, creio poder avançar um pouco mais com essa nova concepção de aprendizagem que se esboça com Varela. De acordo com Deleuze e Guattari, agenciamento é comunicação direta, sem mediação da representação (MENGUE, 1994). Comunicação sem subordinação, hierarquia ou determinismo. Não opera por causalidade, mas por implicação recíproca entre movimentos, processos, ou fluxos heterogêneos, por dupla captura. O agenciamento faz máquinas, máquinas heterogenéticas. No caso em questão, trata-se da produção de uma unidade complexa aprendiz-instrumento, capaz de produzir um processo de diferenciação recíproca. O conceito de agenciamento maquínico dos corpos faz perceber que eliminar o intermediário da representação não é recair num mecanicismo desgastado. A confusão entre maquínico e mecânico se justificaria por estarmos, em ambos os casos, num domínio em que as relações são diretas, imediatas. Mas a relação mecânica se dá entre elementos prévios, ao passo que o agenciamento maquínico põe em conexão fluxos ou processos. Os agenciamentos maquínicos criam formas, já os mecanismos são, eles mesmos, configurações, acrescentando-se a isso que o movimento não abole a configuração (CANGUILHEM, 1965). Para o mecanicismo, dados os mesmos elementos e as mesmas relações, obtemos sempre o mesmo produto, que, no caso, seria um comportamento que se repetiria sempre da mesma forma. O agenciamento maquínico, ao contrário, estabelece relações de comunicação sem determinismo, capazes de gerar diferentes produtos e a heterogênese da própria máquina.

Se entendermos o aprender flauta como um agenciamento maquínico com a flauta, aprender seria eliminar distâncias. Aprende-se entre a boca e a flauta, aprende-se no meio, na superfície de seu acoplamento, fora do campo da representação. Como no caso da adaptação *com* o meio, trata-se de tirar partido dos constrangimentos materiais da flauta. Tira-se partido da flauta quando o movimento de soprar consegue agenciar-se com a disposição do instrumento e gerar, ao mesmo tempo, o som e o aprendiz. Pensando o acoplamento como agenciamento maquínico, fica evidenciado que o produto da aprendizagem não é uma repetição mecânica, repetição do mesmo, mas uma atividade criadora, que elimina o suposto determinismo do objeto ou do ambiente, atividade sempre em devir. Aprende verdadeiramente aquele que cria permanentemente na relação com o instrumento, reinventando-se também como músico de maneira incessante.

Em *Proust e os signos* (1976), Deleuze apresenta a idéia de que aprender é decifrar signos. A perspectiva objetivista tende a fazer confundir o signo com o objeto que ele designa. Mas Deleuze chama atenção para as duas faces do signo. A primeira designa o objeto; a segunda significa algo diferente. A primeira captura o signo na recognição; a segunda abre para seu conhecimento verdadeiro. Decepcionamo-nos sempre que esperamos que o objeto nos forneça tal verdade. Deleuze (1976, p. 340) afirma que "a decepção é um momento fundamental da busca ou do aprendizado: em cada campo de signos ficamos decepcionados quando o objeto não nos revela o segredo que esperávamos". Busca-se, então, balancear essa decepção objetiva com uma compensação subjetiva, evocando-se idéias que, por si mesmas, também não bastam para a interpretação do signo. Deleuze refere-se à aprendizagem como um movimento de vaivém, como uma série de saltos do objetivo para o subjetivo e vice-versa, única possibilidade de chegar ao que ele chama, nesse momento, a essência do signo ou sua diferença. Só assim chegamos a aprender, ou seja, a interpretar. Cada interpretação, em sua singularidade, é uma modulação ou um grau da diferença.

Para Deleuze, "a arte é o destino inconsciente do aprendiz" (*ibidem*, p. 50). Não dispõe de melhor aprendizagem aquele que toca repetindo a música sempre da mesma forma, mas aquele que é capaz de interpretá-la, ou seja, aquele que, em suas repetições, é capaz do maior número de variações. O melhor aprendiz não é aquele que aborda o mundo por meio de hábitos cristalizados, mas o que consegue permanecer sempre em processo de aprendizagem. O processo de aprendizagem permanente pode, então, igualmente, ser dito de desaprendizagem permanente. Em sentido último, aprender é experimentar incessantemente, é fugir ao controle da representação. É também, nesse mesmo sentido, impedir que a aprendizagem forme hábitos cristalizados.

Quando o exemplo da aprendizagem da flauta é apresentado, verifica-se que ela possui como indício a atenção[23] (VARELA; THOMPSON; ROSCH, 1991, p. 61). Creio poder afirmar que aprender é estar atento às variações contínuas e às rápidas ressonâncias, mas isso implica, ao mesmo tempo, uma certa desatenção aos esquemas práticos de recognição. O jogo entre uma certa atenção e uma espécie de desatenção que lhe é correlata foi tematizado por Bergson (1934), que fala de uma atenção à vida pragmática utilitária, mas também uma "atenção suplementar", que é atenção à duração. Nos termos que venho utilizando, é possível dizer que a primeira assegura a aprendizagem como solução de problemas, mas é a segunda modalidade de atenção que assegura a aprendizagem como invenção de problemas. A ressignificação do que seja aprendizagem, cujo indício é a atenção ao presente, é ponto fundamental para um novo pragmatismo, não utilitário, mas inventivo.

Quando Varela vê no aprendiz da flauta o caso exemplar de uma aprendizagem que permeia toda nossa vida, aprender ganha o sentido inédito de ser sensível ao diferencial do objeto e se aproxima da concepção deleuziana de aprendizagem como processo temporal, que envolve a contínua invenção de problemas (DELEUZE, 1968). O melhor desempenho não é assegurado pelo domínio de uma técnica. A *performance* não é repetição mecânica, ela implica num agenciamento com fluxos, aprendizagem sempre envolve devires aparalelos. A aprendizagem exige destreza no trato com o devir. Aprender é, antes de tudo, ser capaz de problematizar, ser sensível às variações materiais que têm lugar em nossa cognição presente.

A propósito da dificuldade de entender a conduta cognitiva como processo de invenção de problemas, Maturana e Varela

---

[23] Varela, Thompson e Rosch (1991, p. 53) destacam a importância que as práticas budistas dão ao desenvolvimento de uma atenção que não é atenção a um objeto ou a uma situação externa, mas ao próprio exercício ou processo de reflexão ou pensamento.

(1986, p. 148) afirmam que é comum "admitirmos conhecimento cada vez que observamos uma conduta efetiva (ou adequada) num contexto assinalado, quer dizer, num domínio que definimos com uma pergunta (explícita ou implícita) que formulamos como observadores". Ou seja, no momento em que fazemos a pergunta, assinalamos o contexto. Desde então, a conduta observada é valorizada pelo observador como cognitiva. Habitualmente, identificamos a ocorrência de aprendizagem ou cognição no âmbito exclusivo das perguntas ou problemas que nós mesmos formulamos enquanto observadores. Mas o simples "fato de viver – de conservar ininterruptamente o acoplamento estrutural como ser vivo – é conhecer no âmbito do existir". Se consideramos que o ponto de vista do observador é apenas uma abordagem perspectivada e parcial dos fenômenos cognitivos, damos um passo importante para a ampliação do conceito de cognição. Varela e Maturana traduzem esta ampliação num aforismo: conhecer é viver. Se o viver é autopoiético, a cognição deve ser dita invenção. Invenção cujos dois resultados, cujos dois inventos, igualmente imprevisíveis, são a estrutura da cognição e o mundo conhecido.

Invenção e senso comum

A cognição, como o mundo conhecido, "sempre será *precisamente* essa mescla de regularidade e mutabilidade, esta combinação de solidez e areias movediças que é tão típica da experiência humana quando a olhamos de perto". Além disso, "todo mundo trazido à mão oculta necessariamente suas origens" porque "uma estabilização operacional na dinâmica do organismo não incorpora a maneira como se originou" (MATURANA; VARELA, 1986, p. 205). Daí parecer que a cognição representa um mundo pré-existente.

A evocação de uma experiência, talvez melhor do que as duas que evocamos no início do capítulo anterior – a do retorno à casa da infância e a do cheiro da chuva –, dá a exata medida dos limites da recognição. Trata-se da experiência de um viajante que aporta a uma terra estrangeira, a uma cultura diferente da sua. Experiência radical, pela qual o viajante é arrancado de uma banalidade cotidiana que muitas vezes entorpece e anestesia. Vale a citação da passagem:

> Só quando alguma interação nos tira do óbvio – por exemplo, ao sermos bruscamente transportados a um meio cultural diferente – e nos permitimos refletir, é que nos damos conta da imensa quantidade de relações que tomamos por garantidas. Aquela bagagem de regularidades próprias do acoplamento de um grupo social é sua tradição biológica e cultural. A tradição é, ao mesmo tempo que uma maneira de ver e atuar, uma maneira de ocultar. Toda tradição se baseia no que uma história estrutural acumulou como óbvio, como regular, como estável, e a reflexão que permite ver o óbvio só opera com o que perturba essa regularidade. (*Ibidem*, p. 206)

Se, em nossa viagem, somos acometidos de nostalgia, trata-se da nostalgia de um senso comum, aqui definido como uma bagagem de condutas regulares, bagagem cultural e biológica. Não sentimos falta das referências de um mundo pré-dado e independente, mas de um mundo que é produto de nossa experiência na qualidade de corpo em ação. O que é importante é que, como sujeitos em constante processo de aprendizagem, só seremos nostálgicos enquanto não formos capazes de inventar um novo domínio cognitivo ou de existência. Trata-se aqui, mais uma vez, de uma questão de invenção que, em princípio, não possui limites inultrapassáveis – da enação de um mundo. A noção de enação ganha força, pois, além de ser corporificação do conhecimento, ela é invenção de mundo. Daí Varela dizer que trabalha aí outro lado da complexidade. Só então poder-se-á falar de modo conceitualmente mais preciso, de uma co-emergência do sujeito e do mundo.

Varela chama de senso comum um saber-fazer corporificado, que encontra raízes na experiência individual, na tradição biológica e histórica. Ele é então: 1) configurado por ações concretas, constituindo um plano de sentido da experiência; 2) coletivo, posto que inclui tanto a experiência filogenética quanto a experiência histórico-cultural; 3) aberto aos *breakdowns*, podendo ser reconfigurado continuamente, sendo por isso fonte de criação de novos sentidos. Resumindo, é um plano de sentido corporal e coletivo, que acolhe os *breakdowns*, sendo por isso mesmo passível de redefinição permanente.

Para Varela, as questões que se colocam como pertinentes a cada momento de nossa vida "não são predefinidas, mas configuradas (*enacted*), fazemo-las emergir sobre um plano de fundo, e os critérios de pertinência são ditados por nosso senso comum, de uma maneira sempre contextual" (VARELA, 1988, p. 91). Nessa medida, o senso comum não se opõe à invenção, pois ele não está fundado numa natureza reta da cognição, que garantiria sua afinidade com uma verdade independente, e que apareceria como desejo, como pensamento, dessa mesma verdade. O senso comum não está fundado no exercício concordante das faculdades, numa *cogitatio natura universalis*, como Deleuze (1968, p. 218) apontava na imagem dogmática do pensamento. É emergente de um fundo onde não encontramos qualquer fundamento que não o próprio devir. Varela chega a afirmar que "a falta de fundamento se revela na cognição como 'senso comum'" (VARELA; THOMPSON; ROSCH, 1991, p. 206). E ainda: "É uma questão de *emergência de sentido comum*, de configurações autônomas de uma apropriada tomada de posição, que é estabelecida por toda a história de vida do agente na sua co-implicação" (VARELA, 1992a, p. 21). O que Varela chama de senso comum se distingue, mas não se separa, das perturbadoras experiências de *breakdown*. O *breakdown* é sempre rebatido sobre um senso comum que lhe dá sentido, mas que não fornece qualquer plano de ação, permanecendo aberto a mudanças pela constante problematização de seus pressupostos. Em resumo, senso comum e *breakdowns* fazem parte da experiência do observador comum.

Varela explicita, em seus textos mais recentes, a preocupação em reconciliar os estudos da cognição com isso que ele denomina senso comum. Essa preocupação parece possuir duas motivações: 1) trata-se de uma maneira de trazer à cena teórica o tema da experiência, que o cognitivismo computacional eclipsara em favor de uma cognição representacional e calculatória, destituída de correlato experiencial. Esse deslocamento ganha força se a experiência estudada é a do observador comum, tendo lugar em qualquer cognição e não sendo privilégio de observadores especiais; 2) o estabelecimento conceitual da relação entre a invenção e o senso comum é importante na medida em que afasta definitivamente a idéia de uma invenção de soluções por princípios invariantes, abstratos, transcendentes ou *ex-nihilo*.

Ao final dessa análise, verificamos que o senso comum encontra um lugar, ou antes, é incluído em sua discussão sobre a invenção, mas não é entendido aí como o que move a cognição e muito menos a investigação da cognição. Em certa medida, nos termos de Varela, a reconciliação da cognição com a experiência corresponde a uma reconciliação do senso comum com a invenção. Mas, por coerência com a terminologia que venho utilizando, e que empreguei na montagem do problema do qual me ocupo, creio que o emprego da noção de senso comum para dar conta de um plano de sentido – ao mesmo tempo, corporal e coletivo – causa embaraços e dificulta o entendimento. Mesmo tendo clareza de que o senso comum, tal como entendido por Varela, não é apenas condição da recognição, de que não é um *a priori* kantiano, mas está muito mais próximo do que Foucault (1969) denomina *a priori histórico*, preferimos dizer que o que temos a reter de seu trabalho é o estudo da experiência do observador comum em seu sentido mais pleno, em que os *breakdowns* são rebatidos sobre um plano de sentido corporal e coletivo, sempre aberto e passível de redefinição.

Invenção e subjetividade

Quando Varela fala de invenção do sujeito da cognição, este não se distingue, em princípio, do modo de individuação do vivo. O sujeito é inventivo porque inventado, ou vice-versa. Observe-se que há aí uma inversão na colocação do problema. Não se trata de perguntar como a cognição põe em relação um sujeito e um objeto, mas como, do exercício concreto da cognição, surgem sujeito e objeto. Por certo, também não consiste em buscar, na investigação do sujeito, uma causa ou os mecanismos da invenção, mas em encontrá-lo(s) ao final, efeito de um processo inventivo que envolve instâncias pré-subjetivas e pré-objetivas. Todos esses pontos apontam para uma concepção de sujeito cognitivo muito mais próxima do conceito de subjetividade, tal como trabalhado por Deleuze e Guattari, do que do conceito de sujeito do conhecimento, tal como aparece na tradição psicológica e cognitivista. Mais do que o detalhamento suplementar de algo que procurei tornar evidente ao longo de todo esse capítulo, interessa-me discutir alguns problemas que me parecem essenciais e inevitáveis.

Os problemas a que me refiro dizem respeito à questão dos limites concretos da invenção. Ora, procurei deixar claro que tais limites não são previamente demarcados no nível da organização autopoiética nem no da estrutura dotada de clausura operacional. O texto de Varela e Maturana apresentava esses limites como abertos, restando sempre permeáveis à problematização. Apesar de tudo isso, parece-me que ainda estamos distante do concreto se não abordamos o fato de que invenção nem sempre se dá efetivamente, ou seja, que a inventividade do sistema cognitivo é muitas vezes obstaculizada por um certo tipo de relação com o senso comum, que impede o fluir da cognição e a criação de novas formas de conhecer. Que nem sempre se cumpre a fórmula do *aprender a aprender*, que assegura a continuidade da invenção contra a rigidez dos hábitos. Há crianças que não aprendem, pessoas que não conseguem recriar um mundo, que permanecem enclausuradas em antigos domínios cognitivos etc. Não são problemas de adequação a um ambiente dado, mas problemas que comprometem a invenção de um mundo. Revelam, portanto, que não se efetiva uma adaptação *com* o meio. O sintoma é muitas vezes o sentimento de impossibilidade de operar sua autopoiese, é a angústia diante de um problema para o qual não se vê solução. Algo exige ou força a inventar, mas o sujeito não encontra em si meios de saída. A problematização é ociosa e o problema puxa como um buraco negro. Segundo Suely Rolnik (1995a), a diferença "em ato na textura de nosso ser" é vivida como mal-estar e se faz sentir "quando uma nova constelação de fluxos cria em nós um estado a tal ponto inédito, que ultrapassa um certo limiar e não consegue mais expressar-se nas figuras atuais de nossa subjetividade, exigindo em nós a criação de novas figuras". Para Rolnik, a inadequação constitutiva entre a infinitude do ser, em seu caráter heterogenético, e os modos, sempre finitos em que ela se efetua, ocasiona um embate permanente entre as forças e as formas e exige uma clínica comprometida com a criação de modos de subjetivação mais permeáveis ao intempestivo da experiência e à processualidade, em detrimento de outras formas de existir mais rígidas e fechadas ao devir. Nesse sentido, a clínica se faz como uma pragmática ontológica, em que a escuta deve abrir-se não para o que somos, mas "para aquilo de que estamos em vias de diferir".

Existe também uma outra manifestação do entrave da autopoiese. Trata-se de casos nos quais ocorre uma obliteração do processo de problematização, e não do processo de solução. Essa modalidade implica num fechamento ainda mais rígido da estrutura cognitiva, a ponto de o sujeito, inteiramente identificado a regras contingentes, posto que inventadas, e portanto facultativas, tomá-las por regras coercitivas. O princípio de autonomia é como que desativado em favor de uma conduta marcada pelo automatismo, que impede muitas vezes a manifestação de qualquer tipo de angústia. Mesmo assim, o fechamento é somente tendencial, guardando sempre a possibilidade de ser abalado por algum tipo de desestabilização. Para Rolnik,

> quando a barreira de uma certa estabilidade é rompida, corre-se o risco de subjetividades mais toscas, arraigadas ao senso comum, vislumbrarem aí o perigo de uma desagregação irreversível e entrarem em pânico. Por se pensarem constituídas de uma vez por todas, subjetividades desse tipo não entendem que tais rupturas são inerentes à produção de seus contornos, os quais estão sempre se redelineando em função de novas conexões. (1996a, p. 85)[24]

O apego ao senso comum, aqui entendido como uma figura da recognição, instala uma espécie de regime totalitário da subjetividade, que surge como o principal obstáculo para a continuidade da processualidade e encarna um triunfo ocasional sobre as forças da criação.

Em sua obra mais recente, Varela insiste no problema de que ainda que o campo da experiência seja marcado pelo movimento contínuo, o sujeito humano tem o sentimento de que todas as experiências pertencem a um mesmo si ou eu, vivido como um fundo permanente no fluxo das variações contínuas da experiência. Varela propõe-se, então, a investigar a natureza, bem como os efeitos gerados por esse si. De saída, o si não é um dado, mas uma invenção, um efeito emergente da rede autopoiética. Mas Varela acrescenta que tal efeito tem uma natureza destituída de existência concreta, posto que as práticas de apreensão direta da experiência não o revelam.[25] Localizam o

---

[24] A complementação dessa idéia aparece em Rolnik (1995a), em que ela desenvolve, nessa mesma direção, uma análise do quadro clínico hoje conhecido como síndrome do pânico.

[25] Varela considera que o método da introspecção, como atenção a si intelectualizada, promove apenas uma apreensão indireta e abstrata da experiência e, por isso, vale-se das práticas budistas. Para Varela, a despeito de seu desconhecimento no Ocidente, elas possuem o mérito de serem práticas sobre a experiência, ao mesmo tempo que de experiência, tornando indissociáveis o conhecimento e a ação.

corpo, as sensações, as percepções, as motivações, mas não um si. Nesse sentido, o si é um "olho no coração da tempestade" (VARELA; THOMPSON; ROSCH, 1991, p. 97), um centro vazio no campo instável e turbulento da experiência. Por não possuir uma existência concreta, conclui então por seu caráter de crença. Argumenta que "se houvesse um si sólido, realmente existente, dissimulado ou atrás dos agregados, seu caráter imutável impediria toda experiência de se produzir (*ibidem*, p. 125).

Embora destituído de existência concreta, a presença do eu não é inócua, ela produz efeitos. Varela é levado a concluir que "a cognição e a experiência não parecem comportar um si verdadeiramente existente, mas também que a crença ordinária em um tal eu, o apego constante a esse si estão na origem do sofrimento humano e dos automatismos habituais e concorrem para perpetuá-los" (*ibidem*, p. 126).

Como biólogo, Varela não fornece uma contribuição direta para como despotencializar o efeito desse si sobre o campo da experiência, que poderia fornecer pistas para uma prática clínica comprometida com a continuidade da autopoiese. Mas identifica que o diagnóstico dos problemas relativos aos obstáculos à invenção de novos domínios cognitivos encontram-se localizados no embate do si com o campo movente da experiência. O que Varela não chega a esclarecer é por que o si, mesmo não possuindo realidade concreta, é capaz de gerar efeitos bastante concretos e mesmo nefastos para a continuidade da invenção, pois, se entendermos que ele é destituído de concretude por ser um efeito emergente, teríamos que concluir que todas as regras geradas pelo funcionamento autônomo também o seriam. Ora, vimos que essa não foi a posição de Varela quando abordou o problema do senso comum, em sua abertura aos *breakdowns,* que lhe assegurava o estatuto de regras concretas. Tais questões, ainda em aberto, aparecem também tratadas por Canguilhem.

Antes de introduzir sua contribuição, começamos por lembrar que, para Maturana e Varela, a autopoiese tinha como limite a morte biológica. A noção de morte comparece aí em seu sentido biológico habitual, como algo que põe fim à sobrevivência da espécie. No entanto, deve-se observar que tal constrangimento, na fórmula de um "tudo ou nada", deixa em aberto, sem desenvolver conceitualmente, a possibilidade de trabalhar com uma outra concepção de morte, que não se defina por colocar fim à sobrevivência ou, antes, que não se oponha à sobrevivência, mas, sim, à criação de si e do mundo, pois não devemos esquecer que a autopoiese deixa em aberto as soluções individuais, que são esboçadas caso a caso, numa armação *ad hoc*. Nesse sentido, o que se insinua é uma concepção de morte tal como a entendeu Bichat: morte que permeia a vida, que coexiste com vida (CANGUILHEM, 1943-1963/1966; FOUCAULT, 1980).

Canguilhem (1943) estabeleceu, nessa mesma direção, uma distinção valorativa entre as regras criadas pelo vivo. Sua contribuição é importante por tratar-se de um autor que também pensou o vivo através da invenção, que em sua obra é formulada no conceito de normatividade, que se refere a uma potência de criar normas. Todavia, ao impor-se a tarefa de elucidar os conceitos de normal e patológico, Canguilhem viu-se obrigado a tratar as regras em termos de valor. Vale a reprodução de uma passagem:

> Há dois tipos de comportamentos inéditos na vida. Há os que se estabilizam em novas constantes, mas cuja estabilidade não constituirá obstáculo a uma nova superação eventual. Trata-se de constantes normais de valor propulsivo. São realmente normais por normatividade. E há os que se estabilizam sob a forma de constantes que o ser vivo se esforçará, ansiosamente, por preservar de qualquer perturbação eventual. Trata-se ainda de constantes normais, mas de valor repulsivo, que exprimem, nelas, a *morte da normatividade*. Nisso, essas constantes são patológicas, apesar de normais enquanto nelas puder viver o ser vivo. (CANGUILHEM, 1943-1963/1966, p. 167; grifo meu)

O que Canguilhem denomina "constantes normais de valor propulsivo" são regras que asseguram a continuidade da inventividade, ao passo que as "constantes normais de valor repulsivo" são regras que, segundo suas palavras, exprimem a morte da normatividade. Mais do que distintas por seu valor de sobrevivência, os dois tipos de normas se distinguem quanto ao valor que possuem para a continuidade da normatividade ou do que chamamos inventividade. Canguilhem nos dá a indicação de que os entraves da invenção não estão situados na potência de criar regras, mas no nível dos produtos da normatividade fundamental do vivo. Produtos esses que retroagem, inevitavelmente, sobre essa mesma normatividade potencial.

As constantes são normas de ação. Para Canguilhem, quando elas são propulsivas, não se opõem à invenção, mas asseguram sua continuidade. Quando são repulsivas, constituem um obstáculo à invenção. Para Rolnik, o apego ao senso comum não depende de um tipo de regra, mas de uma certa maneira de lidar com as regras, que as toma como essências ou leis transcendentes. Segundo Varela, é a crença no si que responde pelo obstáculo à invenção. Cada um desses autores explora, à sua maneira, o imenso campo da causalidade imanente, das relações remissivas, sem princípio nem fim, entre o si e a experiência, o inventado e o inventivo.

Antes de encerrar esse capítulo, uma palavra sobre o papel do social no processo de invenção de si e do mundo. Varela, como Canguilhem e Rolnik, não encontram o critério de avaliação das normas criadas pelos organismos em normas sociais extrínsecas, mas no embate entre a invenção e o invento. No caso de Varela, já em seu trabalho com Maturana, fica claro que o social não é responsável pelos limites da invenção, pois este é considerado, em si, mais autônomo que o organismo, não exigindo, para seu funcionamento, a estabilidade operacional que o organismo requer por seus constrangimentos por fatores genéticos e ontogenéticos. Ao contrário, a sociedade requer plasticidade operacional. Daí a colocação: "Organismos e sistemas sociais humanos são, pois, casos opostos na série dos metasistemas formados pela agregação de sistemas celulares de qualquer ordem" (MATURANA; VARELA, 1986, p. 173).[26]

No entanto, a reflexão acerca dos efeitos do social sobre o domínio cognitivo é limitada na obra de Varela e Maturana. Acredito podermos avançar experimentando pensar quais os efeitos de um meio social complexo sobre a cognição humana. Numa primeira hipótese, o social potencializa a inventividade cognitiva, multiplicando a variedade das regras criadas; numa segunda, o social entrava sua potência inventiva. Explorando essas duas possibilidades, podemos fazer avançar o trabalho sobre os limites da cognição, os quais, na primeira hipótese, poderiam ser ultrapassados, potencializando a vida que há no vivo, ou, na segunda hipótese, eles poderiam tornar-se ainda mais rígidos e intransponíveis, acarretando uma espécie de morte em vida, morte da inventividade, do que há de vida no vivo.

Fica indicada a importância de que se revestirá o problema da técnica, que constrói um sem-número de fronteiras e interfaces entre os domínios cognitivo e físico-químico na sociedade contemporânea, cujas conseqüências precisam ser analisadas. Esse será o tema do próximo capítulo. O motivo que nos faz avançar não é meramente evitar os riscos de um reducionismo, mas o intuito de transpor aquilo que acreditamos ser um limite da obra de Varela e Maturana, pois, como observa Eduardo Passos (1997), a interface entre a psicologia e a biologia da autopoiese tem características muito distintas das anteriores. Se, antes, o recurso às ciências biológicas se fazia com o sentido de obter uma garantia epistemológica para a psicologia, o que se pretende com

---

[26] Varela cuida de distinguir autonomia e autopoiese. Os sistemas sociais são autônomos, mas não autopoiéticos, pois não possuem fronteiras espaciais e não são autoprodutivos (1989, p. 85).

o trabalho de Maturana e Varela é um entendimento de problemas que a psicologia tradicional não pode solucionar, pelo fato de não os haver colocado, como é o caso da invenção de problemas. Segundo Passos, a atual interface pode ser "afirmada com prudência". A meu ver, são os problemas que restam em aberto, intratados pela biologia da autopoiese, que nos forçam a seguir em frente, na direção de subsídios para pensar a participação efetiva dos fatores, ao mesmo tempo técnicos e coletivos, na produção das formas cognitivas atuais.

Esse ponto nos força a continuar o caminho na direção de um entendimento da invenção, e poderia levar a duas vias: ao estudo de casos individuais ou à investigação do que hoje se formula como "novas formas de conhecer", que busca entender certas transformações da cognição que são pregnantes na definição da subjetividade contemporânea. Nesse ponto de bifurcação, minha opção é seguir a segunda via e buscar entender os efeitos concretos que a técnica vem gerando na sociedade contemporânea e também na cognição. Por essa via, o objetivo é investigar e, talvez, lançar alguma luz no problema, eclipsado pelo cognitivismo, da existência de novas formas de conhecer. Formas que não basta adjetivar de contingentes ou transitórias, mas que revelem, com força suficiente, a indissociabilidade de uma cognição inventiva e de uma cognição inventada.

A introdução dos vetores sociais, técnicos e políticos configura-se, então, como essencial. É nessa direção que Félix Guattari (1992) utiliza a noção de autopoiese para pensar a produção da subjetividade, forçando seus limites para além do domínio do vivo. Para Guattari, a noção de autopoiese é fecunda, mas limitá-la ao domínio do vivo é insuficiente. Ele propõe abrir seus limites para pensar a subjetividade autopoiética por fatores tecnológicos, políticos e coletivos. A consideração de vetores heterogêneos, embora não seja incompatível com a análise biológica, pois todas as perturbações são físico-químicas, fornece uma visão mais clara da cognição enquanto invento híbrido, como propunha Latour. O quarto capítulo retomará também, de forma renovada, por uma outra entrada, a idéia de uma psicologia híbrida, híbrida como seu objeto. Dessa maneira, pretendemos continuar o exame das condições de uma psicologia da invenção.

As formas híbridas da cognição

Em 1957, após haver deixado o cargo de chefe do Laboratório de Psicologia da École Normale Supérieure e de professor assistente de psicologia na Universidade de Lille, Foucault escreve um artigo sobre história da psicologia,[1] onde começa afirmando:

> A psicologia do século XIX herdou da *Aufklärung* o cuidado de se alinhar às ciências da natureza e de reencontrar no homem o prolongamento de leis que regem os fenômenos naturais. Determinação de relações quantitativas, elaboração de leis que procedem como funções matemáticas e colocação de hipóteses explicativas são esforços semelhantes pelos quais a psicologia tenta aplicar, não sem sacrifício, uma metodologia que os lógicos acreditaram descobrir na gênese e no desenvolvimento das ciências da natureza. Ora, esse foi o destino dessa psicologia, que se queria conhecimento positivo, de repousar sempre sobre dois postulados filosóficos: que a verdade do homem é esgotada em seu ser natural; e que o caminho de todo conhecimento científico deve passar pela determinação de relações quantitativas, pela construção de hipóteses e por sua verificação experimental. (FOUCAULT, 1957, p. 120)

---

[1] É interessante notar que Foucault começa sua carreira trabalhando com psicologia e, mais tarde, depois de um longo trajeto pela história, quando elabora a arqueologia do saber e a genealogia do poder, chega, ao final de sua vida, ao tema das práticas de subjetivação. O exame de sua trajetória daria um interessante trabalho.

Logo em seguida, Foucault constata que a história da psicologia é uma história paradoxal, que não cessa de contradizer tais postulados. Por uma questão de fidelidade objetiva, a psicologia é levada a reconhecer na realidade humana algo distinto de um mero setor da realidade natural e a utilizar métodos diferentes dos das ciências naturais. Acaba por renunciar a eles, pois, "descobrindo um novo estatuto do homem, ela se impõe, como ciência, um novo estilo" (*idem, ibidem*).

Em relação a esse "novo estilo" que se configura no século XX, constatamos que, no campo da psicologia cognitiva, o gestaltismo e a epistemologia genética reconsideram, em certa medida, a adesão maciça ao projeto positivista. Em termos metodológicos, o gestaltismo pratica uma experimentação sem quantificação, ao passo que Piaget aplica o que denomina método clínico. Mas quanto ao postulado filosófico que inscreve o homem no seio da natureza, tais abordagens não se distanciam muito da psicologia do séc. XIX. Ancorar a cognição na natureza significa, no contexto do cognitivismo, entendê-la como algo caracterizado por uma ordem previsível, garantido por leis e princípios invariantes. Os vetores técnicos e coletivos não são abordados como concorrentes para a transformação da cognição, ou seja, como vetores que trabalham na invenção de regras cognitivas contingentes e temporárias que seriam constituidoras da cognição concreta.

Foucault detecta com precisão que a psicologia encontra sua razão de existir numa espécie de contradição ou paradoxo fundador: surge para responder a questões acerca dos erros e mesmo das anomalias, das patologias e do que há de conflituoso no homem. A investigação sobre a memória, por exemplo, é impulsionada pelos fenômenos do esquecimento, e o desenvolvimento torna-se uma questão a ser estudada em decorrência das falhas que apresenta. Ele continua: "Se ela é transformada numa psicologia do normal, do adaptativo, do ordenado, é de uma maneira segunda, como por um esforço para dominar suas contradições". Após esse diagnóstico, adverte:

> O problema da psicologia contemporânea – e que é para ela *um problema de vida ou morte* – é saber em que medida ela consegue efetivamente dominar as contradições que a fizeram nascer, com esse abandono da objetividade naturalista que parece ser seu outro caráter maior. A essa questão a história da psicologia deve responder por ela mesma. (*Ibidem*, p. 122; grifo meu)

Ao final, Foucault retorna ao que ele denomina as contradições da psicologia, que permeiam as discussões sobre o caráter natural ou artificial, social ou individual, permanente ou transitório dos fenômenos psicológicos e pergunta: "Mas pertence à psicologia ultrapassá-las ou deve ela contentar-se em descrevê-las como formas empíricas, concretas, objetivas de uma ambigüidade que é a marca do destino do homem?" (*ibidem*, p. 135). Diante desses limites, deve recuar de seu projeto científico e tornar-se uma reflexão filosófica ou deve procurar descobrir fundamentos que, sem suprimir a contradição, permitam levá-la em conta? Foucault já detecta na época esforços[2] na segunda direção e conclui que a questão seria, então, explicar positivamente as contradições e não suprimi-las ou atenuá-las. Mas termina afirmando que a interrogação fundamental permanece.

Identifico hoje no trabalho de Varela e Maturana a continuidade da segunda perspectiva, ou seja, o intento de enfrentar teoricamente o caráter paradoxal da cognição sem abandonar um projeto científico. Isso é feito, curiosamente, no próprio âmbito das ciências da natureza, mas esta é agora entendida como

---

[2] Nesse momento, aponta, dentre outros, o trabalho da cibernética - destacando os de N. Wiener e de G. Walter -, algo que se afasta do determinismo clássico, pois, sob a estrutura formal das estimativas estatísticas, encontrariam lugar para as ambigüidades dos fenômenos psicológicos e para as formas equivocadas do conhecimento.

uma natureza artificializante e inventiva, em que o individual e o social, a estrutura e aquilo que perturba e causa problema se misturam numa rede complexa. Seu trabalho científico tem, entretanto, um alcance filosófico, no sentido de que propõe uma nova concepção de cognição que não recusa sua complexidade, mas, ao contrário, toma a complexidade como aquilo que define positivamente a cognição. É certo que tal trabalho não impera hegemônico, mas divide a cena da investigação contemporânea com teorias cognitivistas, que se esquivam do caráter paradoxal de seu objeto por estratégias que constituem o refúgio de um positivismo atualizado e travestido. Importa sublinhar que Varela e Maturana não lançam novos fundamentos, mas, conforme já vimos, antifundamentos, porque não ancoram a cognição numa natureza invariante, mas a lançam no devir.[3] Maturana e Varela desenvolvem, no entanto, investigações em biologia do conhecimento, o que nos obriga a insistir no destino da reflexão psicológica acerca da cognição e sua possível inclusão no quadro do conhecimento científico. O que podemos adiantar é que qualquer expectativa de inserção no campo científico não se dará, conforme veremos ao final, sem uma redefinição do que seja uma prática científica em estilo psicológico. A psicologia cognitiva encontra-se, portanto, ainda hoje, no impasse que Foucault detectou há quarenta anos. O esforço de purificação crítica característico da ciência moderna, que ainda vige em muitos de seus setores, é a encarnação da tentativa de dominar o caráter complexo e paradoxal de seu objeto. O resultado é a concepção de uma cognição invariante, protegida dos efeitos de fluxos diversos que constituem a subjetividade.

Seguindo a direção de Varela e Maturana, sugiro que a psicologia cognitiva não se pode furtar de problematizar os

---

[3] Nessa medida, seu trabalho possui maior sintonia com a ciência contemporânea do que com a ciência moderna. Cf. PRIGOGINE e STENGERS 1984 e 1988.

pressupostos da ciência moderna. Não pode também perder de vista as formas concretas que atestam a ambigüidade de seu objeto, pois são as formas concretas, visivelmente complexas da cognição, em que se misturam o natural e o artificial, o individual e o coletivo, as constâncias e as variações, que exigem a reformulação de seus pontos de partida. Devemos fazer delas problemas que exigem investigação e, da sustentação de sua complexidade, a saída para o que Foucault chamou de "problema de vida ou morte" da psicologia. Creio que deslocando o foco de nossa atenção do problema da recognição para o problema da invenção de formas cognitivas, damos o passo decisivo para a redefinição do conceito de cognição. A análise se desmembra, então, em dois níveis, que julgamos indissociáveis: entender a formação da cognição com base no devir e analisar as diversas formas concretas que ela assume. Reencontramos aqui o que chamamos, ao final do primeiro capítulo, o nível da cognição inventiva e o nível da cognição inventada.

    A discussão de Foucault sobre a psicologia baseia-se na idéia de que seu objeto é o homem. É reconhecendo sua estranha natureza, natureza histórica, que Foucault questiona a situação da psicologia como ramo das ciências naturais. Nosso caminho tem sido, todavia, outro. Não nos baseamos na psicologia em geral e não tomamos como objeto o homem, e sim a cognição, mas a análise seguiu uma lógica muito próxima. Foucault identifica no homem o que chama de ambigüidade ou contradição entre o individual e o social, o variável e o constante, o racional e o biológico. Encontramos esses mesmos vetores no que denominamos de complexidade da cognição. Aproveitando a linguagem de Latour, buscamos as condições paradoxais de uma cognição que assume formas sempre híbridas. Conforme veremos, positivar a complexidade das condições da cognição e o hibridismo de suas formas nos conduzirá, ao final, à proposta de uma psicologia complexa e híbrida como seu objeto. Perguntamos com Foucault: "O futuro da psicologia não está, então, na tomada a sério dessas contradições, cuja experiência fez justamente nascer a psicologia?" (1957, p. 136).

Experimentamos, ao longo desse livro, efetuar a tarefa de reconsiderar os fundamentos e de buscar novas hipóteses explicativas no campo da cognição. Nesse campo, a consideração do que existe de humano na cognição não tem concorrido para acessar seu caráter complexo e paradoxal. A psicologia toma a inteligência como a forma humana de pensar e, mesmo quando estuda a cognição animal ou aquela da máquina, não é com o intuito de explorar outras formas de conhecer, mas para reencontrar as formas da inteligência humana.[4] A forma humana de pensar, tal como aparece nesse contexto, sobrecodifica a cognição e, em vez de abrir espaço para pensar sua complexidade e as transformações que têm lugar ao longo de sua história, concorre para esgotar sua pesquisa numa lógica invariante, comum à inteligência do homem, do animal e da máquina.[5] A conseqüência, conforme pudemos verificar, é uma sobreposição entre o campo da cognição e o da recognição, inseparável da exclusão do problema da invenção. Para esboçar uma nova maneira de fazer psicologia, precisamos nos deslocar para o plano das condições de uma cognição ampliada, que inclua a recognição, mas também a invenção. Condições complexas para uma cognição paradoxal, inventiva e imprevisível.

Para isso, considero importante nesse momento, lançar a atenção para o terreno da técnica, dada a possibilidade de que as

---

[4] Uma exceção a essa orientação pode ser creditada à Etologia que, atenta à questão das características de cada espécie, abre possibilidades de trazer inovações ao campo da cognição, que ainda não foram exploradas em todo o seu alcance. A meu ver, é um campo de estudo que pode e deve transversalizar a investigação do campo da cognição de forma mais sistemática.

[5] E. Passos (1996) reconhece na utilização do modelo computacional uma desterritorialização da forma humana de pensar, mas que se faz no sentido de uma reterritorialização lógico-formal. Mesmo seguindo esse raciocínio, o que se destaca, a meu ver, é a continuidade da desconsideração do caráter complexo da cognição, em favor de uma lógica invariante. De acordo com Bergson (1934), estaríamos ainda explorando o campo da inteligência, que é a forma humana de pensar.

reflexões que aí têm lugar levantem o problema de um genuíno hibridismo das formas cognitivas e abram a possibilidade de levar mais longe as idéias lançadas pela investigação de Varela e Maturana. A questão da técnica não é chamada à cena a fim de acrescentar uma dimensão de artifício onde havia natureza, mas para testar a eficácia de pensar em agenciamento de fluxos heterogêneos, que configurem as formas híbridas de uma cognição concreta.

O lugar da técnica na história dos estudos da cognição

Ao longo da história dos estudos da cognição, é possível identificar três maneiras de colocar o problema da relação entre o sujeito e a técnica. Quando formulado pela psicologia cognitiva da primeira metade do século, o problema é a função do objeto técnico, este entendido como espécie de prolongamento do corpo, no comportamento de solução de problemas. Serão examinados o alcance da teoria da projeção orgânica, que se encontra na base dessa concepção, e sua possível compatibilidade com os estudos de produção da subjetividade. Para isso, confrontarei, em princípio, dois autores que utilizam a teoria da projeção: G. Viaud e G. Canguilhem. A segunda maneira de colocar o problema ocorre, a partir da década de 1950, no interior da ciência cognitiva, e consiste em explorar a relação de equivalência entre o sistema cognitivo humano e um objeto técnico particular, o computador. A terceira maneira de colocar o problema consiste em perguntar de que maneira a tecnologia participa da invenção da subjetividade.

A psicologia cognitiva e a teoria da projeção orgânica

No contexto da psicologia cognitiva, o gestaltismo abordou a questão da relação entre o sujeito e a técnica trabalhando com um referencial darwinista, em que o sujeito humano aparece numa relação de continuidade com o animal. São ambos tratados como organismos situados perante a um ambiente. Segundo Gaston Viaud (1946), a referência à técnica é encontrada no capítulo sobre a inteligência, que é entendida como a capacidade de solucionar problemas. Para o gestaltismo, a solução é inteligente quando há uma compreensão das relações entre meios e fins, quando a solução não vem ao acaso. Por exemplo, o fim é o alimento, o meio é a conduta que possibilita seu acesso. Trata-se de uma compreensão de relações, de um *insight*, para o qual não se apela à consciência refletida. É uma compreensão prática, fundada na percepção dos elementos que compõem o problema. Consiste no ajuste inteligente de movimentos do corpo a situações concretas.

Nos anos 20, W. Köhler fez uma série de experimentos utilizando chimpanzés como sujeitos, com o intuito de investigar essa forma prática de comportamento inteligente. No clássico experimento sobre o *insight*, o chimpanzé utiliza a vara disponível como um instrumento, como um intermediário capaz de eliminar a distância que o separa do alimento. A vara surge como um objeto técnico do qual ele lança mão para a solução do problema. Uma série de variações, envolvendo o encaixe de duas varas ou o empilhamento de caixotes – em que poderia ser visto não só o uso, mas a construção de objetos técnicos rudimentares – foi empreendida com vistas à comprovação experimental da inteligência dos antropóides.

Köhler encontra sua explicação nas leis gerais da forma, que governam as relações cognitivas em geral, bem como a totalidade da natureza, inclusive o mundo físico. Embora reconheça que esse tipo de inteligência prática seja restrita aos níveis mais elevados da escala filogenética, não dá maior destaque ao aspecto biológico, guiando sua investigação muito mais pelo modelo da física – daí a busca de leis invariantes – do que pelas questões pertinentes para as ciências biológicas. Mas G. Viaud (1946) traz as pesquisas gestaltistas sobre a experiência animal para o campo das ciências biológicas e, através desse caminho, explora suas relações com a técnica. O que importa nesse momento é que ele estabelece uma correlação entre o trabalho de Köhler e a "teoria da projeção orgânica", que Alfred Espinas apresenta em seu livro *Les origines de la technologie* (1897). Tomando a idéia emprestada de Ernst Kapp,[6] um autor alemão do século XIX, Espinas considera as primeiras ferramentas como prolongamentos, extensões do corpo, órgãos artificiais, próteses que estão em relação de continuidade com o corpo biológico e que têm como finalidade amplificar suas capacidades. A vara utilizada pelo chimpanzé é vista, então, como um prolongamento do braço, como o são o martelo e a alavanca para o homem. Viaud destaca que as ações que esses objetos desempenham estão em continuidade com as ações instintivas de cortar, bater, cavar e preender, compartilhando com elas sua função de adaptação ao ambiente. A ação inteligente, nesse caso não se opõe à ação instintiva, mas a complementa.

É preciso destacar que, na teoria da projeção orgânica, a colocação do problema da relação entre o sujeito e a técnica é feita em termos da origem da técnica. A técnica encontra sua origem, sua condição de possibilidade, no organismo. Viaud considera, em sua análise, que enraizar o fenômeno técnico no organismo significa enraizá-lo nos comportamentos instintivos. Nesse sentido, embora a condição seja, em princípio, aberta, já se encontra, ela própria, imersa num movimento de criação, no eixo da evolução das espécies, ela é, quando encarnada num sistema vivo particular, portadora de um limite imposto pelo quadro de referências da programação genética. O acento recai, portanto, sobre o núcleo duro e invariante do sistema vivo.

---

[6] A atribuição da teoria da projeção orgânica a E. Kapp, e não a Espinas, é feita por G. Canguilhem (1965), no artigo "Máquina e organismo". Nessa ocasião, Canguilhem refere-se ao fato de que tal observação, de ordem histórica, faltou a Gaston Viaud.

Nesse ponto, Viaud encontra uma limitação na teoria da projeção, pois ela não explica a criação de objetos técnicos como, por exemplo, o fogo e a roda, e ainda as máquinas mais complexas, que não entretêm qualquer relação evidente de semelhança com órgãos ou ações instintivas. Considera-a, então, uma teoria incompleta (Viaud, 1946, p. 48). O enraizamento da técnica nas ações instintivas traz, a meu ver, problemas ainda mais complicados quando se trata de analisar sua situação no domínio do homem, cuja pauta de ações instintivas é mínima, conforme demonstram estudos recentes de etologia humana. O organismo humano define-se exatamente por sua abertura à criação de modos de existência muito variados, nos quais a relação com o meio artificial dos objetos técnicos se sobrepõe, em importância, àquela com um suposto meio natural. Nesse caso, seríamos levados a questionar a relevância da teoria da projeção, já que ela parece falhar justamente no ponto em que o entendimento da relação entre o sujeito e a técnica se revela mais interessante.

Além disso, a teoria da projeção, tal como a entende Viaud, não encontra lugar para a consideração do sentido inverso da relação entre o sujeito e a técnica, ou seja, não considera os efeitos da técnica sobre os seres que a incorporam a seu ambiente, como é ainda o caso do homem. A técnica comparece aí como mero produto do organismo, sem que seja considerada sua potência de efetuar transformações no próprio organismo, no sujeito que a utiliza. A cognição que fabrica os objetos técnicos não é entendida com algo que é afetado por esses mesmos objetos. Ela possui uma base invariante e é refratária a seus produtos.

Talvez essa seja a principal objeção a opor à teoria da projeção orgânica. As idéias de prolongamento, maximização, aumento, expansão, que parecem esgotar sua lógica, eliminariam qualquer possibilidade de inverter o sentido da relação entre o sujeito e a técnica. A relação do sujeito com a máquina seria uma relação marcada pela redundância, destituída, portanto, de potência de criação de novas normas de funcionamento do organismo. Lidar com um objeto técnico seria lidar com o próprio reflexo. Poderíamos concluir, baseando-se nela, que o problema colocado hoje pelos estudos acerca da produção da subjetividade, ou seja, de como a técnica participa da criação de novos regimes cognitivos e existenciais, seria um falso problema. No entanto, quando comentada por Georges Canguilhem (1965) em seu artigo "Máquina e organismo", a teoria da projeção orgânica parece comportar outras possibilidades, que a tornam mais compatível com a questão da produção da subjetividade, e é isso que procurarei demonstrar, recorrendo a seus textos. O que se revela essencial é que a teoria da projeção, que Canguilhem elogia nesse texto, é indissociável de uma concepção de organismo. Para Canguilhem, o organismo não se identifica com o núcleo duro das ações instintivas, com um programa genético. Afirma que "o organismo vivo atua segundo um empirismo. A vida é experiência, quer dizer, improvisação, utilização de ocorrências; é tentativa em todo seu sentido" (CANGUILHEM, 1965, p. 138). Definido por esse empirismo, por essa experimentação, o organismo é marcado pelo inacabamento, e não por limites fixos e invariantes.

Tal maneira de conceber o organismo já anuncia uma nova maneira de entender a técnica por intermédio da teoria da projeção. A invenção técnica não seria amplificação de algum órgão ou ação instintiva particular, mas maximização da potência de experimentação, equivocação e errância (CANGUILHEM, 1968). Com essa nova inflexão, a teoria da projeção não conduz a uma naturalização do fenômeno técnico, mas abre a perspectiva de uma outra interpretação, pois o organismo, em sua experimentação, abre-se para os efeitos de um meio material, onde se encontram os próprios objetos técnicos. Por outro lado, para Canguilhem, o organismo exerce sua natureza na atividade de conhecimento. Nesse caso, o conhecimento é, em sua base, experimentação com o meio. O organismo cognoscente e o meio que se dá a conhecer não são dois pólos independentes, dados previamente ao processo cognitivo. Ao contrário, estruturam-se mutuamente ao longo da história. Conhecer é construir um mundo[7] e construir a si próprio. O caráter inventivo da cognição, que é fundado no inacabamento do organismo, é comentado por Foucault. Segundo suas palavras, há um ponto a ser apreendido na obra de Canguilhem, que é o fato de que "no nível mais fundamental da vida, os jogos do código e da decodificação deixam lugar a algo de aleatório que [...] é como uma perturbação no sistema informativo, algo como um equívoco" (FOUCAULT, 1985, p. 774). Essa equivocação, que se encontra na base da atividade cognitiva, é ainda mais radical no homem, que mantém com o meio uma relação "sem ponto de vista fixo, móvel sobre um território indefinido ou muito largamente definido, no qual ele tem de se deslocar para recolher informações, mover as coisas entre si para torná-las úteis" (*idem, ibidem*).

Em "Novas reflexões referentes ao normal e ao patológico", que desenvolve entre 1963 e 1966 e acrescenta na segunda edição de seu livro *O normal e o patológico* (1943-1963/1966), Canguilhem aborda o problema do homem em sua condição de organismo social singular. A discussão se passa em torno da possibilidade de subsumir as normas sociais nas normas vitais, em relação à qual Canguilhem conclui negativamente. Segundo P. Macherey (1990) a introdução dessa discussão, bem como a posição assumida por Canguilhem, deve ser atribuída ao contato com *O Nascimento da clínica,* livro de M. Foucault. O social é, então, definido justamente pela invenção técnica, aqui representada pelas máquinas de informação. Afirma então que "a

---

[7] A idéia de que o organismo cria seu ambiente de vida (Unwelt), em vez de ser determinado por ele é retirada de von Uexküll. Cf. CANGUILHEM, 1965.

organização social é, antes de tudo, invenção de órgãos, órgãos de procura e recebimento de informações, órgãos de cálculo e mesmo de decisões" (CANGUILHEM, 1943-1963/1966, p. 226). O social define-se pela técnica, que encontra suas bases numa potência de invenção, de artificialização que é própria do organismo humano. Por outro lado, Canguilhem recusa a metáfora organicista da sociedade e afirma:

> Uma sociedade é, ao mesmo tempo, máquina e organismo, seria unicamente máquina se os fins da coletividade pudessem não apenas ser rigorosamente planificados, mas também executados em conformidade com um programa. [...] No entanto, é preciso reconhecer que esta tendência [para um funcionamento automático] encontra, ainda, nos fatos – e não apenas na má vontade dos seus executantes céticos – obstáculos que obrigam os organizadores a apelar para os recursos da improvisação. (*Ibidem*, p. 224-225)

A improvisação referida por Canguilhem constitui a dimensão organismo da sociedade, e é a mesma invocada, em "Máquina e organismo" para dar conta da especificidade do vivo, enquanto a programação é a dimensão máquina dessa mesma sociedade. Canguilhem chama a atenção para o fato de que tal maneira de pensar vale, sobretudo para as sociedades industriais que, ao contrário das sociedades ditas primitivas e das sociedades animais, comporta uma transformação constante de suas regras de funcionamento.

Considero que, nessa passagem, Canguilhem coloca a idéia de que há uma errância envolvida no trato com as máquinas, que nossa relação com elas, com seu programa, comporta uma experimentação, um tateamento. Nesse caso, a relação que o sujeito estabelece com os objetos técnicos não é marcada pela redundância, não se esgota numa relação identificatória ou especular. É uma relação inventiva, criadora – e isso é, a meu ver, o mais importante – do próprio organismo e da própria cognição. A natureza artificializante do homem acaba por se potencializar no ambiente social, no qual ele se encontra imerso. Canguilhem toca, então, exatamente no ponto em que a teoria da projeção orgânica silenciava. Sem romper com ela, indica que existe um outro sentido a ser explorado na relação sujeito-técnica. Trabalhando com uma outra concepção de organismo, em que a experimentação e o inacabamento definem o vivo, e considerando a técnica como vetor definidor da sociedade industrial, deixa entrever um panorama onde sujeitos e máquinas agenciam-se e entram em acoplamentos que podem engendrar novas máquinas e novos sujeitos, em pleno exercício de seu inacabamento e em constante ultrapassamento de seus limites. Essa maneira de pensar caracterizará também a filosofia de Bergson e será desenvolvida, conforme veremos, também pelos estudos acerca da produção da subjetividade. Mas, antes, examinaremos a segunda maneira como o problema da relação entre o sujeito e a técnica, ao longo da história dos estudos da cognição.

O computador como sistema equivalente

A segunda maneira de colocar o problema da relação entre o sujeito e a técnica surge quando, a partir da década de 1950, a cognição deixa de ser um tema exclusivo da investigação psicológica para ser tratada no âmbito das ciências da cognição. Um dos pontos que se destaca aí é a tomada do computador como metodologia de pesquisa. A possibilidade de simulação dos processos cognitivos na tela de um computador justifica-se pela consideração de uma relação de equivalência entre a máquina e o sistema cognitivo humano. Tomar o computador como um sistema equivalente significa considerar que ele desempenha as mesmas operações e chega aos mesmos resultados da cognição humana. A questão que se coloca é a da estrutura e do funcionamento. A filosofia que se encontra na base é o mecanicismo, que recusa a questão da criação das máquinas em favor da exploração das equivalências entre o organismo e a máquina já constituída. Adotou-se em biologia uma perspectiva mecanicista sempre que se buscou basear a explicação da estrutura e do funcionamento do organismo na estrutura e no funcionamento de máquinas diversas. No domínio das ciências da cognição, são as máquinas de informação que ganham destaque.

No âmbito da inteligência artificial, conceber a cognição como uma computação é, em primeiro lugar, tomar a máquina por seu funcionamento binário, por sua lógica invariante. Mas a utilização do computador como metodologia de pesquisa se dá também pelos modelos de simulação, que buscam conferir visibilidade às operações cognitivas. Tais modelos, conforme os apresenta H. Simon (1981), só podem fazer aquilo para o que são programados, mas têm a vantagem de trazer, ao campo da observação científica, as conseqüências da atuação simultânea de um grande número de variáveis em jogo no processo que é simulado, o que, por certo, é importante no caso da cognição. Podem ainda, e isso é o que se encontra no modelo dos autômatos celulares, dar visibilidade a transformações que ocorrem quando o sistema é afetado por algo que lhe atinge, sem que se possa prever, *a priori*, seus resultados. É assim que o modelo dos autômatos celulares serve às pesquisas do neoconexionismo e àquelas desenvolvidas recentemente nas áreas da imunologia e da neurociência. O uso do computador como metodologia de pesquisa serve, assim, tanto à pesquisa dos invariantes formais da cognição, quanto à investigação das redes neurais, que investigam a aprendizagem.

Sua presença significa, por um certo aspecto, a recusa das fronteiras entre os domínios da natureza e do artifício. Mas o que desejo destacar é que investigar relações de equivalência não é, ainda, explorar como, no campo indistinto das interfaces entre a máquina e o usuário, podem ocorrer efeitos de invenção.

Não é, ainda, colocar o problema dos efeitos sobre a cognição do acoplamento efetivo com as máquinas de informação, que integram hoje de forma tão pregnante o ambiente social humano.

Novas tecnologias e produção da subjetividade

No domínio dos estudos da cognição, a terceira maneira de colocar o problema da relação entre o sujeito e a técnica é formulada no contexto dos estudos da produção da subjetividade. Refiro-me a trabalhos que começam hoje a surgir, trabalhos ainda em andamento, mas que exigem nossa atenção e nos obrigam a pensar, pois modificam radicalmente não as soluções tradicionais, mas o modo de colocar o problema da relação entre o sujeito e a técnica. A técnica comparece, então, como um vetor de produção da subjetividade.

A questão da produção da subjetividade foi atualizada por G. Deleuze e F. Guattari (GUATTARI; ROLNIK, 1986; GUATTARI, 1992; DELEUZE, 1972-1990) e passa necessariamente pela discussão acerca da técnica. Nesse contexto a questão que se coloca é quanto ao papel desempenhado pelas novas tecnologias na produção da subjetividade. A mudança de perspectiva é flagrante. Em primeiro lugar, evidencia-se uma mudança dos termos. A subjetividade substitui o sujeito. Mais do que uma mudança terminológica, é uma mudança conceitual. O conceito de subjetividade é indissociável da idéia de produção. Produção de formas de sensibilidade, de pensamento, de desejo, de ação. Produção de modos de relação consigo mesmo e com o mundo. A subjetividade não é um dado, um ponto fixo, uma origem. O sujeito não explica nada enquanto não tiver sua constituição explicada com base num campo de produção da subjetividade.

O campo da subjetividade (GUATTARI; ROLNIK, 1986) não se confunde com um domínio de referências próprias de um sujeito. Não é um campo subjetivo, mas a condição de todo sujeito. Define-se como campo de subjetivação, campo dos processos a partir dos quais o sujeito se constitui. Esse campo é composto por saberes e coisas, por elementos materiais, sociais, etológicos, políticos, lingüísticos, tecnológicos e econômicos. Esses elementos são, eles próprios, entendidos em sua processualidade, o que esclarece que não se trata de um retorno ao ambientalismo, pois esse não questiona a existência dos objetos, não os situa no plano da criação, tomando-os como dados. Os estudos da produção da subjetividade não querem mostrar que há influência do meio ou, antes, de objetos sobre o sujeito. Trata-se, aqui, ao contrário, de uma operação muito mais radical, pois esse campo constitui também os objetos, aí incluídos os objetos técnicos. Sujeito e objeto emergem desse fundo, de uma rede de limites indefinidos, em constante processo de transformação de si mesma.

Por que chamá-lo, então, de campo da subjetividade? A referência ao termo subjetividade é para afirmar que esta é a matéria mesma da formação da subjetividade, que nesse caso não se confunde com um indivíduo particular, pois a subjetividade não pode ter sua constituição explicada sem que se leve em consideração estes vetores coletivos, como as instituições e os saberes, que participam dela como componentes irrecusáveis. A família inclui-se aí como um dos vetores (aliás, a família já é um agenciamento de vetores diversos), mas também, por exemplo, as tecnologias.

Para a área que se ocupa da temática cognitiva, este último é um vetor que não pode ser desconsiderado. A multiplicação tecnológica, onde se destaca a informática, possui efeitos não só sobre a organização social, mas também sobre a inteligência. Daí a questão colocada por um autor contemporâneo como Pierre Lévy (1990, p. 172): "Será como ferramentas do sistema nervoso, extensões do cérebro, que coisas aparentemente inertes podem fazer parte da inteligência?". Para Lévy, e essa é a tese que defende em *As tecnologias da inteligência,* o computador é uma máquina de produção da cognição, da subjetividade. Ele não pode ser visto como um mero "cérebro eletrônico", prótese de inteligência e de memória, com a exclusiva função de maximizar a cognição humana. Embora o seja também, há em seu acoplamento com o usuário – que passa a operar dispondo de uma memória de limites indefinidos, com uma capacidade de acesso a dados de forma quase instantânea, em tempo real, numa rede mundial de computadores – uma transformação efetiva na forma de pensar dos sujeitos. Talvez já não seja pertinente, hoje, falar num "sujeito cognitivo", mas, sim, num "coletivo pensante homens-coisas" (*ibidem*, p. 11). Ligado a uma rede como a Internet, o usuário da informática lança seu saber, local e particular, como um fluxo que participa da rede mundial, chegando a um ou milhares de outros usuários. Da mesma maneira, entra em contato com outros saberes, igualmente locais e particulares, científicos ou não, tem acesso a documentos ou participa de discussões *on-line*. Nesse movimento, que se dá em múltiplos sentidos ou direções, um saber local pode produzir um efeito global, interferindo no coletivo. Pode, ganhando visibilidade, produzir sentido bem além de seu domínio de origem, concorrendo até mesmo para transformações na cartografia coletiva e para novas ações políticas. Os próprios computadores, a rede telefônica, os provedores, e todo o aparato tecnológico também participam da produção desta nova forma de pensar, que já não poderia, segundo Lévy ser dita humana. A meu ver, ela implica, ao contrário, num devir da forma homem, introduzindo na cognição uma temporalidade inédita. Impõe um novo ritmo à cognição, que pode transpor limites espaciais e alcançar saberes espacialmente muito distantes quase instantaneamente, o que amplia imensamente o domínio cognitivo. Essa nova ecologia cognitiva exige, por parte dos que se ocupam do problema da cognição, a tomada em consideração dos agenciamentos sócio-técnicos, que retiram o sujeito da condição de centro do processo de conhecimento.

Segundo Lévy, a interação computador-usuário, não pode ser pensada como uma relação sujeito-objeto. Não é o sujeito cognitivo que interage com a máquina-objeto. O sujeito não representa algo exterior a si para, então, orientar a sua ação. Não há a mediação de uma representação que prepararia uma ação, mas acoplamento imediato com a máquina. Para Lévy, a máquina não pode ser identificada ao programa que ela possui, mas deve ser vista através de suas camadas mais superficiais, por sua superfície de contato. Ele toma a máquina no seu lado de fora, aí identificada com sua dimensão efetuadora de mudanças. Assim sendo, ela é portadora de uma potência de artificialização, mas que só se atualiza na interface com o usuário. Para falar disso, Lévy lança mão do conceito de interface que, no contexto da inteligência artificial, possui o sentido de ponto de encontro e de tradução adequada entre o meio interno e o meio externo, respondendo pela transmissão de informação de um ao outro, dado seu caráter de abstração e generalidade (SIMON, 1981). Lévy, diferentemente, acentua o caráter heterogêneo dos meios que a interface põe em relação, conferindo a ela uma função produtiva e heterogenética na produção da subjetividade. Extrai do conceito uma dimensão filosófica quando afirma tratar-se de uma transmissão, passagem ou comunicação entre elementos heterogêneos, que se faz num nível molecular (DELEUZE; GUATTARI, 1980),[8] muito mais fino do que aquele, concebido pela psicologia tradicional, como relação entre dois pólos separados, sujeito e objeto. É na interface computador-usuário que devem ser buscadas as interferências e as transformações recíprocas. É nessa articulação, em que as formas habituais de operação da cognição se mostram ineficazes, onde a cognição é experimentação, tateamento, que os efeitos inventivos se revelam. Assim como o automóvel e o avião não apenas encurtaram as distâncias, mas

---

[8] Lévy realiza uma aproximação entre o conceito de interface e o conceito de agenciamento formulado por Deleuze e Guattari (1980). Mais adiante, a ligação entre esses dois conceitos será retomada.

operaram uma transformação profunda em nossa relação com as distâncias, produzindo uma nova maneira de viver, não se pode dizer que o computador apenas amplie nossas capacidades cognitivas. A máquina não só prolonga a cognição, mas penetra nela, gera novos regimes cognitivos.

Parece ser exatamente essa a colocação de Lévy na passagem acima citada, quando, problematizando a teoria da projeção orgânica, pergunta se é somente como uma ferramenta ou extensão do cérebro que o computador participa da inteligência. A objeção de Lévy incide sobre uma certa interpretação da teoria da projeção, a qual, considerando o organismo, no fundo, uma máquina programada para repetir, veria entre o sujeito e a técnica uma relação de mera redundância. A posição assumida por Canguilhem, ao menos em seus textos mais tardios, nos quais o social ganha maior espaço, sem levá-lo a romper com a teoria da projeção, não o impede de indicar a existência de efeitos criadores na interface homem-máquina. Tendo, desde o início, definido o organismo como inacabamento e experimentação e o homem por sua potência de artificialização acaba, surpreendentemente, por reencontrar o maquinismo de Lévy. Canguilhem e Lévy consideram que subsiste, na relação do sujeito com a máquina, um campo cognitivo de experimentação, um domínio mais ou menos informe, do qual podem ser engendrados novos regimes de funcionamento da cognição. Canguilhem o toma como uma dimensão que é do organismo, ao passo que, para Lévy, ela faz parte da própria máquina. Seja como um vitalismo, seja como um maquinismo, Canguilhem e Lévy afirmam que a relação do sujeito com a tecnologia se dá sobre um fundo de errância e experimentação, de onde podem advir novas subjetividades e novas formas de cognição. Na realidade, se a potência artificializante está inscrita no fundo do próprio organismo e se a interface da máquina é superfície de criação, poderíamos perguntar se, ao final, seja por um maquinismo do vivo, seja por uma vitalidade das máquinas, não chegaríamos a uma transposição das fronteiras entre a natureza e o artifício.

Os efeitos de reciprocidade entre a cognição e o instrumento

Para pensar a invenção recíproca do instrumento técnico e da cognição, e também uma cognição complexa e coletiva, híbrida de natureza e artifício, recorro a H. Bergson, que me parece ter sido o primeiro a lançar a idéia, e também a Deleuze, Guattari e Latour. O que me interessa é entender de que maneira o ambiente técnico em que vivemos é capaz de retroagir sobre a cognição e fazer, de suas formas, híbridos de natureza e artifício. Ou seja, como os instrumentos penetram nosso modo concreto de conhecer, alterando seu regime de funcionamento e embaralhando as fronteiras entre a cognição individual e a coletiva. O objetivo é proceder a uma análise que dê conta da cognição tanto como processo inventivo quanto como forma inventada. Experimentando essa maneira de pensar, procuro trabalhar no sentido inverso do que Bruno Latour (1991) denomina "projeto de purificação crítica", assumido pelas abordagens da cognição típicas da ciência moderna e que consiste em considerar natureza e cultura, indivíduo e sociedade como realidades existentes desde sempre de forma separada. Só experimentando outra maneira de pensar acredito ser possível ultrapassar as dificuldades encontradas pela ciência moderna, em que se inclui a psicologia cognitiva tradicional, em pensar os efeitos recíprocos entre natureza e artifício, indivíduo e sociedade, que respondem pelo hibridismo das formas cognitivas.

Bergson e a hibridação da natureza com o artifício

A teoria da projeção orgânica é aceita pela maioria dos filósofos e psicólogos que se ocupam do tema da técnica, assumindo diferentes matizes, que muitas vezes fazem uma considerável diferença, dependendo do modo como o organismo é concebido, conforme foi visto acima. De todo modo, o apelo exclusivo à teoria da projeção surge como insuficiente, pois esta aborda a técnica como produto do organismo, mas deixa intocado o sentido inverso da relação, ou seja, a maneira como a técnica retroage sobre o organismo e produz efeitos de transformação em seu modo de conhecer e em sua maneira de existir. Dito de outra forma, a teoria da projeção considera a técnica como solução de problemas, deixando de entendê-la como fator de problematização das formas atuais de conhecer e de viver.

Em *A evolução criadora* (1907), Bergson discute longamente a biologia de seu tempo. Para ele, as teorias científicas da evolução concentraram-se na questão dos mecanismos evolutivos, mas fracassaram no entendimento do devir evolutivo. Para entendê-lo, Bergson lança mão do conceito de *élan vital*, que funciona como uma espécie de vida no vivo, respondendo pela potência de diferenciação e de transformação dos organismos. Em outros termos, trata-se de uma vitalidade que subsiste em todo organismo atual como sua dimensão virtual. Quando focalizamos o ponto onde Bergson examina o problema da técnica, verificamos que, sem mencionar explicitamente a teoria da projeção, utiliza-se em alguns momentos de sua lógica para falar da sociedade humana. No entanto, a originalidade da inflexão que lhe dá advém de observações muito próprias com as quais a complementa, introduzindo, a meu ver, uma exigência de reversão no sentido da relação do sujeito com o fenômeno técnico que a teoria da projeção não explora.

Bergson distingue o instrumento natural, que é obra do instinto e confunde-se muitas vezes com o próprio órgão, e o instrumento artificial ou instrumento propriamente dito, obra da inteligência. O primeiro tem como vantagem a simplicidade de funcionamento e a facilidade de construção e manejo. É como um instrumento perfeito e de uso imediato. Um exemplo é o uso de um galho de árvore por um chimpanzé para acessar algo fora do alcance de seu braço. Sua única desvantagem é a invariabilidade da estrutura, a rigidez da forma. O instrumento artificial, como o machado, por exemplo é, ao contrário, imperfeito e sua construção e manejo exigem esforço intelectual. Quanto a suas vantagens, assevera:

> Inferior ao instrumento natural para a satisfação das necessidades imediatas, [o instrumento artificial] tem tanto mais vantagem sobre esse quanto a necessidade é menos decisiva. Sobretudo, ele *reage sobre a natureza do ser que o fabricou*, pois, chamando-o a exercer uma nova função, ele lhe confere, por assim dizer, uma organização mais rica, sendo um órgão artificial que prolonga a organização natural. Para cada necessidade que satisfaz, *cria uma necessidade nova*, e assim, em vez de fechar, como o instinto, o círculo de ação onde o animal vai se mover automaticamente, abre a essa atividade um campo indefinido que a empurra mais e mais longe e a faz mais e mais livre. (BERGSON, 1907, p. 142; grifos meus)

Cabe notar que a inflexão que Bergson dá à teoria da projeção é muito peculiar. O objeto técnico não satisfaz necessidades naturais nem soluciona um problema dado, mas gera, de cada solução, novas necessidades ou novos problemas. Ele possui uma potência de ampliação do domínio cognitivo ou do domínio de existência do homem. Ressalto que Bergson levanta aí um problema acerca da relação entre a técnica e a produção da subjetividade. Nossa vida social gravita em torno da invenção e da utilização de objetos técnicos, que põem problemas, forçam a pensar e nos impõem a invenção de contextos existenciais inéditos e mais abrangentes. A técnica reage sobre a vitalidade do vivo, ampliando sua potência inventiva pela criação de novas necessidades. O instrumento é, nesse caso, heterogenético: não basta ser entendido como atualização do virtual, mas deve ser pensado também em sua capacidade de virtualização das formas atuais da cognição (Lévy, 1995).

Sublinho que Bergson opera uma torção na categoria biológica de necessidade e fala de invenção de necessidades, produzindo uma equivocação entre as noções de natureza e de artifício, cujas fronteiras se perdem irremediavelmente. A técnica não é somente o terreno de objetos artificiais, mas potência de artificialização da cognição e de virtualização da inteligência. Não artificializa uma natureza dada, mas reverbera sobre a natureza da cognição, natureza em si mesma artificiosa e inventiva, que a vida virtual prepara. Abre-se assim a possibilidade de pensar a cognição como híbrido de natureza e artifício.

Na biologia tradicional, a categoria de necessidade é impregnada das idéias de auto-regulação e tendência ao equilíbrio. O problema seria apenas um obstáculo à sua satisfação, que, quando removido, determinaria o retorno à condição anterior. Mas o que Bergson aponta com precisão é que não há reversibilidade, retorno a uma condição anterior, mas sempre criação do novo. Como afirmei anteriormente, o automóvel, o telefone, o fax ou uma rede de computadores como a Internet não são soluções para o problema das longas distâncias que separam as pessoas, mas mudam nossa relação com o espaço e com o tempo que levaríamos para percorrê-las. Cria uma necessidade de comunicarmo-nos à distância, que surge para nós como um novo problema.

Bergson fala, mais adiante, de uma "desproporção entre as conseqüências de uma invenção e a invenção ela mesma". As formas técnicas atuais produzem como efeito um movimento de virtualização ou de problematização da subjetividade muito mais importante que o domínio sobre a matéria que garante a solução de um problema imediatamente dado. Remeto ao texto mais uma vez:

> Se tiramos uma vantagem imediata do objeto fabricado, ela é pouca em comparação com idéias novas, sentimentos novos que a invenção pode fazer surgir de todos os lados, como se ela mesma tivesse por efeito essencial nos alçar mais longe de nós mesmos e, por isso, ampliar nosso horizonte. Entre o efeito e a causa, a desproporção, aqui, é tão grande que é difícil ter a causa por produtora de seu efeito. (BERGSON, 1907, p. 184)

Bergson é prudente. Um instrumento pode fazer surgir novos modos de conhecer e sentir, mas o mero aparecimento de um objeto técnico não nos coloca em terreno seguro quanto a seus efeitos de virtualização e continuidade da invenção. É preciso perguntar: de que tipo de usuário estamos falando? Que tipo de relação estabelece com a técnica? Seria sempre uma relação que daria continuidade ao devir da cognição, ou poderia advir uma relação com os novos hábitos que os cristalizasse e fizesse deles formas rígidas a ponto de, em vez de darem continuidade à invenção, constituírem para ela uma nova dificuldade? Levanto essas perguntas para chamar a atenção para o fato de que o efeito de retroação a que me refiro não poderá ser explicado por um raciocínio mecanicista, pois, se esse fosse o caso, a psicologia ambientalista, como por exemplo, o behaviorismo, já teria dado conta do problema da transformação da conduta cognitiva pelo uso de novas técnicas, estando habilitada inclusive a prever seus efeitos.

Mas o que vemos hoje pairar sobre nós é uma grande expectativa em relação aos efeitos das novas tecnologias sobre as formas de conhecer e pensar. Tomo o exemplo do computador, que cada vez mais é parte integrante de nosso domínio cognitivo. Não nos sentimos capazes de prever o que ocorrerá com nossa cognição; o resultado é ainda incerto. Acoplados ao computador, pensaremos de forma mais mecânica, mais digital, mais lógica ou, ao contrário, abre-se com ele a possibilidade de uma cognição mais flexível e inventiva, e mesmo mais coletiva e democrática, em virtude do acesso a incontáveis *sites* de informação, cuja composição concorrerá para acentuar a singularidade da cognição de cada usuário? Seremos servos e consumidores da tecnologia adquirindo novos hábitos aos quais nos aferraremos, matando o processo de invenção da cognição, ou poderemos manter com a técnica uma relação mais inventiva, em direção a uma cognição diferencial e não serial? A meu ver, tal expectativa é um sintoma significativo de que estamos diante de uma novidade imprevisível, que abala a antiga crença no raciocínio mecanicista.

A face coletiva do agenciamento técnico

Com essas indagações, fica indicado também que há outra hibridação envolvida no uso de instrumentos, pois, sendo de domínio social, seu manejo implica uma prática operada por cada indivíduo e numa inscrição corporal do trato com o instrumento social. Além do mais, o uso de objetos técnicos pode reverberar sobre o social e modificar a cartografia de suas relações. Perde-se, de todo modo, a possibilidade de estabelecer fronteiras nítidas entre o domínio da cognição individual e o domínio social.

A origem do instrumento social, tal como lhe atribui a teoria da projeção, constitui uma versão mítica do processo de invenção. Concentrando-se no tema dos primeiros instrumentos, dos operadores da hominização, essa teoria pensa em termos de relação organismo-meio ou sujeito-objeto e desconsidera a imersão tanto do sujeito humano quanto do objeto técnico numa rede de relações coletivas. Ora, quando se toma a invenção de máquinas como o automóvel ou o computador, que se inscrevem numa linhagem técnica, a questão da autoria perde-se numa rede coletiva, onde saberes, instrumentos, pessoas e instituições compõem um campo complexo (LÉVY, 1989).

É nesse sentido que Bruno Latour (1994) recusa-se a pensar o fenômeno técnico como objetos puros. Para Latour, as máquinas atuais, compostas de inúmeras peças, estão muito longe da eficiência de um martelo, por exemplo, e é nos "fenômenos de pane" que melhor se revela a rede de relações que sustenta sua existência. Um problema no funcionamento de nosso microcomputador, no metrô ou no sistema de informatização bancária traz à cena instituições, agentes e saberes, o que nos faz ver o quanto o dispositivo técnico é feito não só de relações materiais, mas também de relações sociais. A atenção às máquinas atuais aponta para o fato de que a finalidade, que aparece delineada em seu projeto, pode não se cumprir da forma prevista, o que indica que sua operação a ultrapassa e comporta surpresas, como é o caso de falha ou pane no sistema. O homem não domina inteiramente as técnicas.

Latour continua: "O fato de [as técnicas] não serem escravas cujo dono decidiria inteiramente os fins não quer dizer que elas são donas, mas simplesmente que elas não obedecem aos fins, que o dono nunca é obedecido" (1994, p. 165). O caráter subversivo da técnica não conduz Latour a uma atitude de tecnofobia. Ao contrário, a consideração da imbricação do ambiente social humano no terreno da técnica tem como conseqüência desmistificar também a idéia de que um dia possamos vir a ser dominados pelas máquinas, pois a técnica só dominaria o homem se as relações sociais não fizessem parte de seus dispositivos.

As idéias de Latour, que desconstrói a categoria de objeto técnico puro em favor de sua imersão numa rede coletiva, são solidárias da desconstrução da categoria de sujeito individual, que entraria posteriormente em relação com a técnica. Seu pensamento encontra-se, nesse ponto, com concepções acerca da produção da subjetividade, como a de Deleuze e Guattari, para quem a técnica é um vetor importante nesse processo de produção. Deleuze e Guattari pensam a relação com a técnica como *agenciamento*, que é um conceito forjado para pensar relações sem determinismo e sem previsibilidade.

Num texto que tem o título "O que é um agenciamento?", Deleuze e Guattari (1975) afirmam que este não é uma relação entre dois termos dados, mas comunicação entre fluxos heterogêneos: biológicos, sociais, lingüísticos, técnicos e políticos. Sublinham também que o agenciamento possui duas faces. Por um lado, é agenciamento maquínico de corpos. Ele resulta numa máquina – que aqui não se confunde com o objeto técnico – que põe em relação imediata os fluxos cognitivos e técnicos que dele participam. O usuário e o instrumento formam uma máquina, no sentido em que há entre eles uma circulação de afecções e efeitos recíprocos, de fluxos em proximidade imediata, numa zona de indiscernibilidade, osmose e produção de diferença. Não se trata de relação sujeito-objeto: o conceito de agenciamento vem justamente oferecer uma saída para as dificuldades de pensar por meio das categorias modernas, dentre as quais se colocam as de sujeito e de objeto. Pensar em termos de agenciamento é, nesse caso, uma alternativa para superar a categoria de intencionalidade, pois não se trata de uma direção da consciência ou da cognição para algo fora dela, que teria a forma de um objeto. O encontro de fluxos heterogêneos não resulta numa representação, mas na invenção de um si e de um mundo, sempre em transformação.

A face maquínica do agenciamento não pode ser compreendida sem sua outra face, ou seja, a de agenciamento coletivo. O caráter coletivo do agenciamento técnico é trabalhado, no texto referido acima, através da idéia de que um instrumento não se define apenas como entidade técnica. Antes de ser técnico, ele é social, não existe independentemente de seu acoplamento com usuários, saberes, instituições e outros instrumentos. O exemplo evocado, extraído de Kafka, é o de uma máquina de escrever, que não existe independentemente de um escritório, o escritório só existe com secretárias, subchefes e patrões, todos inseridos numa distribuição administrativa, política, social e mesmo erótica. Toda máquina técnica é apenas uma peça no agenciamento coletivo, neste momento tomado como próximo de agenciamento social e político.

Mas em seu livro *Caosmose* (1992, p. 20), F. Guattari esclarece que o termo "coletivo", essencial ao entendimento do conceito de agenciamento, não é sinônimo de social, refere-se a uma multiplicidade, a uma rede de processos que opera, ao mesmo tempo, além do indivíduo, junto ao *socius*, mas também aquém do indivíduo, remontando a afetos ou intensidades que trabalham fora das formas cognitivas. O agenciamento é coletivo porque opera num nível distinto do das formas unificadas do sujeito e do objeto, numa zona de mediação onde os vetores físicos e neurais, técnicos e cognitivos coexistem numa multiplicidade indistinta e complexa.

Explico melhor. Deleuze e Guattari (1980) distinguem dois níveis de realidade. Um nível molar das formas visíveis e um nível molecular ou virtual, no qual ocorrem interferências e afetação recíproca, agenciamentos. A distinção entre esses dois planos, bem como sua inseparabilidade, revela-se essencial para aceder às condições da invenção. A invenção de novas formas é sempre resultado da tensão entre as formas antigas e as afecções que ocorrem no plano molecular dos agenciamentos. É enquanto reverberam no plano das formas que as afecções ganham consistência e sentido, passando a configurar novas formas históricas, que não podem ser previstas *a priori*, mas devem ser examinadas caso a caso, sempre *a posteriori*. É no momento da composição das formas que um dos vetores pode tornar-se hegemônico e sobrecodificar os demais. Se prepondera um vetor lógico, a forma tornar-se-á predominantemente lógica, como na cognição de um programador de computadores, por exemplo. Nesse caso, pela sobrecodificação operada pelo vetor lógico, a cognição assume uma forma que podemos chamar serial, pois se interrompe o processo de diferenciação. Mas, se pensamos numa outra possibilidade, em que a informática continua agenciada a outros fluxos heterogêneos que compõem o plano coletivo, a cognição poderá assumir formas diferenciais, e não uma forma serial. Nessa segunda hipótese, o usuário poderá ter na informática um fluxo importante na criação de um domínio cognitivo singular (penso no trabalho com o hipertexto, que aproxima em tempo real certos pontos da rede de informação). A informática pode ser também um vetor importante como instrumento de intervenção social e na construção democrática do saber, funcionando como foco de resistência contra os poderes da massificação e sujeição à mídia (enfoco aqui o uso político, no plano micro, mas também macropolítico, que a troca de informações pode gerar). Tudo depende, enfim, dos agenciamentos que se formam. Mas o que quero dizer é que toda forma constituída, guarde ela uma maior ou menor potência inventiva, pode sempre, de direito, ser desmanchada e reinventada de acordo com sua comunicação com o plano do agenciamento coletivo, onde fluxos diversos estão em movimento permanente.

Se voltamos os olhos para o problema da produção da subjetividade, constatamos que é ao supor esse outro nível, distinto do das formas visíveis de sujeito e objeto, é ao conceber essa zona constituída de partículas moleculares, aquém das entidades molares, que Guattari e Deleuze abrem a possibilidade de pensar uma comunicação efetiva entre o vetor técnico e o vetor cognitivo, que podem entrar em devires mútuos, tanto quanto imprevisíveis. O nível molecular corresponde, numa linguagem bergsoniana, à dimensão virtual de toda forma atual. O vetor técnico, enquanto se comunica com a cognição nesse nível virtual, é capaz de afetar as formas cognitivas atuais e transformá-las.

Ao supor, de saída, que o agenciamento se faz no nível coletivo das multiplicidades, abre-se a possibilidade efetiva de pensar uma cognição híbrida de natureza e artifício, de indivíduo e sociedade. A desconsideração desse nível fez com que a ciência moderna fosse incapaz de encarar o hibridismo da cognição. Ao separar, desde o início, sujeito e objeto, natureza e artifício, indivíduo e sociedade, ao trabalhar com dualismos dicotômicos e com realidades estanques, deixou escapar de suas mãos o meio denso das conexões heterogêneas. Se hoje nos parece tão urgente tomar a cognição como operando, em seu fundo, de maneira múltipla, dispersa e distribuída, com um regime molecular, é porque entrevemos aí condições para explicar a passagem e a interferência recíproca entre elementos heterogêneos, tecnossociais e biológicos, num plano indistinto em relação às fronteiras ontológicas tradicionais. Sem ser individual ou social, humano ou técnico, mas uma zona de fronteira e mediação comunicante, o domínio dos agenciamentos faz um trabalho de hibridação, que responde pela invenção e reinvenção das formas cognitivas existentes. Falamos então em contato, passagem e transformação recíproca entre elementos heterogêneos, mecânicos, cognitivos, informacionais, políticos e sociais. Só assim se torna clara a idéia de uma cognição ao mesmo tempo heterogênea e heterogenética, híbrido de natureza e artifício, de indivíduo e sociedade.

A informática como equipamento coletivo de subjetivação

Com Guattari, consideramos a informática como o mais recente e importante dos equipamentos coletivos de subjetivação.[9] Ela não traz como inovação a "entrada em máquina" da subjetividade, pois esta sempre esteve acoplada às técnicas. O novo é que parece que ela "abre a possibilidade para uma processualidade criativa e singularizante tornar-se a nova referência de base" (GUATTARI, 1987, p.182). A informática fornece também

---

[9] Um exemplo de exame do acoplamento da subjetividade a outras tecnologias, que não a informática, aparece em Janice Caiafa (1997), trabalho em que a tecnologia em questão é o cinema.

os componentes materiais para que a subjetividade adquira consistência no espaço e no tempo, sem determiná-la diretamente.

Pierre Lévy (1990, 1995) faz uma exploração nesse campo e afirma que é na interface do computador com o usuário que devemos buscar a explicação para as transformações cognitivas que têm lugar no contemporâneo. Para Lévy, a interface é um campo de agenciamentos. Não é individual nem social, não pertence exclusivamente ao objeto técnico, mas também não é própria do sujeito. Segundo suas palavras, "são essas grandes dicotomias que nos impedem de reconhecer que todos os agenciamentos cognitivos concretos são, ao contrário, constituídos por ligas, redes, concreções provisórias de interfaces que pertencem geralmente aos dois lados das fronteiras ontológicas tradicionais" (LÉVY, 1990, p. 183).

A interface é, segundo Lévy, um campo de multiplicidades e o domínio por excelência da heterogênese. É por partir desse ponto, e seguir o caminho aí indicado, que Lévy pode trabalhar com uma concepção de cognição como coletivo pensante homens-coisas. O acoplamento com as novas tecnologias evidencia uma cognição que extrapola o sujeito do conhecimento. Não encontra seu centro num sujeito pensante, mas é eminentemente acentrada, distribuída e coletiva. O processo de conhecer não se passa na interioridade de um indivíduo, mas circula na rede.

Se pensamos na presença atual da informática não tanto em termos da existência do microcomputador, mas de uma rede como a Internet, o que ela traz de novo é nos fazer não só consumidores, mas também produtores da informação que circula nela. Numa discussão sobre um tema ecológico, por exemplo, o caráter democrático da Internet, o fato de não hierarquizar seus participantes, coloca em contato direto cientistas, estudantes, políticos, membros da comunidade etc. Todos os participantes são, ao mesmo tempo, emissores e receptores de informação. Podem intervir direta e imediatamente na discussão e, nessa medida, produzir efeitos na cartografia desse coletivo. Ora, a alternância, num tempo quase imediato, das funções de receptor e emissor pode concorrer para a mudança de nossa relação com a informação. A velocidade com que as informações circulam entre os usuários, mas também o acesso a imensos e variados bancos de dados, pode acionar o funcionamento divergente da cognição, alterando a hegemonia do funcionamento convergente, característico da recognição. Além disso, o efeito que uma mensagem enviada pode gerar em interlocutores muito afastados, tanto espacialmente como na hierarquia de saberes até então dominante, pode ocasionar transformações políticas importantes.

Penso ainda no quanto a Internet pode fazer pelo que Foucault chamou de "insurreição dos saberes dominados". Para Foucault, trata-se de saberes desqualificados como não-competentes ou pouco elaborados: saberes como o do psiquiatrizado, do doente, do enfermeiro, do delinqüente, paralelos e marginais em relação ao saber médico. Foucault refere-se a eles como o "saber das pessoas não é de forma alguma um saber comum, um bom senso, mas, ao contrário, um saber particular, regional, um saber local, um saber diferencial" (FOUCAULT, 1967, p.170). Colocar em rede saberes locais, particulares, muitas vezes relegados ao silêncio e à invisibilidade, é tornar acessível uma informação diferencial que pode constituir uma intervenção importante num campo como a saúde mental, por exemplo. Certamente, tudo depende dos agenciamentos que são feitos com esse tipo de tecnologia. Como afirma Guattari (1987), nada ainda está ainda ganho e não poderíamos achar que a informática substituirá outras práticas sociais inovadoras.[10] Os

---

[10] André Parente (1993) mostra o quanto o acoplamento com as tecnologias, não só a informática, mas também outras como o cinema, por exemplo, possui um caráter complexo, podendo trabalhar tanto para a homogeneização da subjetividade quanto para sua heterogênese.

efeitos da informática dependem das forças às quais ela serve e dos saberes que aproxima. Por tudo isso, deve-se recusar o falso dilema entre a tecnofobia e um otimismo inconseqüente em relação à informática.

O computador, e mesmo a Internet, podem funcionar apenas como próteses de memória e inteligência e nada significam de importante se nossa relação com a informação continua a mesma. Mas o que me parece importante é que, nas características que apresentam e nos atributos que lhes são próprios, as redes informáticas nos fornecem um meio de mudar essa relação, fazendo a cognição diferir de si mesma e criando, num mesmo movimento, novos territórios existenciais.

As políticas da cognição e o problema da aprendizagem

Abro duas questões. A primeira é: as novas formas de conhecer, que se evidenciam hoje com as atuais tecnologias da informação, ensinam algo de efetivo acerca da cognição? A segunda é: a presença que hoje se dá, de maneira tão pregnante, das novas tecnologias nos assegura uma cognição mais inventiva? Procurando responder a essas perguntas, pretendo concluir esta investigação sobre o processo de invenção e as formas por ele assumidas, sobre a cognição inventiva e a cognição inventada.

Em relação à primeira pergunta indico, de saída, que mais importante do que nos colocar em contato com novas formas de conhecer e pensar, a atenção ao presente nos ensina acerca da ocorrência de um devir da cognição, pois o devir é sempre presente, ao passo que as formas que dele podem advir são já estratos, novas territorializações. Além disso, creio que, se nosso presente e as novas tecnologias possuem algo de privilegiado, nos levando-nos a refletir sobre os limites da abordagem cognitivista, é no sentido de que o hibridismo de suas formas se afigura hoje mais nítido, as misturas mais visíveis, o que nos obriga a enfrentar a complexidade das condições da cognição. Em resumo, o presente, naquilo que comporta de devir intempestivo, e em especial nosso presente, que torna tão visível o hibridismo das formas cognitivas, reverbera sobre a história da psicologia da cognição e torna urgente pensar a invenção.

Para responder à segunda pergunta – se as novas tecnologias asseguram a continuidade da invenção –, retomo, mais uma vez, o tema da aprendizagem. É preciso perguntar: que tipo de relação ou, antes, que tipo de prática se estabelece com a informática? Pois é nas práticas concretas, na ação, que ela é incorporada a nosso domínio cognitivo. Pierre Lévy (1995) fala da técnica em geral, e da informática em particular, como potência de virtualização da ação e, como procurei demonstrar nos capítulos anteriores, a aprendizagem é o processo por meio do qual a ação se virtualiza.

A discussão no campo da psicologia da aprendizagem sempre se colocou como oposição entre práticas mecânicas, que levam à solução do problema de maneira cega, e práticas inteligentes, que envolvem a compreensão do problema. Mas, se tomamos, conforme proponho, a aprendizagem como invenção de problemas, a discussão não pode se esgotar na participação ou não da inteligência, ou melhor, não pode se reduzir a isso. De saída, se queremos que a relação com a técnica assegure a continuidade da invenção da cognição, devemos pensar em práticas que viabilizem o desencadeamento de um processo de problematização que não se esgote ao encontrar uma solução.

Sugiro colocar o problema como uma questão de política da cognição. Qual a política praticada pelo observador comum? Ou, dito de outra maneira, que tipo de relação ele estabelece com a aprendizagem? Entrevejo duas possibilidades: aprende-se para obter um saber ou aprende-se a aprender, para continuar aprendendo e inventando a si mesmo e inventando um mundo.

No primeiro caso, a aprendizagem dobra-se a seus resultados, o processo se submete ao produto. A aprendizagem é um meio de obtenção de um saber. No caso da relação com a técnica, o que prevalece é o objetivo de utilizá-la como veículo de dominação do mundo. Ocorre que, pretendendo dominar, acaba-se, ao final, dominado. Aferra-se aos hábitos formados no trato com o instrumento, como se a obediência a eles assegurasse o domínio do mundo. A política que aí impera é uma *política de recognição* e ela se faz pela conversão, numa espécie de lei transcendente, do hábito que foi constituído como regra imanente e que, por sua natureza transitória, seria passível de ser abandonado. Política despótica e opressiva, que configura uma relação servil com a técnica, que perde seu poder de pôr problemas e de virtualizar a ação. Compromete-se, nesse caso, a potência da técnica em amplificar e dar continuidade à natureza artificiosa da cognição.

Outras políticas cognitivas podem ser praticadas, distintas da política da recognição. Outras práticas cognitivas podem ser efetuadas para a manutenção do caráter inventivo ou problemático das formas da cognição. O que elas possuem em comum é não submeterem a aprendizagem a seus resultados, mas abrirem a possibilidade da continuidade da operação da cognição no campo coletivo das multiplicidades e dos agenciamentos. É fazerem bifurcar a cognição, mantendo acessível seu funcionamento divergente e rizomático. Aprender é, então, fazer a cognição se diferenciar permanentemente de si mesma, fazê-la bifurcar. A *política da invenção* é, assim, uma política de abertura da cognição às experiências não-recognitivas e ao devir.

Trata-se de uma política que mantém a aprendizagem sempre em curso, por meio de agenciamentos, acoplamentos diretos, imediatos com aquilo que faz diferença. Se a relação que mantemos com as formas cognitivas não nos fecha ao que nos chega de diferencial e problemático, se desenvolvemos a capacidade de nos manter tocados pelas afecções, a invenção não se esgota na solução, mas mantém sua processualidade. É certo que a aprendizagem conduz a um saber, mas este é singular, diferencial e provisório, não gera a ilusão de uma lei transcendente e universal. A aprendizagem não cessa com o saber, não obstaculiza a continuidade do processo de diferenciação de si mesmo. Aprender a aprender é, então, também e paradoxalmente, aprender a desaprender. Tal maneira de pensar faz com que a fórmula cunhada por Jacques Mehler (1974) – "aprender por perdas" – migre do terreno do inato para o terreno do aprendido, e passe a significar aprender a perder hábitos, abrindo para o virtual. Os hábitos atuais não são tomados como a única fonte das ações, mas esta é também buscada naquilo que faz diferença e tensão com eles. Nessa medida, a cognição não funciona como se tivesse condições fechadas de possibilidade, mas acessa a complexidade de sua condição virtual, mantendo em tensão as antigas formas e aquilo que as problematiza. Trata-se de aprender a viver num mundo que não fornece um fundamento preestabelecido, num mundo que inventamos ao viver, lidando com a diferença que nos atinge.

Falo em aprendizagem com o intuito de sublinhar que a relação imediata com a diferença não é assegurada imediatamente, mas pode exigir um longo *detour*, capaz de habilitar ao trato com a dimensão virtual. Para que as perturbações provoquem rachaduras nos esquemas recognitivos, ou seja, problematizações sucessivas, paga-se o preço do esforço renovado de uma experimentação permanente, que não se deixa capturar pelo automatismo da repetição mecânica. Refiro-me a um esforço renovado para destacar que o funcionamento divergente e bifurcante da cognição não assegura formas cognitivas inventivas. Há que haver uma produção dessa subjetividade, sua conquista política, que faça frente à política da recognição.

O tema do esforço implicado na invenção, ao qual Bergson se dedicou muitas vezes, é característico do trato com a matéria, que desacelera a duração e torna muitas vezes difícil a atualização da invenção num invento particular.[11] Em uma de suas conferências, afirma:

> O pensamento que é apenas pensamento, a obra de arte que é apenas concebida, o poema apenas sonhado não custam muito; é a realização material do poema em palavras, da concepção artística num quadro ou numa estátua que demandam esforço. O esforço é penoso, mas é também precioso, mais precioso que a obra que resulta dele, porque, graças a ele, tiramos de nós mais do que tínhamos, elevamo-nos acima de nós mesmos. Ora, esse esforço não seria possível sem a matéria: pela resistência que ela opõe e pela docilidade a que podemos conduzi-la, ela é, ao mesmo tempo, obstáculo, instrumento e estímulo; ela experimenta nossa força, conserva-lhe a marca e provoca intensificação. (BERGSON, 1911, p. 80)

Bergson associa aqui o esforço envolvido na invenção da obra de arte e a produção da subjetividade. Sublinha que a invenção de si é estimulada por um trato com a matéria que funciona como obstáculo na efetivação da obra. Se transportamos esse raciocínio para nossa atualidade, a informação se destaca, desta vez, como a matéria mais importante na produção da cognição contemporânea. Fazer algo de novo com a informação, criar para ela novos sentidos que concorram para a transformação da cartografia coletiva, é criar, nesse esforço, novas formas de subjetividade.

Toco nesse ponto porque, ao afirmar que o agenciamento com a informática faz devir a cognição, não dizemos tudo acerca da produção da subjetividade contemporânea, pois, como advertem Deleuze e Guattari (1980, p. 292), devir não é produzir. Falamos em invenção da cognição, como inventiva e inventada,

---

[11] É esse um dos sentidos da finitude do élan vital. Cf. BERGSON 1907.

porque acreditamos que ela é em parte devir e em parte produção. É devir porque se dá por bifurcações, por divergência em relação a si mesma. Mas é produção no sentido de que gera produtos, porque é produção de si e produção do mundo. Pode-se dizer, então, seguindo o raciocínio de Bergson, que é na invenção de novos mundos, talhados na medida de um esforço de artista, que encontramos a chave da produção de novas formas efetivas de conhecer e viver. É enfrentando o desafio de inventar novos mundos compartilhados que podemos assegurar novas formas de uma cognição híbrida e coletiva.

Conclusão

A *ampliação do conceito de cognição pela introdução do problema do tempo e do coletivo*

Ao longo deste trabalho, foi aos poucos se configurando o quanto dois problemas que não são tratados pelo cognitivismo – o tempo e o coletivo – são essenciais para o estudo da invenção. Nos autores exteriores a esse campo, o tempo recebeu diversas denominações: perturbações, *breakdowns,* afecções, devires. Para Bergson, Varela, Maturana, Deleuze e Guattari, esses elementos fazem parte da cognição e são incluídos em seu estudo. Nesse caso, a cognição surge ampliada, não se restringe à inteligência e à solução de problemas. Reduzir a cognição a isso é um dos efeitos do projeto de purificação crítica, levado a cabo na modernidade. Separar o que existe de cognitivo do que os cognitivistas denominam "fatores extracognitivos", trabalhar, desde o início, com uma cognição isolada, é perder a possibilidade de entender como ela pode operar de maneira inquieta, ou seja, inquietada por algo que a força a inventar.

Por outro lado, o problema da ressonância que tais afecções ou *breakdowns* podem causar no coletivo, impulsionando a produção de novos objetos e de novos mundos, revelou-se como o segundo ponto cego do cognitivismo, mas, ao mesmo tempo, essencial para o entendimento da invenção, pois, se esta começa, necessariamente, com um devir da cognição, a invenção só se completa, conforme vimos em Bergson (1911), quando a esse devir se segue um esforço no trato com a matéria. Quando, nesse trato, a matéria se dobra em formas que dão expressão coletiva ao devir. Nesse caso, o esforço dobra também aquele que o empreende, gerando nele novas formas de conhecer e viver. O efeito que, movidos pela perturbação, somos capazes de gerar no coletivo, não pode, portanto, ser deixado de lado na abordagem do problema da invenção. A conclusão é que, se queremos pensar a invenção, cumpre substituir a imagem de uma cognição separada de tudo aquilo que o cognitivismo denomina extracognitivo pela imagem de uma cognição ampliada, inseparável tanto dos devires que cavam rachaduras nos esquemas recognitivos, quanto do coletivo, onde seu poder inventivo se amplifica.

Ao iniciar o trabalho, recorri à história da psicologia cognitiva. História já problematizada pela atualidade, em que o problema do tempo e da invenção comparece em diversos domínios do conhecimento como a física, a história das ciências e os estudos de produção da subjetividade. Perspectivada pelo problema do tempo e da invenção, a história da psicologia cognitiva revelava, então, a inexistência de um estudo da invenção. Buscando localizar a psicologia no quadro da modernidade encontrei nos textos de Michel Foucault e Bruno Latour uma concepção de modernidade complexa, paradoxal, que se bifurca em linhas divergentes. A psicologia foi, então, situada numa dessas vertentes. Nos termos de Foucault, segue a orientação filosófica da analítica da verdade e, nos de Latour, trabalha com um projeto científico que se caracteriza pela purificação crítica de seu objeto. Cuidei de sublinhar os efeitos que tais pressupostos filosóficos e epistemológicos produziram, procurando explicar, assim, o alcance bastante restrito que o estudo da invenção vem a ter aí.

Mas a idéia de uma divergência ou bifurcação no próprio seio da modernidade, destacada nos textos de Foucault e Latour, fizeram ver que o tempo, tratado na outra vertente da modernidade, aparecia como resto da psicologia cognitiva.

Experimentando pensar de outra maneira, voltei os olhos para essa vertente da modernidade e vi delinearem-se algumas direções para o tratamento do problema da invenção. Em Foucault, encontrei a direção das filosofias do tempo, entre as quais destaquei a de Bergson, que me forneceu subsídios para a crítica à psicologia científica e também para uma crítica à ciência moderna, que aponta para a necessidade do ultrapassamento de seus limites. Em Latour, entrevi a exigência de pensar a cognição como prática, prática de mediação, e seu invento como híbrido de natureza e artifício, de indivíduo e sociedade.

Minha visada à história da psicologia teve, em princípio, o objetivo de deixar claro o quanto os autores silenciam acerca do tema, ou mesmo falseiam o problema da invenção. Foi assim que, nos dois estratos analisados – a psicologia da *gestalt* e a epistemologia genética –, verifiquei que a invenção foi pensada por meio do invento, a individuação pelo individuado, o processo pela forma na qual ele resulta. Atrelados ao modelo da forma e do equilíbrio, conceberam uma cognição totalizada, cujo caminho segue uma direção única. Todos os processos cognitivos convergem numa mesma direção, trabalhando para a estabilidade e o reconhecimento das formas. Como o gestaltismo e a epistemologia genética trabalham com princípios, ao mesmo tempo, universais e totalizantes – leis da forma, para o primeiro; auto-regulação, para o segundo –, não apresentaram, em seus quadros teóricos, elementos conceituais para pensar a invenção. Quando o fizeram, o estudo ficou restrito à invenção de solução de problemas e a invenções necessárias. O que se perdeu, nesse caso, foi exatamente aquilo que faz dela uma genuína invenção, ou seja, sua novidade imprevisível.

Utilizando uma metodologia apropriada ao tema investigado, procurei trabalhar como o arqueólogo de que falam Prigogine e Stengers (1993), quando nos lembram a etimologia latina da palavra invenção: *invenire*, buscar restos arqueológicos. Explorei esses estratos teóricos também com o intuito de encontrar restos que, sem saber muito bem em que consistiam, esperava que talvez, quando atualizados, pudessem imprimir um movimento de virtualização aos estudos da cognição. Foi assim que encontrei, em dados empíricos ou experimentais, resíduos que haviam sido deixados de lado ao longo da história da psicologia cognitiva. Busquei como um arqueólogo, sem saber exatamente o que ia encontrar. Houve uma procura, mas o que descobri não foi exatamente o procurei. Foi o que se deu, por exemplo, com o tema da aprendizagem, que acabou, ao final, por ganhar uma importância que não estava prevista no projeto inicial. Encontrando na aprendizagem um processo de virtualização da ação, que faz devir a cognição, acabei por dar a ela um papel central no que chamei de política da invenção, que se contrapõe à política da recognição, e que se expressa sob a fórmula do aprender a aprender.

Creio que, com isso, não descobri uma verdade, mas atualizei uma virtualidade. Fui colocada diante de algo que sempre esteve lá, mas que só vim a conhecer *a posteriori*. Como o que moveu minha busca não foi uma representação objetiva, uma idéia clara e distinta, mas, sim, como apontei no início, algo que mais parecia uma idéia da intuição, não busquei o antecipável, e acabei por encontrar o imprevisto. Tais resíduos, que indicavam o tempo e a invenção, foram abandonados pela psicologia cognitiva, no sentido em que tiveram sua potência intempestiva recuperada, em virtude da forma de colocação do problema. Embora sem receber tratamento teórico sistemático, tais dados revelaram a importância de buscarmos, no passado da psicologia, o que, por sua potência de problematização, é ainda novo.

A pesquisa histórica concorreu ainda para a identificação de certas regras de formação dos enunciados, de certa maneira de colocação do problema. O que poderia parecer como a única maneira de pensar a cognição, ou seja, por intermédio de suas leis e seus princípios invariantes, revelou-se produzido por práticas científicas, ao mesmo tempo políticas e coletivas. Apontando a invenção, pela modernidade científica, de certa maneira de colocar o problema, a pesquisa histórica nos deu a liberdade de colocá-lo diferentemente.

Foi com essa preocupação que recorri ao trabalho que Humberto Maturana e Francisco Varela desenvolvem na atualidade, no campo que denominam biologia do conhecimento. Sua investigação acerca da cognição, aqui definida como invenção de problemas, apresenta-se alinhada com a ontologia do presente, como invenção e ultrapassamento de seus próprios limites. Da mesma maneira, o trato teórico-conceitual com uma cognição inventiva, como prática de mediação, é um sinal da presença da direção indicada por Latour. Para Varela e Maturana, a afirmação de um movimento divergente no seio da cognição faz da atividade cognitiva uma rede, um rizoma, muito diferente de uma atividade convergente, tal como havia sido concebida pela psicologia cognitiva. Partindo da divergência, do devir da cognição, fazem das regras cognitivas, que explicam a função de recognição, regras temporárias e sempre sujeitas à reinvenção. Dessa maneira, concebem uma inventividade intrínseca à cognição.

Mas, ainda assim, tais autores não pareceram capazes de um tratamento exaustivo da invenção. No que tange à cognição inventada, ou seja, às formas cognitivas concretas e híbridas, entre as quais se destacam as formas atuais de conhecer, não vão suficientemente longe. Foi assim que encontramos outros elementos residuais – o problema do coletivo e do agenciamento técnico – que, na obra de Varela e Maturana, são pontos pouco trabalhados, deixados em aberto. Através do recurso às idéias de Georges Canguilhem, Henri Bergson, Gilles Deleuze, Félix Guattari e Pierre Lévy, as idéias de um hibridismo das formas cognitivas, bem como de uma cognição coletiva, ganham consistência.

Se seguimos o projeto moderno de purificação crítica, se separamos, de saída, sujeito e objeto, natureza e artifício, indivíduo e sociedade, não podemos entender o hibridismo de suas formas. Mas se partimos de um campo de multiplicidades, onde os agenciamentos se dão numa zona indiscernível em termos das grandes dicotomias modernas, chegamos à idéia de uma cognição coletiva, híbrido de natureza e artifício, de indivíduo e sociedade. O agenciamento da cognição a equipamentos coletivos de subjetivação, entre os quais se destaca hoje a informática, fortalece a idéia de uma aprendizagem em rede, dando visibilidade e concretude ao fato de que as formas de conhecer são irremediavelmente híbridas.

Enfim, para pensar a invenção, não me servi apenas de um autor, mas recorri a filósofos, cientistas e pesquisadores de diversas áreas. Procurei trabalhar na politemporalidade, promovendo o encontro de pensadores que teceram seu trabalho em solos epistemológicos diversos. Durante todo o percurso, busquei detectar onde residia a novidade de sua contribuição, pois aí encontrava elementos para o entendimento da invenção. É o caso, por exemplo, de Bergson, a quem tanto me remeti durante todo o percurso. Não faço o que se poderia chamar de "retorno a Bergson". Quis atualizá-lo, mostrar a potência de seu pensamento, sua eficácia como instrumento de problematização numa área nova, os estudos sobre a cognição. Colocando lado a lado filósofos e cientistas, psicólogos, físicos, historiadores da ciência, biólogos, sociólogos e informáticos, procurei tecer uma rede de elementos conceituais para entender a cognição inventiva e a cognição inventada.

A idéia de que a cognição inclui tanto a invenção quanto a recognição implica uma ampliação de seu conceito. Mas a forma de colocação do problema também deve ser precisa. Em primeiro lugar, é preciso pensar a cognição como invenção, como potência de diferir de si mesma. Nesse caso, ela funciona, em princípio, por divergência, realizando bifurcações em seu trajeto. Após divergir, a cognição inventa regras que trabalham no sentido da recognição. Mas estas são sempre temporárias, posto que continuam sujeitas a transformações e a novas bifurcações. Entender a cognição como sendo, de saída, invenção, exige a consideração de que ela funciona sob condições complexas ou problemáticas, onde os esquemas de recognição coexistem com a potência inventiva e diferenciante.

A invenção é, em seu sentido primordial, invenção de problemas, pois é a invenção de problemas que coloca a cognição em devir, sendo o primeiro passo para a invenção de si e do mundo. Mas, como enfatizei, a abertura ao devir não diz tudo acerca da invenção. Ao devir, segue-se a produção. Produção de formas cognitivas, indissociável da produção de mundos e de planos coletivos de sentido. Tais formas são, em realidade, formações *ad hoc*. Não possuem fundamento ou direção previsível, mas têm sua formação desencadeada por uma perturbação. Em relação a esse ponto, deixei claro que não se trata de apelar para a novidade do objeto, mas para o que ele porta de diferença. Partindo da idéia de um objeto diferencial, correlato de uma cognição divergente e bifurcante, pode-se afirmar que tudo pode ser perturbador e pôr problema. O que era inofensivo pode tornar-se inquietante e surpreender. O devir da cognição surge como uma suspensão da ação, ocorrendo num instante em que não fazemos senão dignificar o comum, torná-lo incomum. Mas o devir não é, por si só, produtivo. Ele apenas abre o processo de invenção, que só se completa se o devir causa ressonância e envolve no trato com aquilo que nos forçou a abandonar o já conhecido. Nesse caso, é na prática com a matéria, na configuração de novos mundos, que produzimos, concretamente, novas formas de conhecer e pensar.

Certamente não cheguei a uma teoria da invenção. Mas a simples idéia de uma "teoria da invenção" encerra uma contradição de termos. Nunca é demais repetir que a invenção, como invenção de novidade imprevisível, não tem leis, não cabendo, portanto, numa teoria científica nos moldes da ciência moderna. Se se pode falar de lei num domínio marcado pela imprevisibilidade, poderíamos dizer que a única aí existente é lei da divergência, pois é a única regularidade do processo de invenção. A invenção não deve, nessa medida, ser pensada como uma exceção às regras que são formadas, mas, antes, como um excesso, que explica o ultrapassamento dos limites impostos por elas. Excesso que as teorias cognitivistas, em seu esforço para fechar a cognição em limites invariantes, inultrapassáveis, em sua preocupação exclusiva com a recognição, não consideraram. Não foi meu propósito fazer uma crítica ao estudo da recognição, mas, sim, à sua exclusiva investigação pela psicologia. Tal maneira de pensar deixou de ter em conta o funcionamento divergente da cognição, sua abertura para o devir. Com minha crítica que, como disse, é menos um julgamento do que uma vontade de outra coisa, procurei fornecer elementos para a ampliação do conceito de cognição.

Buscando precisar o conceito de invenção, explorei algumas das muitas variações que ele comporta. Foi assim, explorando sua virtualidade, que o conceito de invenção se revelou, ao final, fecundo para problematizar não só os estudos da cognição, mas a psicologia em geral. Espero que se delineiem, ao término deste trabalho, algumas indicações para uma nova maneira de fazer psicologia. Note-se que não se trata de uma nova psicologia, de um sistema teórico, mas de indicações de um novo estilo de fazer psicologia. Entendendo o estilo como uma espécie de regra de produção da diferença, penso que este poderia se configurar através da exploração de casamentos estranhos, de núpcias contra a natureza, em que disciplinas diversas como a biologia, a sociologia, a informática e a filosofia encontrem seu campo de interfaces. Talvez na exploração dessas zonas de vizinhança encontremos um meio denso, capaz de responder pela heterogênese da própria psicologia. Apostando na diferença interna que sempre marcou seu objeto, positiva-se, então, o hibridismo da psicologia, que a modernidade procurou purificar.

Antes de encerrar, perguntamos: o que seria ensinar uma psicologia desse tipo? Como pensar uma prática pedagógica apropriada a esse tipo de saber? A resposta talvez seja: produzir com o estudante uma política de invenção na qual se mantém vivo o aprender a aprender. Para isso, o saber que é transmitido não se separa de repetidas problematizações. Como não é um saber fechado, pronto, não se pode prometer tampouco que seja um saber para ser meramente aplicado. A prática profissional não pode fazer com que se perca a condição de aprendiz. A formação e a aplicação não são dois momentos sucessivos, mas devem coexistir sempre. Resta, a todo aquele que se encontra concernido com a psicologia, atuar como um aprendiz-artista, mantendo, em sua prática diária, a tensão permanente entre a problematização e a ação.

Levando o estudante a aprender a aprender, a prática pedagógica buscará, então, evitar duas posições: a primeira é aquela dos que tomam a psicologia como um saber pronto, que resta ser obtido. De acordo com tal posição, a aprendizagem pode, um dia, ser concluída. Dia em que se dariam por encerrados os problemas com os quais o aprendiz se viu um dia confrontado. Domina-se um saber, técnicas e teorias, e com isso espera-se obter o que poderia ser chamado uma eficiência profissional. Ora, o pretenso domínio do saber o faria refém desse mesmo saber. Foi o que chamamos de política da recognição. A segunda posição a ser evitada é a do estudante crônico, que desenvolve uma problematização sem fim, mas ociosa, no sentido de que obstaculiza sua prática profissional. Sentindo-se sempre despreparado, não quer correr riscos nem tomar posições. Não percebe que, agindo assim, já está tomando uma, furtando-se a interferir na cartografia coletiva.

Uma terceira alternativa é buscar um caminho distante tanto das ilusões de um saber especialista quanto de uma problematização ociosa. A chave da política inventiva é a manutenção de uma tensão permanente entre a ação e a problematização. Trata-se de seguir sempre um caminho de vaivém, inventar problemas e produzir soluções, sem abandonar a experimentação. A opção por esse caminho implica em ter a coragem de correr os riscos do exercício de uma prática, mas também de suspender a ação e pensar. É o exercício de uma coragem prudente. É desconfiar das próprias certezas, de todas as formas prontas e supostamente eternas, e portanto inquestionáveis, mas é também buscar saídas, linhas de fuga, novas formas de ação, ou seja, novas práticas cujos efeitos devem ser permanentemente observados, avaliados e reavaliados. Acolher a incerteza será sua força, e não sua fragilidade. Enfim, tal política inventiva tem de lutar permanentemente contra as forças, em nós e fora de nós, que obstruem o movimento criador do pensamento, o que pode redundar em novas práticas psicológicas, a partir da problematização daquelas existentes.

Insisto que se trata de uma tomada de posição política, porque há, envolvida na posição que busca ater-se ao já feito, às formas prontas, ao meramente técnico, uma moral conservadora, uma política de manutenção das formas de existência estabelecidas, e de desqualificação da invenção e da diferença. Da mesma maneira, quando as formas de ação perdem seu estatuto de eternidade e de transcendência, bem como sua garantia de neutralidade, elas se constituem em instrumentos importantes para a efetuação de mudanças no plano coletivo, de novas políticas psicológicas. Imersas num devir criacionista, contingentes e temporárias, abertas para acolher problematizações que lhes chegam, tais formas de ação não se furtam à permanente aprendizagem e podem concorrer para novas formas de existência e para diferentes estilos de vida.

Adotando essa estratégia, teremos uma psicologia que se reinventa permanentemente. A meu ver, os estudos sobre a produção da subjetividade já nos dão indícios desse movimento, já indicam um devir da psicologia. No momento em que seu objeto perde eternidade, o saber que sobre ele pode se produzir também está sempre em vias de se constituir. Não podemos esperar que grandes rupturas nos cheguem prontas. Precisamos, cada um de nós, operar pequenas mudanças, nos limites de nossa prática. Cada um deve fazer a sua parte, agir localmente, até que rupturas maiores advenham dos agenciamentos entre essas pequenas mudanças. Com este livro, espero ter feito uma parte, ainda que mínima, desse imenso trabalho.

Referências

ANDLER, D. (1986). As ciências da cognição. In: HAMBURGER, J. (org.). *A filosofia das ciências hoje*. Lisboa: Fragmentos, 1988.

ANDLER, D. (1987). Progrès en situation d'incertitude. *Le Débat* n. 47, *Émergence du cognitif*. Paris: Gallimard. Nov.-dez. 1987

BEAUDOT, A. (org.) (1973). *La créativité: Recherches américaines*. Paris, Bruxelas, Montreal: Dunot, Bordas, 1973.

BÉJIN, A. (1974) O que é aprender? – Apresentação. In: MORIN, E e PIATTELLI-PALMARINI, M. (orgs.). *A unidade do homem*. Trad. de Heloysa L. Dantas. São Paulo: Cultrix/Edusp, 1978. (v. 2, *O cérebro humano*).

BERGSON, H. (1889) *Ensaio sobre os dados imediatos da consciência*. Trad. de João S. Gama. Lisboa: Edições 70, 1988.

BERGSON, H. (1896). *Matéria e memória*. Trad. de Paulo N. da Silva. São Paulo: Martins Fontes, 1990.

BERGSON, H. (1902). L´effort intellectuel. In: BERGSON, H. *L´énergie spirituelle*. Paris: PUF, 1990.

BERGSON, H. (1903). Introdução à metafísica. *Bergson*. Trad. Franklin Leopoldo e Silva e Natanael Caixeiro. São Paulo: Abril Cultural, 1979. (Col. Os Pensadores)

BERGSON, H. (1907) *L'évolution créatrice*. Paris: PUF, 1948.

BERGSON, H. (1911). A consciência e a vida. *Bergson*. Trad. Franklin Leopoldo e Silva. São Paulo: Abril Cultural, 1979. (Col. Os Pensadores)

BERGSON, H. (1930). Le possible et le réel. In: BERGSON, H. *La pensée et le mouvant*. Paris: PUF, 1962.

BERGSON, H. (1932). *Les deux sources de la morale et de la religion*. Paris: PUF, 1992.

BERGSON, H. (1934). O pensamento e o movente. Introdução. *Bergson*. Trad. Franklin L. e Silva. São Paulo: Abril Cultural, 1979. (Col. Os Pensadores.)

BLANCHÉ, R. (1967). *A ciência atual e o racionalismo*. Trad. Maria J. Andrade. Lisboa: Rés, s/d.

BORING, E. (1950). *Historia de la psicología experimental*. Trad. Rubén Ardila. México: Trillas, 1978.

BUYDENS, M. (1990). *Sahara. L'esthetique de Gilles Deleuze*. Paris: Vrin, 1990.

CAIAFA, J. (1997). Uma cidade, uma cena e alguns *souvenirs*. In: PASSOS, E.; BENEVIDES, R et al. *Subjetividade e questões contemporâneas*. São Paulo: Hucitec, 1997.

CALLON, M. (org.) (1989). *La science et ses réseaux*. Paris; Estrasburgo: La Découverte/Conseil de l'Europe. Paris: Unesco, 1989.

CANGUILHEM, G. (1956). Qu'est-ce que la psychologie?. In: CANGUILHEM, G. *Études d'histoire et de philosophie des sciences*. Paris: Vrin, 1983.

CANGUILHEM, G. (1943-1963/1966). *O normal e o patológico*. Trad. Maria Theresa R. C. Barrocas. Rio de Janeiro: Forense Universitária, 1978.

CANGUILHEM, G. (1965). *El conocimiento de la vida*. Barcelona: Editorial Anagrama, 1976.

CANGUILHEM, G. (1968). La nouvelle connaissance de la vie. In: CANGUILHEM, G. *Études d'histoire et de philosophie des sciences*. Paris, Vrin, 1983.

CHANGEUX, J. P. e DANCHIN, A. (1974). Aprender por estabilização das sinapses ao curso do desenvolvimento. In: MORIN, E. e PIATTELLI-PALMARINI, M. (orgs.). *A unidade do homem*. Trad. Heloysa L. Dantas. São Paulo: Cultrix/Edusp, 1978. (V. *2, O cérebro humano*)

CHÂTELET, F. (1992). *Uma história da razão. Entrevistas com Émile Noël*. Trad. Lucy Magalhães. Rio de Janeiro: Jorge Zahar Editor, 1994.

COMTE, A. (1930/1942). Curso de filosofia positiva. *Comte*. Trad. José A. Giannotti. São Paulo: Abril Cultural, 1978. (Col. Os Pensadores)

COSTA, R. (org.) (1993) *Limiares do contemporâneo. Entrevistas*. São Paulo: Escuta, 1993.

DARTIGUES, A. (s.d) *O que é a fenomenologia?* Trad. Ana Maria S. de Araújo. Rio de Janeiro: Eldorado, 1973.

DELEUZE, G. (1956a). Bergson. In: MERLEAU-PONTY, M. (org.). *Les philosophes célèbres*. Paris: Mazenod, 1956.

DELEUZE, G. (1956b). La conception de la différence chez Bergson. In: *Les études bergsoniennes*, v. IV. Paris: Albin Michel, 1956.

DELEUZE, G. (org.) (1957). *Henri Bergson: Mémoire et vie*. Paris: PUF, 1957.

DELEUZE, G. (1966a). *Le Bergsonisme*. Paris: PUF, 1991.

DELEUZE, G. (1966b). À propos de Gilbert Simondon: L'individu et sa genèse phisicobiologique. *Revue de philosophie*, 1966.

DELEUZE, G. (1968). *Diferença e repetição*. Trad. Luís Orlandi e Roberto Machado. Rio de Janeiro, Graal, 1988.

DELEUZE, G. (1976). *Proust e os signos*. Trad. Antonio C. Piquet e Roberto Machado. Rio de Janeiro: Forense Universitária, 1987.

DELEUZE, G. (1983). *Cinema 1. A imagem-movimento*. Trad. Stella Senra. São Paulo: Brasiliense, 1985.

DELEUZE, G. (1985). *Cinema 2. A imagem-tempo*. Trad. Eloisa de A. Ribeiro. São Paulo: Brasiliense, 1990.

DELEUZE, G. (1986). *Foucault*. Trad. José C. Rodrigues. Lisboa: Vega, s.d.

DELEUZE, G. (1988). Foucault, historiador do presente. In: ESCOBAR, C. H. (org.). *Dossier Deleuze*. Rio de Janeiro: Hólon, 1991.

DELEUZE, G. (1972-1990) *Conversações*. Trad. Peter Pál Pelbart. Rio de Janeiro: Ed.34, 1992.

DELEUZE, G. (1993) *Critique et clinique*. Paris: Minuit, 1993.

DELEUZE, G. (1996). O atual e o virtual. In: ALLIEZ, E. *Deleuze Filosofia Virtual*. Trad. Heloísa B. S. Rocha. São Paulo: Ed.34, 1996.

DELEUZE, G.; GUATTARI, F. (1975). *Kafka – por uma literatura menor*. Trad. Júlio C. Guimarães. Rio de Janeiro: Imago, 1977.

DELEUZE, G. (1980) *Mil Platôs*, v.1. Trad. Aurélio G. Neto e Célia P. Costa. Rio de Janeiro: Ed.34, 1995.

DELEUZE, G. (1991) *O que é a filosofia?* Trad. Bento Prado Júnior e Alberto A. Muños. Rio de Janeiro: Ed.34, 1993.

DOSSE, F. (1991). *História do Estruturalismo*, v.2. Trad. Álvaro Cabral. São Paulo; Campinas: Ensaio/Ed. da Unicamp, 1994.

DREYFUS, H. (1972). *O que os computadores não podem fazer*. Rio de Janeiro: Eldorado, 1975.

DREYFUS, H. (1987). La portée philosophique du conexionisme. In: ANDLER, D (org.). *Introduction aux sciences cognitives*. Paris: Gallimard, 1992.

DUNCKER, K. (1935). On problem-solving. *Psychological Monographs*, n. 5, v. 58, 270. The American Psychological Association, 1945.

DUPUY, J. P. (1994). *Nas origens das ciências cognitivas*. Trad. Roberto L. Ferreira. São Paulo: Unesp, 1996.

FIGUEIREDO, L.C.(1989). *Matrizes do pensamento psicológico*. Petrópolis: Vozes, 1991.

FIGUEIREDO, L.C. (1992) *A invenção do psicológico*. São Paulo: Educ/Escuta, 1992.

FIGUEIREDO, L.C. (1994). *Escutar, recordar, Dizer*. São Paulo: Escuta/Educ, 1994.

FIGUEIREDO, L.C. (1995). *Revisitando as psicologias: da epistemologia à ética das práticas e discursos psicológicos*. São Paulo; Petrópolis: Educ/Vozes, 1995.

FLORÈS, C. (1972). *A memória*. Lisboa: Europa-América, [s.d.].

FODOR, J. (1983). *Modularity of mind*. Cambridge, Massachusetts, Londres, MIT Press, 1989.

FODOR, J. (1992). Introduction au problème de la representation mental. *Les Études Philosophiques*, n. 3, jun.-set, 1992.

FOUCAULT, M. (1957). La psychologie de 1850 à 1950. In: DEFERT, D.; EWALD, F. (orgs.). *Dits et Écrits par Michel Foucault*, v. 1. Paris: Gallimard, 1994.

DEFERT, D.; EWALD, F. (1966). *As palavras e as coisas*. Trad. Salma T. Muchail. São Paulo: Martins Fontes, 1985.

DEFERT, D. (1969). *A arqueologia do saber*. Trad. Luis F. Baeta Neves. Rio de Janeiro: Forense Universitária, 1995.

DEFERT, D. (1976). Genealogia e poder. In: *Microfísica do poder*. Org. e trad. Roberto Machado. Rio de Janeiro: Graal, 1979.

DEFERT, D. (1980). *O nascimento da clínica*. Rio de Janeiro: Forense Universitária, 1994.

DEFERT, D. (1983). Qu'est-ce que les Lumières?. In: DEFERT, D. e EWALD, F. (orgs.). *Dits et écrits par Michel Foucault*, v. IV. Paris: Gallimard, 1994.

DEFERT, D. (1984). Qu'est-ce que les Lumières. In: DEFERT, D. e EWALD, F. (orgs.). *Dits et écrits par Michel Foucault*, v. IV. Paris: Gallimard, 1994.

DEFERT, D. (1985). La vie: la expérience et la science. In: DEFERT, D. e EWALD, F. (orgs.). *Dits et écrits par Michel Foucault*, v. IV. Paris: Gallimard, 1994.

GARDNER, H. (1985). *The mind's new science*. New York: Basic Books, 1987.

GARDNER, H. *Mentes que criam.* Porto Alegre: Artes Médicas, 1996.

GOUHIER, H. (1989). *Bergson dans l'histoire de la pensée occidentale.* Paris: Vrin, 1989.

GUATTARI, F. (1977). *Revolução molecular: Pulsações políticas do desejo.* Org. e trad.Suely Rolnik. São Paulo: Brasiliense, 1981.

GUATTARI, F. (1987). Da produção da subjetividade. In: PARENTE, André. *Imagem Máquin: a era das tecnologias do virtual.* Rio de Janeiro: Ed.34, 1993.

PARENTE, André. (1992). *Caosmose.* Trad. Ana Lúcia de Oliveira e Lúcia C. Leitão. Rio de janeiro: Ed.34, 1992.

GUATTARI, F. e ROLNIK, S. (1986). *Micropolítica – Cartografias do desejo.* Petrópolis: Vozes, 1986.

GUILLAUME, P. (1937; 1948). *Psicologia da forma.* Trad. Irineu de Moura. São Paulo: Editora Nacional, 1966.

GUILFORD, J. P. (1959). Traits of creativity. In: VERNON, P. E. (org.) *Creativity.* Harmondsworth: Penguin, 1975.

HEBB, D. (1979). *Psicologia.* Rio de Janeiro; São Paulo: Atheneu, 1979.

HYPPOLITE, J. (1949). Bergson. In: *Figures de la pensée philosophique*, v.1. Paris: PUF, 1991.

JACOB, F (1970). *A Lógica da vida.* Trad. Angela L. Souza. Rio de Janeiro: Graal, 1983.

JANKÉLÉVITCH, V. (1959) *Henri Bergson.* Paris: PUF, 1989.

JOUHAUD, M. (1992). Bergson et la création de soi par soi. *Les études philosophiques*, n. 2. Paris, 1992.

KANT, I. (1783-1784). Que é 'Esclarecimento'? (Aufklärung). In: CARNEIRO LEÃO, E. (org.). *Immanuel Kant - textos seletos -* Trad. Floriano de Sousa Fernandes. Petrópolis: Vozes, 1985.

KASTRUP, V. (1993). Máquinas cognitivas: Da cibernética à autopoiese. *Arquivos Brasileiros de Psicologia*, n. 1/2, v. 45. Rio de Janeiro: Imago/UFRJ, 1993.

KASTRUP, V. (1994). Estrutura a autoprodução na teoria da autopoiese. *Boletim de Novidades*, n. 67. São Paulo: Pulsional, 1994.

KASTRUP, V. (1995). Autopoiese e subjetividade: Sobre o uso da noção de autopoiese por G. Deleuze e F. Guattari. *Revista do Departamento de Psicologia da UFF*, n. 1, v. 7, 1995.

KASTRUP, V. (1996a). Sobre a inexistência de um estudo da invenção na história da psicologia da cognição. *Revista do Departamento de Psicologia da UFF*, v. 8, 1996.

KASTRUP, V. (1996b). Isabelle Stengers e a invenção da ciência. Efeitos sobre o estudo da cognição e sua história. *Arquivos Brasileiros de psicologia.* n. 4, v.48, 1996.

KASTRUP, V. (1996c). O lugar da técnica nos estudos da cognição e o problema da produção da subjetividade. *Cadernos de Subjetividade.* n.4, 1/2. PUC-SP, 1996.

KOFFKA, K. (1935). *Princípios de psicologia da gestalt.* Trad. Álvaro Cabral. São Paulo: Cultrix/Edusp, 1975.

KÖHLER, W. (1921). *L'intelligence des singes supérieurs.* Paris: Librairie Félix Alcan, 1927.

KÖHLER, W. (1925). A inteligência dos antropóides. In: ENGELMANN, Arno (org.). *Köhler.* Trad. José Severo Pereira *et al.* São Paulo: Ática, 1978. (Col. Grandes Cientistas Sociais).

KÖHLER, W. (1947). *Psicologia da gestalt.* Trad. David Jardim. Belo Horizonte: Itatiaia, 1968.

KUHN, T. (1962). *A estrutura das revoluções científicas.* Trad. Beatriz V. Boeira e Nelson Boeira. São Paulo: Perspectiva, 1978.

LATOUR, B. (1991). *Jamais fomos modernos.* Trad. Carlos Irineu da Costa. Rio de Janeiro: Ed.34, 1994.

LATOUR, B. (1994). Do humano nas técnicas. In: SCHEPS, R. (org.). *O império das técnicas.* Trad. Maria Lúcia Pereira. Campinas: Papirus, 1996.

LÉVY, P. (1989). La invención del ordenador. In: SERRES, M. (org.). *Historia de las ciencias.* Madrid: Cátedra, 1991.

LÉVY, P. (1990). *As tecnologias da inteligência.* Trad. Carlos Irineu da Costa. Rio de Janeiro: Ed.34, 1993.

LÉVY, P. (1995). *O que é o virtual?* Trad. Paulo Neves. Rio de Janeiro: Ed.34, 1996.

MACHEREY, P. (1990). De Canguilhem à Canguilhem en passant par Foucault. In: *Georges Canguilhem: philosophe, historien des sciences. Acts du Colloque.* Paris: Albin Michel, 1993.

MATURANA, H.; MPODOZIS (1992). Origen de las espécies por medio de la deriva natural. In: *Revista del Museo Nacional de Historia Natural* n. 46, Chile, 1992. (Publication Ocasional,)

MATURANA, H.; VARELA (1972). *Autopoiesis and Cognition.* Boston; Londres; Dordrecht: D. Reidel, 1980.

MATURANA, H. (1986). *El arbol del conocimiento.* Madrid: Debate, 1990.

MEHLER, J. (1974). Conhecer por desaprendizagem. In: MORIN E. e PIATTELLI-PALMARINI, M. (orgs.). *A unidade do homem.* Trad. de Heloysa L. Dantas. São Paulo: Cultrix/Edusp, 1978. (V.2, *O cérebro humano*)

MENGUE, P. (1994). *Gilles Deleuze ou le système du multiple.* Paris: Kimé, 1994.

MINSKY, M. (1986). *The society of mind.* New York: Simon & Schuster, 1986.

MORENTE, M.G.(1917). *La filosofia de Henri Bergson.* Madrid: Espasa-Calpe, 1972.

MOURA, M. L. S. (1995). A epistemologia genética e a prática pedagógica. *Cadernos de Psicologia,* n. 3.UERJ, 1995.

NAFFAH, A. (1994). *A psicoterapia em busca de Dionísio.* São Paulo: Educ/Escuta, 1994.

NIETZSCHE, F. (1874). *Second consideratio intempestive: D'utilité et inconveniets des etudes historiques pour la vie.* Paris: Flamarion, 1988.

ORLANDI, L. (1990). Desejo e problema: Articulação por reciprocidade de aberturas. *História e Perspectiva* n. 3, jul./dez. 1990. Uberlândia.

ORLANDI, L. (1995). Pulsão e campo problemático. In: MOURA, A. H. de (org.). *As pulsões.* São Paulo: Escuta/Educ, 1995.

PACHERIE (1993). *Naturaliser l'intentionalité.* Paris: PUF, 1993.

PARENTE, A. (1993). Os paradoxos da imagem-máquina. Introdução. In: PARENTE, A. (org.). *Imagem máquina: a era das tecnologias do virtual.* Rio de Janeiro: Ed.34, 1993.

PASSOS, E. (1992). *O sujeito cognoscente entre o tempo e o espaço.* Tese de doutorado. Rio de Janeiro: Fundação Getúlio Vargas, 1992.

PASSOS, E. (1993). O sujeito entre o tempo e o espaço. *Arquivos brasileiros de psicologia.* n.1/2, v.45, 1993.

PASSOS, E. (1994). Pós-naturalismo e ciência da subjetividade: O problema do tempo e da autonomia no cognitivismo contemporâneo. *Cadernos de subjetividade,* n. 1/2, v. 2. PUC-SP. Mar./Ago.-Set./Fev. 1994.

PASSOS, E. (1996). Modelo máquina e subjetividade. A desestabilização da forma humana de pensar. *Papéis Avulsos* n. 50. CIEC/ECO/UFRJ.

PASSOS, E. (1997). As noções de identidade e tempo entre a biologia e a psicologia. In: PASSOS, E., BENEVIDES, R. *et al. Subjetividade e questões contemporâneas.* São Paulo: Hucitec, 1997.

PÉLBART, P.P. (1989). *Da clausura do fora ao fora da clausura.* São Paulo: Brasiliense, 1989.

PÉLBART, P.P. (1993). *A nau do tempo rei.* Rio de Janeiro: Imago, 1993.

PENNA, A. G. (1978). *Introdução à história da psicologia contemporânea.* Rio de Janeiro: Zahar, 1978.

PENNA, A. G. (1984). *Introdução à psicologia cognitiva.* São Paulo: EPU, 1984.

PENNA, A. G.(1986). *Cognitivismo, consciência e comportamento político.* São Paulo: Vértice, 1986.

PENNA, A. G. (1990). *Filosofia da mente.* Rio de Janeiro: Zahar, 1990.

PHYLYSHYN, Z. (1984). *Computation and cognition.* Cambridge, Massachusetts, Londres: MIT Press, 1986.

PIAGET, J. (1967). *Biologia e conhecimento*. Trad. Francisco Guimarães. Petrópolis: Vozes, 1973.

PIAGET, J. (1968). *O estruturalismo*. Trad. Moacir R. Amorim. São Paulo; Rio de Janeiro: Difel, 1979.

PIAGET, J. (1969). Sabedoria e ilusões da filosofia. *Piaget*. Trad. Zilda A. Daeir. São Paulo: Abril Cultural, 1978. (Col. Os Pensadores)

PIAGET, J. (1970). A epistemologia genética. *Piaget*. Trad. Nathanael Caixeiro. São Paulo: Abril Cultural, 1978. (Col. Os Pensadores)

PIAGET, J. (1972). Problemas de psicologia genética. *Piaget*. Trad. Celia Di Piero. São Paulo: Abril Cultural, 1978. (Col. Os Pensadores)

PIAGET, J. (1975) *A equilibração das estruturas cognitivas*. Trad. Marion M.S. Penna. Rio de Janeiro: Zahar, 1976.

PIAGET, J. e Inhelder, B. (1973). *A psicologia da criança*. Trad. Octávio M. Cajado. São Paulo; Rio de Janeiro: Difel, 1978.

POULET, G. (1963). *O espaço proustiano*. Trad. Ana Luisa M. Costa. Rio de Janeiro: Imago, 1992.

PRESTON, B. (1993). Heidegger and artificial intelligence. *Philosophy and Phenomenological Research*. n. 1, v. LIII, mar., 1993.

PRIGOGINE, I. (1976). Participação no Colóquio 80 anos de Piaget. In: INHELDER, B.; GARCIA, R.; VONÈCHE, J. (orgs.). *Epistemologia genética e equilibração*. Trad. Jorge C. Jesuíno. Lisboa: Horizonte, 1978.

PRIGOGINE, I. (1982). Dialogues avec Piaget sur l'irreversible. *Archives de Psychologie* n. 50, Paris, 1982,

PRIGOGINE, I. (1977). *Entrevista*. In: BRINGUIER, J. C. (org.). *Conversando com Piaget*. Rio de Janeiro: Difel, 1978.

PRIGOGINE, I.; STENGERS, I.(1984). *A nova aliança*. Trad. Miguel Faria e Maria J. Trincheira. Brasília: Ed. da UnB, 1984.

PRIGOGINE, I. (1988). *Entre o tempo e a eternidade*. Trad. Florbela Fernandes e José C. Fernandes. Lisboa: Gradiva, 1990.

PRIGOGINE, I. (1993). Enciclopédia Einaudi. Lisboa: Imprensa Nacional/Casa da Moeda, 1993. (v. 26, *Sistema*)

PROUST, J. (1987). L'intelligence artificielle comme philosophie. Le Débat, n. 47, *Émergence du Cognitif*. Paris: Gallimard. Nov.-dec. 1987.

RAJCHMAN, J. (1996) Y a-t-il une intelligence du virtuel? Conferência apresentada no Colóquio Gilles Deleuze. Rio de Janeiro, jun. 1996.

RÉCANATI, F. (1979). *La transparence et l'énonciation*. Paris: Seuil, 1979.

ROLNIK, S. (1989). *Cartografia Sentimental. Transformações contemporâneas do desejo*. São Paulo: Estação Liberdade, 1989.

ROLNIK, S. (1994). Pensamento, corpo e devir: Uma perspectiva ético/estético/política no trabalho acadêmico. *Cadernos de Subjetividade* n.2, v.1, PUC, SP. Set.1993/fev.1994.

ROLNIK, S. (1995a). O mal-estar na diferença. *Anuário Brasileiro de Psicanálise*. n.3. Rio de Janeiro: Relume Dumará, 1995.

ROLNIK, S. (1995b). Lygia Clark e o singular estado de arte sem arte. *Boletim de Novidades*. n. 72, Ano VIII. São Paulo: Pulsional, abril 1995, p. 70-73.

ROLNIK, S. (1996a). Deleuze, esquizoanalista. *Cadernos de Subjetividade* – n. especial: *Gilles Deleuze*. Peter Pál Pelbart e Suely Rolnik (Orgs). PUC, SP. Jun. 1996.

ROLNIK, S. (1996b). Subjetividade e Globalização. Caderno Mais! *Folha de S. Paulo*. São Paulo, 19/05/96.

RUYER, R. (1954-1967). *A cibernética e a origem da informação*. Rio de Janeiro: Paz e Terra, 1972.

SEARLE, J. (1984). *Mente, Cérebro e Ciência*. Lisboa: Edições 70, 1987.

SERRES, M. (s.d.). *A comunicação*. Porto: Rés, [s.d.].

SIMON, H. (1981). *As ciências do artificial*. Trad. Luis M. Pereira. Coimbra: Armênio Amado Editor-Sucessor, 1981.

SIMONDON, G. (1964). *L'individu et sa genèse phisico-biologique*. Paris: PUF, 1964.

SIMONDON, G. (1989). *L'individuation psychique et colletive*. Paris: Aubier, 1989.

SKINNER, F. (1974). *Sobre o behaviorismo*. São Paulo: Cultrix, 1982.

STENGERS, I. (1983). Quelle histoire pour les sciences?. *Cahiers de la Fondation Archives Jean Piaget*, n.4, *Histoire des sciences et psychogenèse*. Genebra: Avril, 1983.

STENGERS, I. (1990). *Quem tem medo da ciência? Ciência e poderes*. Trad. Eloísa de A. Ribeiro. São Paulo: Siciliano, 1990.

STENGERS, I. (1993). *L'invention des sciences modernes*. Paris: La Découverte, 1993.

STENGERS, I. e SCHLANGER, J. (1991). *Les concepts scientifiques: Iinvention et pouvoir*. Paris: Gallimard, 1991.

TEDESCO, S. (1993). A perspectiva formalista e pragmática no estudo da linguagem. *Arquivos Brasileiros de Psicologia*. n.1/2, v. 45, 1993.

THUILLIER, (1979). Darwin e o darwinismo. In: NÖEL, E. (org.). *O darwinismo hoje: Entrevistas com Emile Nöel*. Lisboa: Dom Quixote, 1981.

VARELA, F. (1987). A individualidade: a autonomia do ser vivo. In: VEYNE, P; VERNANT, J. P. *et al. Indivíduo e Poder*. Lisboa: Edições 70, 1988.

VARELA, F. (1988). *Connaître*. Paris: Seuil, 1989.

VARELA, F. (1989). *Autonomie et connaissance*. Paris: Seuil, 1989.

VARELA, F. (1992a). *Sobre a competência ética*. Lisboa: Edições 70, 1995.

VARELA, F. (1992b). The reenchantment of the concret. In: CRARY, J. e KWINTER, S. *Zone* n. 6. MIT.

VARELA, F. e COHEN, A. (1992). L'intime et l'etranger. *Nouvelle Revue de Psychanalyse*. n. 40, 1992.

VARELA, F. e DUPUY, J. P. (1991). Círculos viciosos criativos: Para compreensão das origens. Trad. Helga Madjderey.

In: WATZLAWICK, P. e KRIEG, P. (orgs.). *O olhar do observador*. Campinas: Editorial Psy II, 1995.

VARELA, F.; THOMPSON, E.; ROSCH, E. (1991). *L'inscription corporelle de l'esprit*. Paris: Seuil, 1993.

VERNON, P.E. (1975). (Org). *Creativity*. Harmondsworth: Penguin, 1975.

VIAUD, G. (1946). *A inteligência*. Lisboa: Europa-América, 1964.

WAHL, J. (1953). *Tratado de metafísica*. México: Fondo de Cultura Económica, 1975.

WATSON, J. B. (1919). *Psychology from the standpoint of a behaviorist*. Filadélfia: Lippincot, 1919

WERTHEIMER, M. (1945). *Productive thinking*. Nova York: Harper & Row, 1959.

WINOGRAD, T. e FLORES, F. (1988). *Understanding computers and cognition*. Massachusetts: Ablex, 1988.

YERKES, R. (1927). The mind of a gorilla. *Genetic Psychology Monographs*. n. 2, 156, 1927.

ZASLAWSKY, D. (s.d.). Filosofia Analítica. In: *Filosofia Analítica*. Trad. Jorge M. P. F. Pires. Lisboa: Gradiva, s.d.

ZEEMAN, C.E. (s.d). *Uma introdução informal à topologia das superfícies*. Trad. e publ. CNPq-Impa, Rio de Janeiro.

QUALQUER LIVRO DO NOSSO CATÁLOGO NÃO ENCONTRADO NAS
LIVRARIAS PODE SER PEDIDO POR CARTA, FAX, TELEFONE OU PELA INTERNET.

Rua Aimorés, 981, 8º andar – Funcionários
Belo Horizonte-MG – CEP 30140-071

Tel: (31) 3222 6819
Fax: (31) 3224 6087
Televendas (gratuito): 0800 2831322

vendas@autenticaeditora.com.br
www.autenticaeditora.com.br

ESTE LIVRO FOI COMPOSTO COM TIPOGRAFIA GARAMOND 11,5/14,5, E IMPRESSO
EM PAPEL CHAMOIS DUNAS FINE 80G. NA UMLIVRO.
COTIA / SP , SETEMBRO DE 2007.
